Loredana Chiappini
Nuccia De Filippo

un giorno in italia 2

corso di italiano
per stranieri

- intermedio
- avanzato

guida per l'insegnante
+ test di verifica
+ chiavi degli esercizi

Bonacci editore
L'italiano per stranieri

La sezione "Approfondimenti culturali"
è stata curata da Valeria Damiani.

L'editore è a disposizione degli aventi diritto con i
quali non gli è stato possibile comunicare, nonché
per eventuali involontarie omissioni o inesattezze
nella citazione delle fonti dei brani riprodotti nel
presente volume.

I diritti di traduzione, di memorizzazione elettronica,
di riproduzione e di adattamento totale o parziale,
con qualsiasi mezzo (compresi i microfilm e le copie
fotostatiche), sono riservati per tutti i paesi.

Bonacci editore srl
Via degli Olmetti, 38
00060 FORMELLO (Roma)
tel. (++39)06.90.75.091
fax (++39)06.90.40.03.26
e-mail: info@bonacci.it
http://www.bonacci.it

1/1 1ª ristampa della 1ª edizione

Printed in Italy
© Bonacci editore, Roma 2006
ISBN 978-88-7573-393-3

Indice

Cari lettori, studenti, insegnanti, amanti dell'Italia e dell'italiano,

vi ringraziamo per averci seguito nel lungo itinerario di "Un giorno in Italia 1" e ci auguriamo di potervi accompagnare ancora per un po' nel vostro percorso di apprendimento di questa lingua, di questa cultura.

Forse vi chiederete come mai nel secondo volume il nostro protagonista, Piero Ferrari, non guardi più così tanto all'umanità che affolla il presente ma si rivolga piuttosto col pensiero e con la memoria al passato.

Ebbene, Piero Ferrari ha smesso di fare il ferroviere e, attraverso un incontro fortunato, si è avvicinato alla scrittura, sua grande passione. Dovrà scrivere una guida che descriva luoghi suggestivi e densi di significato per la cultura italiana. Nell'isolamento che sempre la scrittura porta con sé, Piero si sottrae all'interazione quotidiana diretta con gli altri e si pone piuttosto ad osservare e riflettere.

Il suo sguardo e il suo pensiero spaziano per associazione dal panorama contemporaneo a quello storico, artistico e letterario, più legato al passato.

Ci siamo concesse queste incursioni nella cultura classica italiana consce che il presente si arricchisce del passato e in esso trova ragioni e scopi per proiettarsi verso il futuro. Molta parte del successo dell'italiano è dovuto alla grande ricchezza culturale che la nostra lingua veicola.

Perché dunque non aprire finestre su questi scenari culturali, dove poi ognuno potrà addentrarsi a suo piacimento?

Un giorno in Italia 2, destinato a studenti di **livello intermedio** ed **avanzato**, rappresenta la continuazione del viaggio attraverso l'italiano già proposto con *Un giorno in Italia 1*.
Oltre ad essere un viaggio attraverso la lingua, questo manuale è anche un percorso attraverso la società e la cultura italiana che si snoda in **18 episodi tematici**.
Piero Ferrari accompagnerà lo studente verso **itinerari culturali** che gli consentiranno di attraversare l'Italia seguendo i passi di artisti, poeti, figure rilevanti della cultura del Paese.
Recanati e le sue atmosfere leopardiane, Roma sempre magica tra centro e periferia, Alberobello con i suoi fiabeschi trulli, la Basilicata di Carlo Levi, Venezia con una prospettiva sull'arte contemporanea e la Biennale, il Lago di Como e i luoghi manzoniani, il castello di Gradara e i dannati amori danteschi.

E poi l'Italia di oggi, presentata mediante una **molteplice varietà di testi autentici**: articoli giornalistici, interviste, pubblicità, vignette, brani letterari.

Un giorno in Italia 2 è infatti un manuale dove il "**testo**" è presentato come un **territorio di ricerca e conoscenza** sia sul piano dei contenuti che della forma.

Esso è infatti occasione di arricchimento e terreno per scoprire elementi linguistici e grammaticali che si vuole rendere oggetto di riflessione linguistica.

La grammatica è presentata con modalità induttive, lo studente sotto la guida dell'insegnante sarà condotto ad orientarsi nel testo, osservare fatti linguistici e ricavarne norme generalizzabili.

Ampie sezioni di lavoro sono inoltre dedicate al **lessico**, la cui espansione ci sembra un obiettivo fondamentale per apprendenti giunti a questo livello di competenza. Attraverso le **attività di tipo comunicativo** ci si pone l'obiettivo di stimolare gli studenti verso **tappe sempre crescenti della competenza comunicativa** e verso il possesso sempre più sicuro delle abilità linguistiche ricettive e produttive. Lo studente è portato ad **agire** e ad **esprimersi** con la lingua, ad **affinare le sue capacità di descrivere, narrare ed argomentare.**

Loredana Chiappini   *Nuccia De Filippo*

Che cos'è "Un giorno in Italia 2"?
Descrizione del manuale

Nello scrivere questo manuale, che è la continuazione del percorso iniziato con "Un giorno in Italia 1", abbiamo interpretato l'Italia che ci circonda ed abbiamo cercato di interpretare allo stesso modo i bisogni di molti studenti e di molti insegnanti sulla base della nostra lunga esperienza attiva sul campo. Per far questo abbiamo ideato un percorso che permettesse di viaggiare contemporaneamente sui ferrei binari della programmazione morfo-sintattica, spaziando però con lo sguardo dal *finestrino* per abbracciare il panorama culturale, sociale, storico, letterario del presente legato al passato e da esso generato.

Abbiamo raccolto tanto materiale autentico negli anni ed è stato un dolore non poter includere tutto nello spazio di 350 pagine. Ne abbiamo inserito più del necessario, consapevoli che la giusta ridondanza è un requisito necessario della gamma di scelte che si offrono all'insegnante.

Da un lato, saremmo tentate di dirvi assai di più su come presentare o introdurre ciascun materiale e ciascun testo narrativo, quale frase scegliere per iniziare una narrazione che vi porti a tessere una fitta rete di legami, unendo ciò che gli studenti già conoscono a ciò che voi aggiungerete come nuova scoperta linguistica e culturale.

Dall'altro lato, crediamo che ciascun insegnante sappia come e cosa dire o fare, che sia quindi autore e regista del suo insegnamento col quale non vorremmo interferire.

Vi invitiamo perciò a seguire con fiducia e libertà il nostro percorso scegliendo ciò che vi sembrerà più adatto al vostro pubblico e decidendo come presentarlo.

La narrazione

Nel manuale "Un giorno in Italia 1" abbiamo sottolineato l'importanza di una trama narrativa come appoggio mnemonico per gli studenti, accompagnati nel loro percorso di apprendimento dalle voci dei personaggi usciti dall'anonimato di un funzionalismo che li relegava al ruolo di semplici parlanti.

Seguendo il tragitto di un treno e lo sguardo del personaggio "guida" Piero Ferrari, gli studenti hanno attraversato l'Italia da Milano alla Sicilia, accumulando un bagaglio di conoscenze utili per raggiungere una competenza linguistica e comunicativa di livello intermedio (B2).

Il viaggio riprende con "Un giorno in Italia 2" col quale ci auguriamo che coloro che ci hanno seguiti possano proseguire e progredire nella conoscenza della lingua e cultura italiana.

Vogliamo, perciò, riassumere il filo narrativo che lega i due volumi – soprattutto per coloro che entrano in contatto con noi solo attraverso il secondo manuale senza aver lavorato con il primo – rispondendo innanzitutto a questa domanda:

Chi è Piero Ferrari?

Si evince inoltrandosi nei 18 episodi del secondo manuale, ma possiamo riassumere i tratti salienti del personaggio dicendo che lo abbiamo incontrato a Milano all'inizio del primo volume, dove saliva in lieve ritardo su un treno in partenza per la Sicilia.

Durante tutto il viaggio, lui – controllore con una natura poetica ed una passione per il giornalismo – bucava biglietti ed osservava le persone che salivano e scendevano dal treno.

Lo abbiamo lasciato a Messina, nell'episodio 30 del primo manuale, in compagnia di una passeggera particolare che lo aveva incoraggiato ad avventurarsi nel giornalismo aprendo un'inchiesta su un caso di sofisticazione alimentare.

Da quel giorno sono passati due anni, il tempo che ci siamo concesse per elaborare "Un giorno in Italia 2" e per dare a Piero una nuova vita professionale.

Ebbene, che fine ha fatto Piero?

Ce lo hanno chiesto studenti ed insegnanti, curiosi di proseguire la narrazione interrotta in Sicilia.

Lo ritroviamo a Roma alla vigilia di Ferragosto, nell'**episodio 1 (Roma, via Cicerone - 14 agosto)** del secondo volume dove lavora per un una casa editrice che pubblica libri di viaggio.

Ci accompagnerà di nuovo per **18 episodi** attraverso i quali gli studenti potranno seguire il percorso dei pensieri e delle associazioni personali, storiche, letterarie ed artistiche di Piero attraverso i luoghi del presente e del passato della cultura italiana.

Ogni episodio si espande in fitte ramificazioni dove, attraverso testi autentici tratti dalle più svariate fonti, si approfondiranno i temi sfiorati nella narrazione che fa da cornice a brani, articoli, interviste, poesie, testi pubblicitari, notizie di cronaca, che offrono una vasta scelta all'insegnante ed allo studente.

L'**episodio 2 (Il sogno nel cassetto)** fa da raccordo tra il primo ed il secondo volume e riassume ciò che è accaduto dal tempo in cui Piero faceva il controllore sui treni fino al momento attuale – giorno di Ferragosto – che lo vede solo, per le vie di Roma, a ripensare al momento in cui aveva cercato di realizzare il suo sogno nel cassetto: scrivere per un giornale.

Nella mente rievoca il colloquio col capo redattore del giornale a cui si era presentato con un suo articolo e questo flashback sarà il tema dell'**episodio 3 (A che servono i giornali?)** dove, per associazione di idee, Piero fa un balzo indietro nel tempo e ricorda un triste fatto di cronaca che aveva appreso da un involucro di giornale con cui era incartato un uovo.

E sempre la carta dei giornali e le parole che essi contengono, che presto non fanno più notizia, sono l'elemento associativo che ci porta all'interno dell'**episodio 4 (Se potessi viaggerei di più)** dove continua il colloquio con il caporedattore che indirizza Piero verso la casa editrice di Elena Cori.

Se Piero non avesse ricevuto questo consiglio non sarebbe mai approdato a Roma, ecco perché nell'**episodio 5 (Se… se… se)** si ripercorrono tutte le concatenazioni controfattuali che hanno condotto Piero a Roma dove si ritrova, alla vigilia di Ferragosto nell'**episodio 6 (Villa Borghese)** – seduto su una panchina del parco che dà il titolo all'episodio – ad osservare con curiosità i giochi ed il linguaggio di un gruppo di bambini.

Nell'**episodio 7 (Ferragosto)** Piero si sveglia da solo e un po' malinconico nel silenzio di Ferragosto e si reca a meditare sotto lo scenario di Castel Sant'Angelo che gli rievoca il dramma della Tosca e col pensiero vola verso altri luoghi ed altre romantiche memorie letterarie, quelle che nell'**episodio 8 (Quel ramo del lago di Como)** ci rievocano la trama de *I Promessi Sposi*, il noto romanzo storico del Manzoni, che è anche una delle opere più famose della letteratura italiana.

E di storia in storia, nell'**episodio 9 (Paolo e Francesca)** sono i due amanti immortalati nell'inferno dantesco che lo portano a rivisitare Gradara, nelle Marche, dove c'è ancora un castello che fa da sfondo al turismo ed ai dubbi sull'amore di Piero.

E così nell'**episodio 10 (Arte contemporanea a Venezia)** Piero ricorda una sua esperienza da turista, qualche mese prima a Venezia, dove in occasione della Biennale d'Arte aveva sperimentato la difficoltà di trovare una stanza in laguna e di capire l'arte contemporanea.

Con l'**episodio 11 (Alberobello)** Piero esce dalle sue memorie letterarie per recarsi ad Alberobello, il magico luogo dei Trulli in Puglia, dove incontra un grafico per parlare della copertina della guida che lui sta scrivendo.

Proseguirà il viaggio nell'**episodio 12 (I sassi di Matera)**, in Basilicata si ritroverà in un altro paesaggio fuori dal tempo, i Sassi di Matera, tra i quali ancora riecheggiano i passi dello scrittore e pittore Carlo Levi che vi fu mandato al confino negli anni del fascismo, perché oppositore del regime.

Nell'**episodio 13 (I soliti ignoti)** Piero torna a Roma nel caldo torrido d'agosto e si reca alla sua casa editrice per prendersi un ventilatore, ma sarà colto di sorpresa dal fatto che il ventilatore è stato rubato da "i soliti ignoti".

Nell'**episodio 14 (L'infinito)** Piero è stanco della città ed ha bisogno di ispirazione per terminare la sua guida dei luoghi dell'anima. Decide così di recarsi nelle Marche a Recanati, luogo poetico per antonomasia, a rivedere l'"ermo colle" oltre il quale, nell'Ottocento, il poeta Leopardi scrutava l'infinito.

L'agosto torrido è passato e a settembre, Roma, come tutte le grandi e piccole città, riprende a pieno ritmo la sua vita. Ricominciano le scuole e Piero nell'**episodio 15 (Settembre in città)** incontra un suo vecchio amico, ora insegnante. I due si scambiano ricordi e si aggiornano sulla loro attuale condizione di vita. Al bar, Piero racconta all'amico le ragioni della sua svolta esistenziale e lavorativa, da controllore ad autore di guide letterario-turistiche.

Ed è per finire di scrivere il suo libro che Piero si reca in un luogo dove si sente a suo agio, così nell'**episodio 16 (All'Auditorium)** siamo con lui in uno dei luoghi più moderni di Roma, progettato da Renzo Piano , dove – come spesso accade – Piero si distrae seguendo la conversazione di due signore borghesi sedute al tavolo accanto.

Ma settembre è la porta dell'autunno, stagione che spinge Piero a ricordi d'infanzia e nostalgie per il suo nord di cui ora sente il richiamo, e così nell'**episodio 17 (Autunno)** decide di tornare nelle Langhe piemontesi, immortalate dai romanzi di Cesare Pavese.

E siamo arrivati alla fine, all'**episodio 18 (Ultimo capitolo)** che conclude il nostro manuale ed il libro di Piero. Ormai è inverno e Roma brilla di atmosfera natalizia. Piero guarda all'affanno commerciale con quella distanza che gli permette di inserirlo in considerazioni più ampie sulla natura e la storia dell'uomo, con le sue conquiste, i suoi monumenti, e le sue paure. Piero è felice di aver terminato il suo viaggio nelle memorie e nei luoghi che resistono al tempo, che tutto amalgama e porta con sé.
Come un fiume, come il biondo Tevere che scorre sotto la sua finestra la notte prima che lui finalmente ponga la parola fine al suo libro-guida dal titolo **"Un giorno in Italia"**.
Lo consegnerà finalmente il mattino successivo, col beneplacito marmoreo di un immortale angelo berniniano.

Come utilizzare il manuale: un esempio
Dopo questa breve sintesi riassuntiva degli scenari che attraverserete insieme a Piero Ferrari, vogliamo fornirvi un esempio di trattazione di un episodio del manuale, sottolineando che, nell'uso di questo e degli episodi successivi, il vostro libero e creativo percorso sarà il miglior timone per percorrere il manuale insieme ai vostri studenti.

Episodio 1
Si potrebbe iniziare con delle **domande** del tipo:

In che mese voi/ i vostri genitori andate in vacanza di solito ?

oppure

In Italia d'estate c'è un giorno in cui tutti sono in vacanza, sapete di che giorno si tratta?

Da qui potete introdurre la parola *Ferragosto* che li porterà all'inizio della storia *(14 agosto)* a *Roma* una tipica grande città che si svuota per le ferie.
E a questo punto si può procedere con la **lettura**.
Spesso raccomandiamo di rispettare le caratteristiche proprie della lettura, un atto silenzioso e individuale. Il leggere per capire, inoltre, è un processo che comprende più fasi, ovvero diversi tipi di lettura con obiettivi diversi.

Queste istruzioni restano valide per la maggior parte dei testi autentici proposti.

Non dimentichiamo, però, **il piacere e l'aiuto** che una **lettura interpretativa**, a voce alta, fatta dall'insegnante una tantum può dare agli studenti.

Vi invitiamo pertanto, specie per quanto riguarda i primi testi o parti iniziali di testi particolarmente lunghi, a leggerli a voce alta, mimando di tanto in tanto o sottolineando con la voce o con l'intonazione parole o frasi che riuscirete così a far capire più facilmente ai vostri studenti.

Questa **lettura recitata da parte dell'insegnante** potrebbe essere fondamentale per incoraggiare lo studente e legarlo al testo attraverso una relazione narrativa che coinvolga l'insegnante in prima persona e attragga il discente in una dimensione ludica e rilassata, quella tipica del racconto e della favola che ci ammaliava da piccoli.

Questa prima fase non escluderà naturalmente le successive operazioni di ritorno al testo per soddisfare obiettivi di comprensione globale e analitica.

Attività 1

Le **domande A** di tipo vero/falso sono utili per la comprensione individuale dei nodi semantici fondamentali, ma è bene non tralasciare le fasi di confronto in sottogruppo prima che l'insegnante arrivi ad una revisione in plenum.

Le **domande B** invece possono essere anche usate come una guida per l'insegnante che può usarle per verificare oralmente ciò che gli studenti hanno capito.

Sarà possibile in un secondo momento utilizzarle per un riassunto scritto da dare per casa ed usarle all'inizio della lezione successiva come una specie di "riassunto della puntata precedente".

Le risposte alle domande infatti sono state strutturate in modo da costituire un breve riassunto del testo.

Anche **le illustrazioni** possono essere un valido supporto iconico per aiutare a capire il testo o per ricostruire la storia chiedendo ad esempio: *"Cosa si vede nella prima illustrazione?" "Come sono i marciapiedi nella terza illustrazione?" "Dove si è addormentato Piero?" "Sopra che cosa, un libro o più libri?" "Come si chiamano più libri l'uno sull'altro?" (una pila di libri).*

Attività 2

Le attività lessicali sono molto utili per ampliare e focalizzare il lessico. È utile che l'insegnante aggiunga esempi che aiutino a contestualizzare.

Es.: *"Le autostrade pullulano di... In quale altra occasione possiamo usare questo termine?" "Immaginate un luogo affollato come un mercato, una piazza, un autobus, provate a descriverlo con questo termine".* In questo modo aiuterete i vostri studenti ad un reimpiego immediato del termine dato.

Attività 3

Alcune attività, come questa, sono legate alla memoria di un testo scritto.

Si tratta di una combinazione tra sostantivi ed aggettivi che costituiscono formule descrittive ricorrenti come *"saracinesche abbassate"*. Le riproponiamo, pertanto, all'attenzione dello studente per fissarle in caso fossero sfuggite nella labile fase della comprensione guidata dal contesto.

Ritornare, **ricordare**, **fissare**, sono fasi importanti nell'apprendimento e sono comunque momenti successivi alla comprensione globale di un testo.

L'attività grammaticale proposta in questa fase, si pone come revisione di un dato acquisito precedentemente che varrebbe la pena riprendere ciclicamente poiché costituisce un costante ostacolo all'accuratezza morfologica anche di studenti di livello avanzato: ci riferiamo naturalmente al problema della concordanza di genere e numero.

Nel caso specifico, ad esempio, si potrebbe anche proporre di volgere rispettivamente al singolare o al plurale ad Es.: *saracinesche abbassate - saracinesca abbassata.*

Attività 4

Anche l'inserimento delle preposizioni richiesto in questo cloze presuppone che l'argomento proposto sia stato già trattato e praticato precedentemente. Si tratta dunque di una attività di revisione e di autocontrollo per lo studente che non dovrà concepirla con un test, ma come un'esercitazione attraverso la quale potrà auto-valutare la sua competenza grammaticale, tornando a confrontare il suo cloze con il testo iniziale.
Questo potrebbe anche essere il momento giusto per una revisione delle preposizioni articolate che gli studenti già conoscono dai corsi precedenti proponendo, se necessario, lo schema grammaticale di pagina 19.

Attività 5

Nell'esercizio 5 si cerca di reimpiegare le preposizioni in nuove frasi che contengono regole verbali e casi o locuzioni già incontrate nel testo precedente. Questa attività può essere anche assegnata come compito per casa.

Attività 6

Arriviamo ora alla prima attività di produzione orale che prende spunto dalla lettura precedente, ovvero le stagioni da vivere in città.
Si può partire semplicemente dalla domanda: *"In che stagione ti piace soprattutto vivere in città ed in quale stagione ti piace meno o non ti piace e perché?"*
Oppure, se vogliamo, possiamo far alzare gli studenti dal banco e farli muovere un po'. L'insegnante scrive o incolla alla lavagna immagini delle quatto stagioni. Ognuno va alla lavagna e mette un trattino sotto la stagione prescelta. Si parte così da una statistica di gradimento.
L'insegnante commenterà i dati dicendo ad esempio: *"vedo che molti preferiscono l'autunno, ditemi perché, anzi scrivetelo".*
Si farà un cerchio con la parola *autunno* connessa a tante frecce associative ed ogni studente scriverà la sua ragione col pennarello nero.
Anche gli altri potranno esprimere un motivo negativo e, per distinguersi dagli amanti dell'autunno, useranno un pennarello rosso.
L'effetto potrebbe essere così: In nero: *ricominciano le attività sportive, tornano gli amici dalle vacanze, c'è più offerta culturale, il clima è più vivibile ecc.* . Ed in rosso: *le strade si riempiono di traffico, piove sempre ecc.*
Questo diagramma a ragno può anche essere completato sulla lavagna dall'insegnante che incoraggerà gli studenti dal banco a dire le proprie ragioni, stimolando un confronto in plenum.

Attività 7

È una attività creativa basata sulla fantasia. Si può svolgere dando agli studenti un foglio di carta su cui dovranno scrivere il proprio sogno al presente o all'imperfetto.
L'insegnante può dare l'esempio inventando qualcosa o raccontando un vero sogno.
Ad esempio: *"Sono in una città che non conosco, mi trovo vicino ad una stazione ma non so perché, non ho una valigia e non ricordo se sono arrivato o devo partire.*
C'è una bicicletta abbandonata, la prendo per andare a cercare un negozio aperto ma non lo trovo. Corro, corro e non trovo niente, poi sento dei rintocchi di campana, guardo l'orologio e mi ricordo che a quest'ora normalmente sono in classe. Mi sveglio, è tardi, scopro che ieri sera non ho messo la sveglia…"
Ogni studente, dopo aver scritto il suo vero o finto sogno su un foglio, piega il foglio e lo consegna all'insegnante che li metterà in una scatola o su una sedia.
A turno gli studenti estrarranno un foglio e dopo essersi accertati che non si tratti del proprio, lo leggeranno silenziosamente e proveranno ad indovinare di chi è il sogno.

Attività 8

Quando si introduce un testo letterario è bene che l'insegnante si accerti del fatto che gli studenti ne conoscano l'autore, quindi chiederà loro se ne hanno mai sentito parlare, se ne hanno letto qualcosa, in che lingua, e se sanno in che periodo è vissuto.

Le nostre non sono lezioni di letteratura e lo spazio da dedicare ad un autore è funzionale e proporzionale ai nostri obiettivi e al piacere che gli studenti proveranno nell'ampliare il loro bagaglio di conoscenze culturali. Per facilitare l'insegnante abbiamo fornito le principali informazioni sui testi, sugli autori e sui tanti riferimenti culturali in una sezione specifica di questa guida. Nel nostro caso proponiamo un breve testo autentico, ovvero estratto da un articolo, che gli studenti dovranno ricostruire.

Si tratta di applicare criteri di coesione e coerenza testuale.

Sarà bene far lavorare gli studenti dapprima individualmente, poi confrontandosi in coppia ed infine proponendo una revisione in plenum.

Attività 9

Le domande che noi poniamo al lato del testo possono essere usate dall'insegnante e scritte alla lavagna nel momento in cui introduce questa lettura.

Ad esempio si può parlare delle città immaginarie di Calvino e dire che tutte hanno caratteristiche che da un lato richiamano la realtà, dall'altro la estremizzano o la superano.

Es.: *"Cercate di capire alcune caratteristiche di questa città: il suo territorio ecc."*.

Attività 10

Le tre domande per l'attività orale che proponiamo sono solo le principali, ciascuna può essere estesa con altre riguardanti il come e perché, e sono pensate per una produzione libera orale di tipo reale, in cui ogni studente descrive i propri gusti e desideri rispetto alla città e alla vivibilità, mettendo in campo la descrizione del reale o l'utopia.

Attività 11

Come per tutte le attività analitiche, consigliamo all'insegnante di evitare di far leggere agli studenti questo breve quadro riassuntivo, ma piuttosto di guidare gli studenti all'analisi, seguendo le linee guida proposte, offrendo quindi gli esempi presenti nel manuale e ampliandoli con altri a propria scelta. Lo schema riassuntivo serve per una revisione a casa dello studente e non esclude una trattazione orale e alla lavagna da parte dell'insegnante.

Attività 12

Questo ascolto autentico di una notizia radiofonica che riguarda un black-out con relativi disagi, è piuttosto lungo.

È necessario pertanto far ascoltare più volte il testo. Il primo ascolto servirà solo per far orientare gli studenti dentro la notizia: di che si tratta, cosa è successo, dove?

In seguito, dal secondo ascolto, sarà opportuno guidare gli studenti con le domande vero/falso.

Le domande relative al lessico (b) sono pensate per essere risolte oralmente ed in plenum con l'aiuto dell'insegnante, se necessario.

Attività 13

Serve a far prendere coscienza agli studenti delle caratteristiche testuali di una notizia di cronaca.

In questo caso, la ricostruzione potrebbe essere già stata effettuata oralmente durante la fase di comprensione e dunque potrebbe avere una funzione di revisione e conclusione per tutti gli studenti, anche per quelli che hanno avuto maggiori difficoltà nella fase precedente di ascolto.

Attività 14

Questa attività, legata alla sfera delle esperienze private o personali, potrebbe essere svolta più proficuamente in coppia o sottogruppo.

Ciascuno può raccontare contemporaneamente ad un'altra persona le sue esperienze.

Poi a turno il partner nella coppia o una delle persone a turno nei sottogruppo, potrebbe riferire in plenum, sinteticamente, la situazione in cui si è trovato il rispettivo compagno da cui ha appena ascoltato un resoconto.

Attività 15

Anche questa attività orale può richiedere più o meno tempo a seconda di come viene gestita.

Si potrebbe addirittura non portare gli studenti su questa pagina e, a libro chiuso, far giungere gli studenti, attraverso un brainstorming, al concetto di vivibilità di una città.

L'insegnante chiede, scrivendo al centro della lavagna in grande la parola "vivibilità", cosa rende una città vivibile, da cosa può essere definita la vivibilità di una città.

Si arriverà così coralmente ad una definizione di vivibilità. Se non vengono citati tutti i componenti elencati nella nostra attività, l'insegnante cercherà di elicitarli e quindi si passerà a definire se la città in cui gli studenti vivono o in cui si trovano a fare il corso, è più o meno vivibile e perché.

Attività 16

Questo cloze si riallaccia tematicamente al tema iniziale delle vacanze estive ed alla tipologia testuale della notizia di cronaca e può essere usato come attività di pratica delle preposizioni in qualsiasi momento, anche come spunto ideale per iniziare la revisione delle preposizioni articolate, prima della presentazione del testo di Calvino presente nell'episodio.

LA STORIA	GRAMMATICA	LESSICO E AREE TEMATICHE	FUNZIONI
Episodio 1 *Roma, via Cicerone - 14 agosto*	Preposizioni semplici e articolate	Estate in città Esodo estivo Black-out Emergenze in città	Esprimere gusti e preferenze rispetto ai luoghi in cui si vive o si vorrebbe vivere argomentandone le ragioni Descrivere ambienti urbani Raccontare un sogno Riferire un episodio di emergenza
	MATERIALI AUTENTICI: Estratto da "Le città invisibili" di Italo Calvino *Gli italiani sono partiti per le vacanze,* da "City" Ascolto: notizia dal radiogiornale		
Episodio 2 *Il sogno nel cassetto*	Verbi che reggono preposizioni Forme del condizionale composto dei verbi delle tre coniugazioni Usi del condizionale composto per esprimere il futuro nel passato	Aspirazioni professionali Brevi di cronaca Figure femminili di rilievo nella storia e nell'attualità Giovani, lavoro, studi e famiglia	Esprimere aspirazioni e desideri non realizzati nel passato Riferire eventi che sarebbero dovuti accadere in un tempo passato Dare consigli per evitare errori e comportamenti inadeguati Esprimere eventi futuri nel passato Parlare dei propri rimpianti Scoraggiare, incoraggiare, esortare, dissuadere
	MATERIALI AUTENTICI: *Brevi di cronaca* *Avrei voluto essere Anna Kuliscioff, la pasionaria del socialismo italiano,* da "Sette" *Sempre più duro staccarsi dalla famiglia,* da "Il Messaggero" Ascolto: intervista a Caterina Sinibaldi		
Episodio 3 *A che servono i giornali?*	Forme del trapassato prossimo dei verbi ausiliari e dei verbi regolari delle tre coniugazioni	Giornalismo, mezzi di informazione Cronaca La professione del giornalista in Italia	Esprimere opinioni e gusti sui diversi mezzi di informazioni
	MATERIALI AUTENTICI: Estratto da "Seta" di Alessandro Baricco Estratto da "Le parole sono pietre" di Carlo Levi *Brevi di cronaca* da "Metro" e "Corriere della Sera" Ascolto: intervista a Stefano Lugli		
Episodio 4 *Se potessi viaggerei di più*	Periodo ipotetico del primo e del secondo tipo Forme del congiuntivo imperfetto dei verbi ausiliari e dei verbi regolari delle tre coniugazioni *Purtroppo, quindi* Connettivi testuali	Scrittura, editoria, la stampa, consigli professionali Sviluppo economico e demografico e sue problematiche	Esprimere ipotesi reali, possibili Dare consigli professionali Esprimere limiti e conseguenze Ipotizzare scenari fantastici
	MATERIALI AUTENTICI: *Blue tango,* di Sergio Staino, da "Corriere della Sera Magazine" Estratto da "Cinque scritti morali", di Umberto Eco Intervista a Enzo Biagi, da "Voci che contano" di Alfredo Barberis *Il lessico di Alberoni,* da "Io Donna" *Se il frigo potesse parlare,* da "Donna Moderna" Ascolto: intervista a Fabrizio Paladini		

LA STORIA	GRAMMATICA	LESSICO E AREE TEMATICHE	FUNZIONI
Episodio 5 *Se… se… se…*	Periodo ipotetico del terzo tipo Forme del congiuntivo trapassato dei verbi ausiliari e dei verbi regolari delle tre coniugazioni Uso dell'imperfetto indicativo nella costruzione di un'ipotesi di tipo impossibile	Cambiamenti nella vita e nel lavoro Ipotesi controfattuali	Esprimere ipotesi irreali che riguardano il passato Parlare di qualcosa che avrebbe modificato il corso della propria vita

MATERIALI AUTENTICI:	*Se avessi scelto una vita diversa*, da "Corriere della Sera Magazine" *Se mia nonna avesse le ruote… i paradossi dell'intelligenza*, da "Corriere della Sera" Ascolto: interviste a Monica Turello, Caterina Caracausi, Guido Tufariello

LA STORIA	GRAMMATICA	LESSICO E AREE TEMATICHE	FUNZIONI
Episodio 6 *Villa Borghese*	Pronomi combinati, particelle *ci* e *ne* Posizione del pronome con i verbi all'infinito e all'imperativo Verbi monosillabici all'imperativo seguiti da pronomi Formazione degli avverbi di modo con il suffisso *-mente*	Bambini, giochi e luoghi di svago Bullismo	Esprimere e motivare i propri comportamenti relativamente a situazioni problematiche Chiedere chiarimenti e spiegazioni relativamente ad una informazione ricevuta Chiedere un favore Chiedere di fare qualcosa Descrivere il modo in cui si fa qualcosa Esprimere opinioni e punti di vista sui comportamenti infantili Proporre soluzioni

MATERIALI AUTENTICI:	Estratto da "Caro Michele" di Natalia Ginzburg *Forse è la volta buona che le «bulle» non si fanno fregare*, da "Sette" *Questa casa è un albergo*, da "Donna Moderna" Ascolto: un racconto Ascolto: intervista a Imanuel Rozenberg

LA STORIA	GRAMMATICA	LESSICO E AREE TEMATICHE	FUNZIONI
Episodio 7 *Ferragosto*	Formazione degli aggettivi in *-oso* Formazione degli aggettivi in *-abile* e *-ibile* *Cosa c'è di meglio di…* *Non c'è niente di meglio che…*	Vacanze, Ferragosto Solitudine in città Natura e città Luoghi e atmosfere romane Opera: *La Tosca* L'Italia multietnica	Esprimere opinioni su cose, persone e luoghi Descrivere le qualità di cose, persone e luoghi Ricostruire un racconto Ipotizzare il finale di una storia Proporre qualcosa di particolarmente piacevole Riscrivere un racconto assumendo un diverso punto di vista Dare consigli

MATERIALI AUTENTICI:	Estratto da "Marcovaldo" di Italo Calvino *Una domenica a Castel Sant'Angelo*, da "Corriere della Sera" *Tosca, la passione tradita*, da "Chi" *Ostia: stessa spiaggia, nuove lingue*, da "Corriere della Sera"

LA STORIA	GRAMMATICA	LESSICO E AREE TEMATICHE	FUNZIONI
Episodio 8 *Quel ramo del lago di Como*	Congiunzioni e connettivi *(mentre, anzi, ebbene, appunto, intanto, tanto che, infatti, dunque)* Il presente storico Marcatori temporali	Personaggi, luoghi, autori e opere della letteratura italiana dell'800 (Manzoni, Verga) Invenzione della radio (Guglielmo Marconi) Letteratura in TV Dialetti e musica rock Sentimenti e stati d'animo Evoluzioni della lingua italiana I giovani e le dipendenze tecnologiche	Raccontare la trama di un film, di un'opera letteraria o altro Descrivere luoghi legati ad opere letterarie o cinematografiche Raccontare un evento storico

MATERIALI AUTENTICI: *Quel triangolo del lago di Como*, da "TV Sette"
Quando Verga tacque per dar voce ai vinti, da "Il Venerdì di Repubblica"
La TV compie 50 anni, da "Sette"
Quel dialetto incomprensibile musica per le nostre orecchie, da "Il Venerdì di Repubblica"
Estratto da "I Promessi Sposi" di Alessandro Manzoni
«Scaricare», «scannare», «processare»: così il computer cambia la nostra lingua, da "Corriere della Sera"
Ascolto: servizio radiofonico

| **Episodio 9**
Paolo e Francesca | Forme del congiuntivo presente e passato dei verbi ausiliari, dei verbi delle tre coniugazioni regolari e dei principali verbi irregolari
Usi del congiuntivo presente e passato in proposizioni dipendenti
Uso della struttura **di** + *infinito* in sostituzione del congiuntivo | L'amore nella letteratura (Dante)
Feste legate all'amore (S. Valentino)
Problematiche sociali, associazionismo, volontariato
Relazioni sociali attraverso la rete
Ecologia, sviluppo sostenibile
Pubblicità | Esprimere opinioni, speranze, timori, dubbi, desideri
Esprimere aspettative
Elaborare un programma e spiegarne gli obiettivi |

MATERIALI AUTENTICI: *La chance di un timido tra tanti «machi»*, da "Il Venerdì di Repubblica"
Sostieni Lunaria, da "Le attività di Lunaria"
Pubblicità *Autostrade per l'Italia*
Pubblicità *Divina Commedia di Dante Alighieri*, da "Corriere della Sera"
14 febbraio, S. Valentino, da "Corriere Adriatico"
Gli incontri nella rete, da "Mente e cervello"
Ascolto: intervista a Davide Di Pietro

| **Episodio 10**
Arte contemporanea a Venezia | Usi del congiuntivo imperfetto e trapassato in proposizioni dipendenti
Sostantivi il *-logo* e *-logia*
Come se + *congiuntivo* | Arte contemporanea
Venezia: la Biennale, Tiziano
Figli d'arte
Problematiche sociali
Padri e figli, generazioni a confronto
L'impegno politico
Arte e mecenatismo | Ricostruire una biografia
Esprimere auspici e desideri di cambiamento nella società
Esprimere desideri e scenari utopici
Discutere su tematiche politiche e sociali |

MATERIALI AUTENTICI: *Olivia Magnani*, da "Io Donna"
Estratto da "Passaggio in ombra" di Maria Teresa Di Lascia
Un Tiziano firmato Zorzi, da "Il Venerdì di Repubblica"
Pensieri scaldacuore per il nuovo anno, da "Io Donna"
Editoriale, da "Next Exit"
L'uomo che lavorava il cioccolato ad arte, da "Il Venerdì di Repubblica"
Ascolto: intervista a Caterina Sinibaldi

LA STORIA	GRAMMATICA	LESSICO E AREE TEMATICHE	FUNZIONI
Episodio 11 *Alberobello*	Forma passiva Usi dell'ausiliare *essere* e del verbo *venire* nella forma passiva Altre forme passivanti *Si* passivante, **andare** + *participio passato,* preposizione *da* con valore passivante	La Puglia, Alberobello, i Trulli Luoghi di svago nell'antichità Regole editoriali Regolamenti ferroviari Linguaggio burocratico Feste giovanili Comportamenti giovanili Legalità/illegalità	Parlare di cambiamenti di vita, lavoro, abitazione e abitudini Discutere, protestare, lamentarsi, reclamare Esprimere opinioni e discutere sui comportamenti giovanili Descrivere un luogo pubblico Dare istruzioni per fare qualcosa Riscrivere un testo in un diverso registro linguistico Scrivere una lettera di lamentela e richiesta di rimborso
	MATERIALI AUTENTICI:	*Festa rave infinita. «Ce ne andremo domenica»*, da "Corriere della Sera" Estratti da "Circhi e stadi di Roma antica", di Luigi Devoti Estratto dal regolamento di Trenitalia Lettera di Trenitalia Estratto da "Cristo si è fermato a Eboli" di Carlo Levi *Case dell'altro mondo*, da "Bell'Italia" Ascolto: conversazione	
Episodio 12 *I Sassi di Matera*	Infinito passato	La Basilicata, Matera Carlo Levi Trasporti: scioperi e agitazioni Ambienti urbani: ecologia, rifiuti, riciclaggio	Discutere ed esprimere opinioni su scioperi e agitazioni sindacali Descrivere abitudini e comportamenti sul tema dei rifiuti e del riciclaggio Descrivere un ambiente Raccontare eventi particolari della propria vita Confrontare e valutare articoli che trattano lo stesso argomento
	MATERIALI AUTENTICI:	*Torna a pulsare il cuore dei Sassi*, da "Bell'Italia" *Trasporti: dopo la rabbia si torna a trattare*, da "Corriere della Sera" *Da «Dovete morire» a «Hanno ragione»*, da "Corriere della Sera" Estratto da "Le città invisibili" di Italo Calvino Estratto da "L'Orologio" di Carlo Levi Ascolto: conversazione	
Episodio 13 *I soliti ignoti*	**A** + *infinito* con valore ipotetico Verbi derivati da parti del corpo *(sgomitare, sgambettare, ecc.)*	Cronaca Furti, illegalità Criminalità, mafia, camorra Espressioni, modi di dire e proverbi legati agli animali e al corpo umano Parti e momenti del giorno	Ricostruire una notizia di cronaca Raccontare un avvenimento straordinario, particolare della propria vita
	MATERIALI AUTENTICI:	*Le ore delle donne*, da "Io Donna" *Il lupo perde il pelo ma non il vizio*, da "La Piazza di Cinecittà" *Sì, ho acceso io quelle fiamme. Mi piace giocare col fuoco*, da "Corriere della Sera" Ascolto: servizio radiofonico	

LA STORIA	GRAMMATICA	LESSICO E AREE TEMATICHE	FUNZIONI
Episodio 14 *L'infinito*	Concordanza dei tempi e dei modi all'indicativo e al congiuntivo	Le Marche, Recanati Giacomo Leopardi La poesia Pubblicità Critica letteraria Letteratura e rete Lessico dell'informatica	Interpretare e scrivere un testo poetico Argomentare le ragioni per cui si legge o non si legge la poesia Comprendere messaggi pubblicitari radiofonici Esprimere valutazioni personali su testi pubblicitari e sulla loro efficacia

	MATERIALI AUTENTICI:	Estratto da "La coscienza di Zeno" di Italo Svevo Estratto dallo "Zibaldone" di Giacomo Leopardi Estratto da "Lezioni americane" di Italo Calvino *L'infinito*, di Giacomo Leopardi *La letteratura ai tempi della rete*, da "Famiglia Cristiana" *Attenti a quei dieci* Estratto da "Le notti difficili" di Dino Buzzati Ascolto: pubblicità radiofoniche

LA STORIA	GRAMMATICA	LESSICO E AREE TEMATICHE	FUNZIONI
Episodio 15 *Settembre in città: ricomincia la scuola*	Discorso diretto e indiretto	La scuola Voti, test, valutazioni Pubblicità Favola Fumetti Uomini e donne nel mondo della scuola e nel rapporto con lo studio	Riferire enunciati e discorsi altrui Comprendere un messaggio pubblicitario scritto Parlare delle proprie esperienze scolastiche Scrivere un racconto in terza persona Transcodificare un testo dal fumetto al racconto Riassumere i contenuti di un'intervista Scrivere una sintetica biografia Esprimere accordo o disaccordo con opinioni altrui

	MATERIALI AUTENTICI:	Pubblicità *Omino Bianco* Estratto da "Registro di classe" di Sandro Onofri *Nei momenti duri meglio affidarsi alle battute*, dal "Corriere della Sera Magazine" Estratto da "Mi leggi un'altra storia?" di Roberto Piumini e Francesco Altan Estratto da "Lupo Alberto. Ma questa è vita?" di Silver Estratto da "Novecento" di Alessandro Baricco Estratto da "La coscienza di Zeno" di Italo Svevo Estratto da "La madre" di Grazia Deledda Estratto da "La testa perduta di Damasceno Monteiro" di Antonio Tabucchi Estratto da "L'anno dei gessetti maledetti" di Bruno D'Alfonso e Francesco Cascioli Estratto da "Una barca nel bosco" di Paola Mastrocola *Perché la scuola è femmina* da "Io Donna" Ascolto: intervista a Paola Spano

LA STORIA	GRAMMATICA	LESSICO E AREE TEMATICHE	FUNZIONI
Episodio 16 *All'Auditorium*	Formazione del gerundio presente e passato Usi del gerundio con valore temporale, modale, causale, ipotetico e concessivo	Roma: l'Auditorium Quartieri e spazi architettonici Tematiche relative all'ambito della famiglia e della casa Classi e ceti sociali Roma tra centro e periferia Spazi separati nei luoghi pubblici per uomini e donne	Suggerire soluzioni e modalità per risolvere problemi Riscostruire i contenuti di testi letterari a partire da tracce sensoriali e mnemoniche Ricostruire un'intervista Scrivere un articolo a partire da un'intervista

	MATERIALI AUTENTICI:	Estratto da "Ragazzi di vita" di Pier Paolo Pasolini Estratto da "L'armonia del mondo" di Pietro Citati *Maschi di qua, femmine di là*, da "D, la Repubblica delle Donne" Ascolto: intervista ad Alessandro Bianchini

LA STORIA	GRAMMATICA	LESSICO E AREE TEMATICHE	FUNZIONI
Episodio 17 *Autunno*	Usi del participio passato Trasformazione dei verbi dalla forma implicita alla forma esplicita	Le stagioni: atmosfere autunnali Vini e dolci italiani Il Piemonte e le Langhe Design interattivo Andrea De Carlo Pubblicità La Sardegna	Delineare il profilo di un personaggio Intervistare qualcuno sui suoi gusti letterari, cinematografici e sulle sue abitudini in merito alla scrittura e alla lettura Scrivere un testo pubblicitario su modello testuale Argomentare ed esprimere opinioni sulla caccia Intervistare qualcuno secondo uno schema dato

MATERIALI AUTENTICI:	Estratto da "La luna e i falò" di Cesare Pavese *San Martino*, di Giosuè Carducci *Comunque vada sarà un successo. Di vino*, da "Il Venerdì di Repubblica" *Tra un Vin Santo e un Sauternes, ecco come allietare il momento del dessert*, da "Delizie" *La bacchetta magica? A Ivrea la fanno*, da "Io Donna" *E mentre tutti sognavano la California, De Carlo ci andò*, da "Sette" Estratto da "A che punto è la notte" di Fruttero e Lucentini Pubblicità *Ente Sardo Industrie Turistiche* *Risponde Andrea De Carlo*, da "Io Donna" Ascolto: pubblicità radiofonica

LA STORIA	GRAMMATICA	LESSICO E AREE TEMATICHE	FUNZIONI
Episodio 18 *Ultimo capitolo*	Sostantivi in *-ione* derivati da verbi Veri e falsi alterati Forma impersonale di verbi riflessivi, reciproci e pronominali	Inverno: atmosfere natalizie in città Antichi mezzi di trasporto Il Natale negli spot pubblicitari Oggetti di design italiano del passato e del presente Acquisti in libreria	Confrontare abitudini sociali del passato e del presente Descrivere ed analizzare uno spot pubblicitario televisivo Argomentare le proprie preferenze rispetto ad oggetti posseduti o desiderati Parlare delle proprie abitudini e preferenze rispetto ai libri e alle librerie

MATERIALI AUTENTICI:	*Attenti a quel pannolone*, da "Io Donna" Estratto da "Roma in botticella" di Massimo Antonelli *A Natale la nostalgia del torroncino vince sul* take away *cinese*, da "Economy" *Elogio alla perfezione degli oggetti quotidiani*, da "Io Donna" *La furia per i libri*, dal "Corriere della Sera" Ascolto: brano radiofonico

LEGENDA SIMBOLI

 Leggi per capire

 **Leggi per analizzare**

 Ascolta per capire

 **Ascolta per analizzare**

TRACKLIST DEL CD

episodio	attività	track	episodio	attività	track
credits	-	1	10	16	11
1	12	2	11	30	12
2	17	3	12	5	13
3	11	4	13	19-20	14
4	7-8	5	14	18-19	15
5	11	6	15	17	16
6	15-16	7	16	11-12	17
6	20-21	8	17	20	18
8	21	9	18	23-24	19
9	16-17	10			

Presentiamo in questa parte della guida la descrizione esplicativa di una serie di tecniche che ricorrono costantemente nel manuale.

Abbiamo preferito farne una presentazione sintetica e preliminare, per evitare inutili ripetizioni.

Ascolto globale *Ascolta per capire*

Nel libro dello studente è contrassegnato da questo simbolo: con l'indicazione del *cd track*.

La finalità dell'attività di ascolto globale è la comprensione dei contenuti di un testo.

Nell'attività di ascolto globale l'obiettivo è la comprensione di un testo per grandi linee.

Gli studenti dovranno coglierne i tratti essenziali, i nuclei di significato principali.

Il focus è quindi sul contenuto e non sulla forma.

La comprensione è un processo soggettivo che si costruisce per tappe successive. Essa si arricchisce progressivamente attraverso:

a) le inferenze e le ipotesi di ogni singolo studente e le successive verifiche attraverso nuovi ascolti;

b) il confronto tra studenti delle rispettive ipotesi, l'eventuale integrazione delle stesse e la successiva verifica.

Nel realizzare questa attività dunque si fa leva su:

- la grammatica dell'aspettativa e la capacità di intuizione;
- la collaborazione e l'apprendimento inter-pares.

REALIZZAZIONE DELLA TECNICA

È bene che gli studenti siano disposti in cerchio con il registratore al centro.

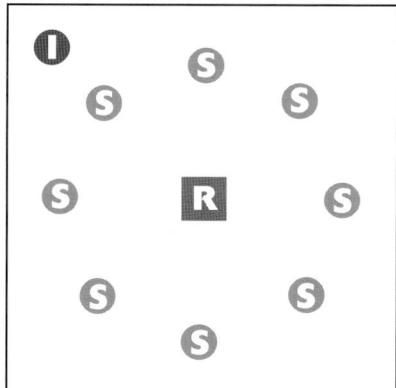

Oppure in semicerchio con l'insegnante che manovra il registratore.

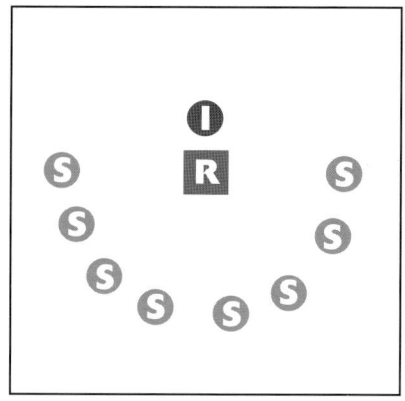

Consigliamo la prima modalità che crea una equidistanza empatica tra ogni singolo studente e la fonte di emissione del parlato.

- Prima dell'ascolto è bene che l'insegnante chieda agli studenti di rilassarsi e li rassicuri sul compito: *"Non è necessario che capiate tutto"; "Cercate di capire quello che vi è possibile".*

Precisate che il testo sarà ascoltato molte volte e che anche alla fine dell'attività l'obiettivo non è capire tutto, ma capire ogni volta un po' di più.

- L'insegnante aziona il registratore e fa ascoltare integralmente il testo.
- Poi chiede agli studenti di confrontarsi in coppia o piccoli gruppi su quello che hanno capito o sentito.
- Chiede agli studenti di creare degli scambi nelle coppie o piccoli gruppi per un confronto delle diverse interpretazioni.
- Fa ascoltare nuovamente l'intero brano.
- Nuovamente gli studenti si confrontano.
- Opera nuove interazioni e nuovi scambi.

L'attività procede secondo questa alternanza di:

- ascolto,
- interazione fra pari,
- scambi,

per tante volte quante appaiono utili per cogliere i nodi globali del testo.

È molto importante interrompere l'attività quando ci si rende conto che la comprensione non progredisce, non ci sono elementi nuovi che stimolano il senso di ricerca e la tensione cognitiva degli studenti.

Al contrario, in tal caso, c'è il forte rischio di generare stress e tensione psicologica.

USO DELLE DOMANDE D'ASCOLTO E SCHEDE DI LAVORO

I testi d'ascolto sono sempre corredati di schede di lavoro.

Consigliamo di non introdurre la scheda di comprensione subito all'inizio dell'attività per alcuni motivi:

- indirizzerebbe troppo la comprensione in quanto è un piano di ricerca predisposto da una mente diversa da quella dello studente. È preferibile che lo studente agisca liberamente almeno in un primo momento e in questa libertà possa immaginare e confrontarsi con gli altri.
- La scheda di lavoro con la sua aria di "compito da svolgere" potrebbe inficiare l'atmosfera rilassata che consigliamo sempre di creare per ottimizzare l'attività di ascolto.

Gli studenti rispondono alle domande contemporaneamente all'ascolto del testo.

Nelle successive interazioni in coppia confrontano e verificano le diverse risposte.

E L'INSEGNANTE?

Come si evince dalla descrizione dell'attività l'insegnante ha un ruolo piuttosto marginale anche se si tratta di marginalità apparente.

Non fa domande, manovra i tasti del registratore e gli studenti lavorano molto in autonomia. Eppure il modo in cui l'insegnante introduce l'attività, ne spiega le finalità, dà istruzioni per la realizzazione di tutte le sue fasi è di grande importanza per stimolare la serietà e l'impegno con cui gli studenti affronteranno il lavoro.

Ai colleghi insegnanti consigliamo soprattutto di:

- Evitare l'ansia di voler far capire tutto (se ne sarete convinti voi ne saranno convinti i vostri studenti).
- Evitare di pensare che i testi sono troppo difficili e gli studenti non possono capire. Il nostro paternalismo e maternalismo didattico benché fondato su buone ragioni danneggia e impedisce l'autonomia dei discenti. Troppo spesso noi insegnanti sottovalutiamo le potenzialità degli studenti.
- Confrontare la realtà della lezione con la realtà della vita comunicativa. Potete dire agli studenti: *"Capire la lingua parlata è difficile in strada, in giro, nei negozi e nei bar; è difficile anche in classe... ma esercitandovi qui dentro imparerete a capire meglio ciò che accade fuori quando dovrete comunicare con veri parlanti italiani".*

LA SCHEDA DI LAVORO È ANCHE UNO STRUMENTO DI VERIFICA?

Certamente.

Nella fase finale dell'attività l'insegnante può riprendere in plenum il lavoro sulla scheda e verificare il lavoro svolto dagli studenti. Senza tralasciare di far leva su eventuali differenze, disaccordi ecc.

Quando le risposte non coincidono è bene non ratificare con "giusto" o "sbagliato" ma cogliere l'occasione per aprire un nuovo problema e attivare negli studenti la curiosità e l'aspettativa per la sua soluzione. Anche il più piccolo momento di conoscenza è più proficuo se posto in termini di **problem solving**.

Ascolto analitico *Ascolta per analizzare*

Nel libro dello studente è contrassegnato da questo simbolo: 🎧 ✏️ con l'indicazione del *cd track*.

L'ascolto analitico, contrariamente a quello globale, è un'attività in cui il focus è sulla **forma** piuttosto che sul significato.

È ovvio quindi che un ascolto analitico segue sempre uno globale poiché è impossibile analizzare, esplorare le forme di un testo se non se ne conosce il significato.

Diciamo, perciò, che l'ascolto analitico è una attività a forte marcatura grammaticale, è una riflessione sulla lingua.

E poiché si tratta di lingua orale – per sua natura effimera e fuggevole – la prima necessità è quella di "catturare", fermare sulla carta un pezzo di lingua parlata per poterlo osservare.

Senza gli strumenti tecnologici (registratore) questo ovviamente ci sarebbe impossibile. Quindi si tratta innanzitutto di una trascrizione.

In genere, oggetto di un ascolto analitico è un estratto di un testo già ascoltato e selezionato perché contiene elementi morfosintattici, funzionali, lessicali o di altra natura che si vogliono rendere salienti e sottoporre all'attenzione degli studenti. Gli studenti lavorano su una intelaiatura di testo con molte parti bucate da riempire e colmare.

La prima tappa dell'attività è la costruzione di un testo "imperfetto" da parte degli studenti per poi giungere alla fedeltà del testo originale.

In questa attività si fa leva su tutte le risorse autonome degli studenti come nell'ascolto globale (grammatica dell'aspettativa, capacità di inferire e ipotizzare, confronto delle ipotesi in momenti di lavoro inter-pares) ma soprattutto sulla capacità di osservare l'ambito delle forme, della grammatica e di cogliere il nesso tra contenuto e forma.

L'attività va ben descritta e presentata, ne vanno spiegate a fondo le modalità se si vogliono raggiungere i migliori livelli di realizzazione senza mortificare negli studenti il piacere di realizzarla e la soddisfazione per i risultati ottenuti.

L'ascolto analitico si inserisce più e meglio di altre tecniche in una logica di *didattica del processo* contrapposta alla *didattica del prodotto*.

Infatti non si vuole giungere frettolosamente alla soluzione corretta ma piuttosto abituare gli studenti a mettere in campo le strategie corrette per concretizzare il proprio processo di ricerca. Infatti lo studente, in questa attività, cerca nella lingua, esplora i suoi nessi, impara a farsi e fare domande, negoziare soluzioni, a porsi e risolvere problemi in un dinamismo che lo condurrà alla riflessione grammaticale (e quindi alla norma) in maniera piacevole e intuitiva.

ALCUNI OSTACOLI

- La velocità del parlato non corrisponde al ritmo della mano che scrive.
- Nel ritmo impegnato e veloce di lavoro può prodursi una frustrazione nello studente che può condurlo a far scattare il cosiddetto filtro affettivo ovvero quel meccanismo di blocco psicologico che lo conduce al rifiuto del lavoro e dell'attività in se stessa.

Su questi due rischi l'insegnante può e deve agire prima e durante l'attività. Alcuni consigli:

- scoraggiare la visione lineare del testo che induce gli studenti a scrivere in modo lineare e sequenziale;
- stimolare invece una scrittura che proceda in tutte le direzioni, una parola qua e una là. Parole o gruppi di parole che diventeranno "ancrages" per ulteriori accostamenti e completamenti che saranno poi integrabili con le soluzioni dei compagni nei confronti in coppia;
- non nascondere la difficoltà del compito;
- valorizzare i risultati ottenuti proprio in relazione alla difficoltà;
- giocare e ironizzare sul rischio di stress con l'obiettivo di sdrammatizzare;
- ribadire, all'inizio dell'attività, che il testo sarà ascoltato molte volte, che ci sarà un confronto con gli altri studenti, che ci sarà una fase di lavoro anche con l'insegnante.

È necessario anche spiegare agli studenti che se durante l'ascolto globale si sono serviti dell'orecchio per ascoltare e cercare di comprendere e della fantasia e dell'immaginazione per creare degli scenari possibili, durante l'ascolto analitico dovranno usare tutte queste risorse ovviamente, ma attivare particolarmente il meccanismo di osservazione grammaticale e chiedersi se quello che ci sembra di aver sentito è anche plausibile, corretto e appropriato grammaticalmente.

Per suscitare questo tipo di osservazione è necessario marcare la differenza di finalità dell'ascolto globale e di quello analitico.

Spiegate bene che nel primo l'obiettivo è capire il significato, nel secondo invece l'obiettivo è osservare le forme e quindi fare grammatica.

REALIZZAZIONE DELLA TECNICA

L'attività di ascolto analitico si compone di 3 fasi.

- Nella prima gli studenti ascoltano molte volte il testo e cercano di completarlo. Si continua finché sono visibili segni di attività e curiosità e gli studenti non appaiono stressati.
- Nella seconda fase gli studenti si confrontano tra di loro cercando di migliorare, integrare e rivedere i loro rispettivi testi "imperfetti".Questa fase va integrata con successivi ascolti di riverifica.
- Nella terza fase entra in scena l'insegnante che in plenum cerca di condurre l'analisi e la riflessione di tutta la classe verso la soluzione corretta:

l'insegnante trascrive alla lavagna il testo dettato dagli studenti tenendo conto di tutte le ipotesi differenziate, senza escluderne alcuna e senza esprimere giudizi di valore. In presenza di diverse ipotesi, la sua funzione è quella di guidare e condurre gli studenti verso l'esclusione delle ipotesi non valide e la conferma di quelle corrette ed appropriate attraverso un procedimento induttivo basato su domande guidate senza mai anticipare contenuti e risposte che gli studenti possono trovare da soli. In questo modo, gli studenti saranno protagonisti della riflessione linguistica e grammaticale, ma soprattutto faranno proprie delle strategie di ricerca autonoma attraverso la lingua e i suoi nessi. Si abitueranno a cogliere l'importanza del lavoro cooperativo, ad avere come referenti gli altri studenti e non solo l'insegnante, a concepire il risultato come frutto dell'attività dell'intera classe. Inoltre con questa attività si propone una diversa concezione dell'errore non più inteso come devianza dalla norma da sanzionare, ma come fertile strumento della ricerca e della riflessione, come tentativo ragionato di ogni parlante di costruire delle regolarità nella propria interlingua.

Lettura globale *Leggi per capire*

Nel libro dello studente è contrassegnata da questo simbolo:

La finalità della lettura globale è la comprensione del significato di un testo. Non si richiede agli studenti una comprensione dettagliata, ma piuttosto una comprensione globale e generale del testo.

Bisogna cercare di scoraggiare l'idea che comprendere un testo significa procedere in maniera lineare, conoscere tutti i suoi elementi nel minimo dettaglio e che la non comprensione di alcuni elementi impedisce la comprensione della globalità del testo.

Naturalmente per gli studenti l'attività di lettura risulta meno complessa e difficile dell'ascolto poiché la lingua scritta è statica, permette dei ritorni sul testo, mentre quella orale è immateriale, veloce e sfuggente.

In generale, leggere un testo, genera negli studenti meno stress che ascoltare un testo.

Rimane importante, comunque, rassicurare gli studenti dicendogli che non devono capire tutto ma cercare piuttosto di accrescere progressivamente la loro capacità di comprensione.

REALIZZAZIONE DELLA TECNICA: COME PROCEDERE

a) Chiedere agli studenti di leggere silenziosamente il testo dando un tempo limitato di lettura. Chiedere di non soffermarsi su parole sconosciute o frasi o paragrafi poco comprensibili ma di procedere velocemente nella lettura cercando di arrivare, nel tempo previsto, alla fine del testo. È importante dire agli studenti di non usare penne o matite perché spontaneamente comincerebbero a sottolineare parole sconosciute.

Molti studenti reagiscono con scetticismo a questa richiesta; rassicurateli dicendo che successivamente ci sarà un momento dedicato al lessico sconosciuto.

b) Formare delle coppie e chiedere agli studenti di confrontarsi su quello che hanno capito. In questi momenti, ovviamente, gli studenti devono coprire il testo o chiudere il libro.

c) Scambiare gli elementi delle coppie e chiedere agli studenti di confrontarsi su quello che hanno detto nella interazione precedente.

d) Far rileggere il testo con le stesse modalità della prima lettura.

e) Formare nuovamente delle coppie.

L'attività procede secondo questa modalità e secondo l'alternanza di:

- lettura
- interazione in coppie
- scambio di un elemento della coppia

per tante volte quante si rivelano necessarie per la comprensione dei nuclei fondamentali di significato del testo.

CHE FARE PER IL LESSICO SCONOSCIUTO?

In genere dopo la seconda lettura è bene aprire uno spazio destinato alle parole sconosciute, un momento di attenzione sul lessico.

La finalità è quella di fornire agli studenti un bagaglio lessicale che permetta una migliore comprensione del testo.

L'attività proposta sul lessico ha l'obiettivo di abituare gli studenti:

- a selezionare le parole veramente utili per la comprensione;
- ad accrescere la capacità di intuire i significati servendosi di elementi contestuali, enciclopedici ecc.;
- a confrontare le proprie ipotesi con quelle degli altri e ad argomentarle;
- a fare domande.

A questo scopo:

- chiedere agli studenti di leggere usando una penna (matita o altro) e di sottolineare, evidenziare un numero limitato di parole che non conoscono e che gli sembrano importanti per poter capire meglio il testo.
- Formare delle coppie o piccoli gruppi e chiedere agli studenti di collaborare fra di loro per cercare di risolvere alcuni dei problemi lessicali.
- Successivamente, in plenum, l'insegnante si rende disponibile a fornire spiegazioni sulle parole che gli studenti non conoscono e che non hanno potuto spiegare collaborando fra di loro. Ricordate che è bene rispondere sempre ad una domanda con un'altra domanda. Perciò se uno studente chiede *"Che significa...?"*, l'insegnante risponde dicendo *"Qualcuno lo sa?"*, *"Puoi spiegarlo?"*, e poi *"Avete capito?"*. Conoscere il significato di una parola, infatti, non implica automaticamente la capacità di spiegarlo efficacemente ad altri.

Talvolta gli studenti "credono" di non conoscere il significato di una parola soltanto perché non riescono a farne la traduzione nella loro lingua, oppure non sono certi del significato che hanno potuto intuire e aspettano una conferma dell'insegnante.

Per questo è bene responsabilizzare lo studente e valorizzare la sua capacità di fare inferenze, ipotesi, e di cercare di intuire ciò che non sa. È bene, perciò, fare domande del tipo: *"Che cosa hai immaginato leggendo questa parola?" "Questa parola secondo te, ha un significato negativo o positivo?"* ecc.

Si tratta di procedimenti che aiutano lo studente a costruire e valorizzare le proprie strategie per affrontare autonomamente l'ambito del "non saputo", del "non conosciuto", cercando di trovare soluzioni adeguate.

Per la spiegazione delle parole sconosciute è bene evitare la traduzione nella lingua madre degli studenti o in una lingua veicolare e servirsi piuttosto di sinonimi, contrari, perifrasi, gestualità, mimica, ecc.

Con questo nuovo bagaglio lessicale gli studenti procederanno in nuove letture certamente facilitati e aiutati da queste nuove conoscenze.

E LE SCHEDE DI COMPRENSIONE?

Come suggerito per le attività di ascolto, anche nel caso della lettura è bene introdurre le schede di comprensione non subito all'inizio dell'attività, ma dopo alcune letture seguite da interazioni e scambi in cui gli studenti abbiano potuto lavorare senza particolari orientamenti lasciando spazio alla soggettività del processo di comprensione.

L'attività si può concludere con la ripresa in plenum del lavoro sulla scheda o sulle domande di comprensione. In questa fase l'insegnante, come sempre, favorisce il confronto di ipotesi diverse, apre spazi problematici stimolando negli studenti la curiosità e la motivazione per la soluzione di eventuali problemi. Inoltre ha occasione di verificare il livello di comprensione della classe.

Lettura analitica *Leggi per analizzare*

Nel libro dello studente è contrassegnata da questo simbolo:

L'obiettivo della lettura analitica è quello di osservare, rendere salienti alcuni elementi del testo. Il focus è, dunque, sulla forma e non sul significato.

Gli elementi che si vogliono sottoporre all'analisi e alla riflessione degli studenti possono essere di varia natura: morfosintattici, funzionali, stilistici, lessicali ecc.

Una lettura analitica, come nel caso dell'ascolto, è sempre successiva ad una lettura globale e non può prescindere da questa, non può prescindere cioè dalla comprensione preliminare del significato del testo.

La lettura analitica è una operazione di esplorazione e ricerca nel testo da parte dello studente.

Anche in questa attività sono previsti momenti di lavoro individuali, momenti di collaborazione inter-pares (fra studenti) e momenti di lavoro in plenum con l'insegnante.

COME PROCEDERE

- Spiegare le finalità analitiche dell'attività e le differenze con la lettura globale. È bene che gli studenti siano sempre resi consapevoli di ciò che stanno facendo e degli obiettivi da raggiungere.
- Chiedere agli studenti di leggere il testo e dare istruzioni chiare su quello che devono cercare. Es.: *"Cercate e sottolineate nel testo tutti i verbi al congiuntivo presente"*.

  Può accadere talvolta che qualcuno non conosca la definizione dell'elemento da ricercare o non abbia la nozione stessa di quell'elemento. Ad esempio, lo studente non conosce le definizione "pronome diretto / pronome indiretto"; oppure lo studente sembra non possedere la nozione di pronome. In questi casi – non frequentissimi, peraltro – è necessario colmare questi vuoti con spiegazioni veloci ma efficaci in cui si coinvolge anche il resto della classe.
- È bene, anche per la lettura analitica, stabilire un tempo di lettura perché, se lasciati a se stessi, gli studenti tendono a dilatare troppo i tempi e a perdersi nei meandri del testo.
- Chiedere agli studenti di lavorare in coppia e confrontare i risultati della loro ricerca integrando i propri dati con quelli degli altri.

- Scambiare un elemento della coppia per favorire nuovi confronti. Naturalmente, quando lavorano in coppia, gli studenti hanno il testo davanti a sé perché l'obiettivo è quello di cercare qualcosa nel testo.
- L'ultima fase della lettura analitica è quella in cui l'insegnante si pone di fronte alla classe per tirare le fila del lavoro. Va sottolineato che, se nella lettura globale che ha per finalità la comprensione, non si pretende che vi sia un risultato oggettivo dell'attività, in quella analitica, invece, avendo come obiettivo la ricerca di dati quantitativamente e qualitativamente definiti (devi cercare un certo tipo di forme ed un certo numero di elementi che corrispondono a questa forma) anche il ruolo dell'insegnante e della conduzione dell'attività assume un carattere diverso. L'insegnante deve cioè condurre gli studenti a risultati certi.

Attività di produzione orale

Le attività di produzione orale hanno lo scopo di stimolare lo sviluppo dell'abilità produttiva orale (parlato) e devono essere svolte dagli studenti in condizioni di massima libertà.

È ovvio che tutte le attività proposte nel manuale mirano allo sviluppo dell'interlingua (quel sistema che evolve progressivamente e per stadi e che ha carattere soggettivo) di ogni studente in un processo costante e continuo che gli permetta sempre più di avvicinarsi alla lingua d'arrivo. Ma, fra tutte, le attività di produzione orale sono quelle in cui questo obiettivo appare chiaramente evidente più che in ogni altra. Nello sforzo e nel tentativo di parlare per comunicare messaggi significativi, gli studenti hanno la possibilità di utilizzare le conoscenze acquisite in fatto di strutture, lessico, capacità di organizzare il discorso, capacità di gestire strategie conversazionali, di negoziare significati, di integrare il codice linguistico con altri codici (gestuale, prossemico, mimico, ecc.).

COSA DEVE FARE L'INSEGNANTE?

Il ruolo dell'insegnante è quello di creare le situazioni, allestire i contesti in cui gli studenti dovranno comunicare interagendo fra di loro. Deve saper essere discreto e accettare che gli studenti si esprimano in uno spazio libero e siano anche liberi di fare errori. L'obiettivo di queste attività è soprattutto la fluidità del parlato e la conquista del coraggio di esprimersi senza inibizioni e controlli.

È importante, perciò, che l'insegnante evidenzi e faccia capire agli studenti la finalità e l'importanza di queste attività, onde evitare che esse siano vissute come una perdita di tempo e un momento in cui gli studenti sono abbandonati a se stessi.

È da evitare qualsiasi forma di controllo e correzione durante lo svolgimento della vera e propria interazione comunicativa fra studenti. È opportuno, invece, che l'insegnante abbia una funzione di consulente linguistico e, se gli studenti sono giustamente motivati, saranno essi stessi a chiedere – laddove fosse necessario – suggerimenti o aiuti lessicali, grammaticali ecc.

COME SONO DISPOSTI GLI STUDENTI NELLA CLASSE?

Gli studenti lavorano in coppie o piccoli gruppi (dipende dal tipo di situazione proposta).

Anche la disposizione nello spazio varia a seconda del compito comunicativo proposto; ad esempio se gli studenti devono lavorare in coppia e parlare di una esperienza personale, è bene che siano faccia a faccia; se devono discutere di un certo tema in gruppi di 3 o 4, è bene che siano disposti in piccoli circoli; se devono simulare una telefonata, è bene che si diano le spalle, ecc.

Parlare in piccoli gruppi e con persone che percepiamo come pari facilita certamente lo sblocco di remore psicologiche come la paura di esporsi, la timidezza, l'imbarazzo. Tutte reazioni facilmente più riscontrabili durante le attività di parlato in plenum, gestite dall'insegnante.

Inoltre, nel piccolo gruppo gli studenti hanno l'occasione di praticare veramente la comunicazione, sperimentando la loro capacità di gestire meccanismi tipici dell'interazione faccia a faccia: presa e cessione dei turni di parola, richiesta di spiegazione o di ripetizione, conferma di quanto detto dall'interlocutore, segnali di attenzione, ecc.

Nel manuale si propongono tipologie varie di attività di produzione orale, con istruzioni specifiche sulle modalità di svolgimento.

approfondimenti culturali

a cura di Valeria Damiani

Ferragosto e l'esodo estivo: il Ferragosto prende il nome dalle "Feriae Augusti", le feste create dall'imperatore Augusto in suo onore che si svolgevano per tutto il mese di agosto. Celebrato oggi il 15 agosto, il Ferragosto, giorno di vacanza per eccellenza all'interno del periodo di ferie, è legato alla festa religiosa dell'Assunzione della Vergine Maria, in cui si celebra quel dogma cattolico secondo cui la Madonna, al momento della sua morte, viene "assunta" cioè ricevuta immediatamente, anima e corpo, in Paradiso. Ma il Ferragosto è per molti italiani soprattutto sinonimo di vacanze, di villeggiatura, il momento dell'esodo estivo, della partenza in massa dalle città ormai deserte e con i negozi chiusi, verso le località delle ferie.

Via Cicerone si trova nel quartiere Prati a Roma (si veda a pagina 121 di questa guida la cartina dei rioni e quartieri di Roma). Cicerone, nato ad Arpino (paese che si trova nel Lazio, in provincia di Frosinone) nel 106 a.C. e morto a Formia nel 43 a.C. fu un celebre oratore e uomo politico dell'antica Roma. Tra le sue opere più importanti ricordiamo le orazioni *Verrinae* e *Catilinariae*, la prima contro Verre e la seconda contro Catilina, due uomini politici corrotti; le opere sulla retorica *Brutus*, e *De oratore*; l'opera politica *De re publica*, le opere filosofiche *Tusculanae disputationes*, *Cato maior de senectute*, *Laelius de amicitia*.

Italo Calvino nacque a Santiago De Las Vegas, presso L'Avana (Cuba) nel 1923. Nel 1925 la famiglia Calvino fece ritorno in Italia e si stabilì a San Remo, dove il giovane Italo frequentò il liceo classico, avendo come compagno di banco Eugenio Scalfari, futuro direttore del quotidiano "La Repubblica".
L'esperienza della guerra partigiana, anche se breve, si rivelò particolarmente intensa per Calvino, tanto da essere al centro del suo primo romanzo *Il sentiero dei nidi di ragno*, scritto nel 1946. Sempre nello stesso anno, iniziò a collaborare con vari giornali e riviste ("L'Unità", "Il Politecnico") e con la casa editrice Einaudi di Torino, dove Calvino strinse legami di amicizia con Pavese e Vittorini (che gli aprirono le porte alla letteratura americana), Natalia Ginzburg, Norberto Bobbio.
Nel 1955 strinse una relazione, destinata a durare qualche anno, con l'attrice Elsa De Giorgi. Politicamente impegnato nel PCI (Partito Comunista Italiano), se ne dissociò nel 1957, dopo i fatti di Ungheria.
L'opera di Calvino è orientata, in una prima fase, verso temi neorealisti (affrontati ne *Il sentiero dei nidi di ragno*), ma anche fiabeschi e allegorici, presenti nella trilogia *I nostri antenati*, comprendente *Il visconte dimezzato* (1952), *Il barone rampante* (1957), *Il cavaliere inesistente* (1965). Nel 1956 diede alle stampe *Le fiabe italiane*, una selezione e trascrizione di duecento racconti popolari delle varie regioni d'Italia e nel 1963 pubblicò il celebre libro per ragazzi *Marcovaldo*.
Successivamente Calvino, influenzato dallo strutturalismo francese, iniziò a sperimentare nuove forme narrative. A questo periodo risalgono opere come *Le cosmicomiche* (1965), *Ti con zero* (1968), *Le città invisibili* (1972), *Il castello dei destini incrociati* (1973), *Se una notte d'inverno un viaggiatore* (1979), *Palomar* (1983). Nel 1980 raccolse nel volume *Una pietra sopra. Discorsi di letteratura e società*, la parte più significativa dei suoi interventi saggistici dal 1955 in poi.
Dal 1974, collaborò per cinque anni con il "Corriere della Sera", scrivendo racconti, resoconti di viaggio, interventi sulla realtà politica e sociale dell'Italia. Dal 1979 continuò questa attività sulle colonne de "La Repubblica", fino alla morte che lo colse nel 1985, mentre era ricoverato all'ospedale di Siena per un ictus. Le *Lezioni americane*, una serie di conferenze che Calvino stava preparando e che avrebbe dovuto tenere all'università di Harvard, sono edite postume nel 1988, insieme al volume di racconti *Sotto il sole del giaguaro*.

Le città invisibili: scritto durante il lungo soggiorno parigino e pubblicato nel 1972, *Le città invisibili* è un romanzo che oscilla tra il racconto filosofico e quello fantastico-allegorico e che risente fortemente delle nuove sperimentazioni del clima culturale francese.
Calvino immagina che Marco Polo presenti al Kublai Khan, imperatore dei Tartari, una serie di relazioni sui suoi viaggi in Estremo Oriente, ognuna introdotta da un dialogo in corsivo fra i due. In questo modo, l'intera struttura dell'opera è divisa in undici percorsi tematici, ognuno dei quali comprende cinque de-

scrizioni di città (tutte con nomi di donna), per un totale di cinquantacinque descrizioni. La struttura, quindi, sembra quasi essere divisa in due parti: il racconto delle narrazioni sulle città (ovvero i viaggi di Marco Polo) e il discorso tra il viaggiatore veneziano e il Kublai Khan della cornice, che assume i caratteri di un vero e proprio percorso conoscitivo.

I quartieri di Roma a cui si fa riferimento nell'ascolto sono, per la maggior parte, quartieri di periferia. Centocelle, Tiburtina, la città universitaria (sede della "Sapienza", prima università di Roma), Portonaccio, Collatino, Tuscolano, Prenestino, Casilino sono infatti i quartieri della periferia sud-est di Roma. L'EUR, Castel di Decima, Tor Marancia, Tor Vergata (dove ha sede la seconda università di Roma) rappresentano la periferia sud. Un approfondimento particolare merita il quartiere Europa (conosciuto come E.U.R, Esposizione Universale di Roma) nato dal progetto di Mussolini che prevedeva l'allestimento in quell'area di una Esposizione che si sarebbe dovuta tenere nel 1942, per celebrare i venti anni della salita del fascismo al potere.
Nella periferia sud-ovest di Roma si trovano invece i quartieri Portuense e la via del Forte Bravetta.
Le zone Prati, Balduina e Parioli sono situate a Roma nord e, anche se non fanno parte del centro storico, non sono considerate aree periferiche della capitale, ma anzi sono da sempre quartieri raffinati e chic. Prati è sede del tribunale di Roma, i Parioli dell'Auditorium mentre Balduina è per lo più una zona residenziale.
Nella periferia nord-est di Roma troviamo infine i quartieri Monte Sacro, Talenti, Nuovo Salario e il quartiere africano (chiamato così perché comprende strade con nomi di stati e città africani, come ad esempio viale Libia, viale Somalia).
Villa San Pietro è un ospedale che si trova sulla via Cassia (Roma nord).
(Si veda a pagina 121 di questa guida la cartina dei rioni e quartieri di Roma)

Il Prefetto: nell'antica Roma il prefetto era il titolo del comandante della guardia pretoriana (guardia privata dell'imperatore).
Oggi il Prefetto è un organo dell'Amministrazione statale che rappresenta il Governo all'interno delle province. Ha principalmente compiti relativi all'ordine e alla sicurezza pubblica, assicura il corretto svolgimento delle elezioni e controlla il funzionamento degli enti locali.

City: Il giornale "City" è, insieme a "Metro" e a "Leggo", un quotidiano gratuito di piccole dimensioni, distribuito generalmente all'uscita della Metro, davanti ai negozi o anche al semaforo, che riporta notizie di carattere locale, e le principali notizie nazionali e internazionali.

Il **bergamasco** corrisponde all'area intorno alla città di Bergamo (Lombardia).

Il **bresciano**, invece, è quell'area situata intorno a Brescia (Lombardia).

La **Valtellina** e la **Val Camonica** si trovano in Lombardia, al confine con la regione del Veneto.

Per **riviera bresciana** si intende la riva sinistra del **lago di Garda** (situato tra la Lombardia e il Veneto).

Desenzano e **Salò** sono due cittadine che si affacciano sulla riva sinistra del lago di Garda.
Salò è diventata tristemente famosa perché nel settembre 1943 Mussolini, liberato dai tedeschi pochi giorni dopo la firma dell'armistizio (8 settembre 1943), ricostituì un governo fascista (La Repubblica Sociale Italiana, più conosciuta come Repubblica di Salò) proprio in questa cittadina sul Garda.

Le isole del **golfo di Napoli** (Campania) sono Capri, Procida e Ischia.

Nel testo iniziale dell'episodio, Piero vede dai binari di un treno molte città, con lo sguardo "che le sfiora e si allontana velocemente da quella riconoscibile quotidianità e **dai nomi nei cartelli blu delle stazioni che il treno si lascia alle spalle**". I cartelli blu a cui il protagonista fa riferimento sono presenti in ogni stazione ferroviaria italiana e indicano il nome della città e della stazione stessa.

La basilica Santa Maria degli Angeli e dei Martiri alle Terme si trova nel centro di Roma (Piazza della Repubblica). Ultimo progetto architettonico di Michelangelo, la chiesa è stata ricavata nel XVI secolo dalla parte centrale delle terme di Diocleziano.

L'Accademia tedesca di Villa Massimo si trova a Roma e offre ogni anno un ricco programma di esposizioni, concerti e incontri di lettura.

Spoleto è una deliziosa cittadina dell'Umbria (provincia di Perugia), sede di un famoso festival estivo di musica classica (il Festival dei Due Mondi).

Il **Circeo** è un promontorio che si protende sul Mar Tirreno e si trova nel Lazio, nella provincia di Latina. Durante l'estate le sue spiagge sono particolarmente affollate, soprattutto da romani. **San Felice Circeo** è la cittadina più famosa di questa zona e si trova a 100 Km da Roma.

Il teatro "**La Fenice**" di Venezia, inaugurato nel 1792, è da sempre protagonista della vita operistica, musicale e culturale italiana ed europea. Il 26 gennaio 1997 il teatro, temporaneamente chiuso per lavori di manutenzione, viene distrutto da un incendio doloso. L'articolo di giornale fa riferimento alla riapertura del teatro veneziano (novembre 2004) dopo i lavori di ristrutturazione.

La **RAI** (Radio Televisione Italiana) è l'emittente nazionale in Italia.

L'**ANM** è la sigla della Associazione Nazionale Magistrati, che ha, tra gli altri, il compito di tutelare l'indipendenza della magistratura e di operare quelle riforme necessarie per assicurare un miglior servizio di giustizia. Raccoglie al suo interno numerose correnti tra cui la corrente di centro-destra **Mi** (Magistrati indipendenti), citata nel testo.

Margherita Boniver (Roma 1938) è ancora oggi una figura nota del panorama politico italiano.

Bettino Craxi (Milano 1934 - Hammamet 2000) è stato segretario del PSI (Partito Socialista Italiano) e Presidente del Consiglio dal luglio 1983 all'aprile 1987.

Anna Kuliscioff (1857-1925) socialista russa, dopo aver cospirato da giovane contro il governo dello zar si rifugiò in Svizzera nel 1877 e poi in Italia. Compagna dal 1885 di **Filippo Turati** (1857-1923, si avvicinò al marxismo proprio dopo aver incontrato la Kuliscioff, diventando successivamente una figura di rilievo all'interno del partito socialista) ha diretto con quest'ultimo "Critica Sociale", il più autorevole organo teorico e politico del socialismo italiano alla fine del XIX secolo. Donna di intelligenza vivissima e di forte carattere, si dedicò con una intensa attività politica al riscatto delle masse proletarie e soprattutto all'emancipazione femminile.

Lo slogan "**Tremate, tremate, le streghe son tornate**" è stato coniato dalle femministe italiane negli anni '70, con un esplicito riferimento alla caccia alle streghe, uno dei tanti episodi di discriminazione femminile nella storia.

Le veline è il nome dato a due showgirl che ballano con abiti molto sexy in una famosa trasmissione televisiva italiana. Sono diventate sinonimo della donna che è usata nel mondo dello spettacolo solo per esibire il proprio corpo.

Le quote rosa o quote femminili indicano la percentuale di donne nelle cariche pubbliche. È un argomento da sempre molto discusso, perché il numero di donne che ricopre rilevanti cariche pubbliche in Italia è particolarmente esiguo, soprattutto se messo a confronto con gli altri paesi europei.

"Sette" è stato uno dei tanti inserti settimanali del "Corriere della Sera", dedicato a temi svariati che vanno dall'attualità, alla politica, ai costumi. Attualmente ha cambiato nome e si chiama "Magazine".

I contratti **Co. Co. Co.** (collaborazione coordinata e continuativa) erano una forma di contratto che si rivolgeva principalmente ai giovani, ai lavoratori al primo impiego. A causa dell'esito fallimentare della loro applicazione, sono stati recentemente sostituiti da altri tipi di contratto (riforma Biagi).

"Il Messaggero" è un quotidiano a tiratura nazionale che nasce prevalentemente come giornale romano. Dedicando molte pagine alla cronaca di Roma, non è considerato allo stesso livello del "Corriere della Sera" e de "La Repubblica", i quotidiani nazionali per eccellenza in Italia.

Le **olive all'ascolana** (più comunemente note come olive ascolane) sono un piatto tipico della regione delle Marche. Le olive, snocciolate, vengono riempite di carne tritata. Una volta farcite vengono fritte per poi essere servite caldissime.

Totò, celebre attore comico napoletano di cinema e teatro, è il nome d'arte di Antonio de Curtis (Napoli 1898 - Roma 1967). Grazie al suo talento e ai numerosi film che ha interpretato, è diventato il simbolo della comicità italiana.

Alessandro Baricco (Torino 1958) è uno degli scrittori contemporanei più conosciuti in Italia. La sua attività di saggista e narratore è stata ispirata fin dall'inizio dall'amore per la musica e per la letteratura. Critico musicale, esordisce nel 1988 con un libro dedicato a Rossini (*Il genio in fuga. Sul teatro musicale di Rossini*) mentre l'esordio narrativo avviene con il romanzo *Castelli di rabbia* (1991). Ha collaborato a trasmissioni radiofoniche e ha condotto programmi televisivi come "L'amore è un dardo" (1993) dedicato alla lirica, e "Pickwick, del leggere e dello scrivere", dedicato alla letteratura.
Dopo aver curato una rubrica su "La Stampa" e su "La Repubblica" sui temi più disparati dell'attualità, riporta i suoi articoli nelle opere *Barnum. Cronache dal Grande Show* (1995) e *Barnum 2. Altre cronache dal Grande Show* (1998), dal titolo omonimo della sua rubrica.
Nel 1993 esce *Oceano mare*, Premio Viareggio, a cui seguono le pubblicazioni dei romanzi *Novecento* (1994), *Seta* (1996) e *City* (1998).
Amata o odiata, l'opera di Baricco ha spesso suscitato divisioni tra critici e lettori.
Baricco ha fondato a Torino la scuola di scrittura "Holden", dedicata allo studio delle tecniche narrative.
Seta è ambientato a Lavilledieu, un paesino della Francia meridionale di fine ottocento. Hervé Joncour è un allevatore di bachi da seta che, a causa dell'epidemia che attacca gli allevamenti di uova europei e del vicino Oriente, è costretto a spingersi fino in Giappone per procurarsi nuovi bachi di contrabbando. In quella terra ai confini del mondo, il protagonista si innamora di una bellissima e misteriosa fanciulla, concubina di Hara Kei, un nobile giapponese. Da quel momento, Hervé Joncour, lasciando a casa la moglie Helen, compirà moltissimi altri viaggi in Giappone, inseguendo il suo sogno d'amore impossibile che si concluderà tristemente.

Carlo Levi (Torino 1902 - Roma 1975) pittore e scrittore italiano. Dopo la laurea in medicina, manifestò ben presto spiccati interessi politici e collaborò con Piero Gobetti, scrivendo su "Rivoluzione Liberale" e sul "Baretti". Fu uno dei fondatori a Parigi del movimento Giustizia e Libertà e venne più volte incarcerato. Arrestato nel 1934 per la sua adesione alla lotta antifascista, nel 1935-1936 fu mandato al confino in Lucania. Profondamente segnato dall'anno trascorso al confino, Carlo Levi descrisse questa esperienza significativa nella sua opera più nota *Cristo si è fermato a Eboli* (1945), che è assieme diario, saggio storico e sociologico e che contiene una forte denuncia politica e sociale delle condizioni di estrema arretratezza in cui versava la classe contadina del Sud. Nel 1950 pubblicò il romanzo *L'Orologio*, bilancio critico della società italiana dell'immediato dopoguerra e cinque anni più tardi raccolse nel volume *Le parole sono pietre* (1955) i suoi scritti su viaggi e incontri in Sicilia, in cui venivano denunciate le violenze e le offese alla dignità umana subite dalle classi povere. Altre cronache di viaggio ricche di illuminanti intuizioni sono: *Il futuro ha un cuore antico* (1956) sulla Russia; *La doppia notte dei tigli* (1959) sulla Germania; *Tutto il miele è finito* (1964) sulla Sardegna.
Nel brano estratto da *"Le parole sono pietre"*, Carlo Levi fa riferimento ad alcuni **paesi albanesi** in Calabria. In questa regione del sud Italia sono infatti presenti alcune comunità albanesi (ormai bilingue e per lo più italofone) giunte nella penisola nel XV secolo.

Civitavecchia è una cittadina portuale nella provincia di Roma.

L'arma dei **Carabinieri** svolge compiti di polizia civile, militare e giudiziaria.

Monteverde è un quartiere di Roma. (Si veda a pagina 121 di questa guida la cartina dei rioni e quartieri di Roma).

L'ordine dei giornalisti è una associazione legata alla categoria professionale dei giornalisti.

Il **"Corriere della sera"** è, insieme a "La Repubblica", il giornale nazionale per eccellenza in Italia. Fondato nel 1876 a Milano, da qualche anno ha anche l'edizione romana, con pagine dedicate alla cronaca di Roma.

Dino Buzzati nacque a Belluno nel 1906. Coltivò fin da giovane quegli interessi a cui rimase fedele per tutta la vita: la poesia, la musica, il disegno, la montagna. Nel 1928, prima di concludere gli studi in legge, entrò come praticante nel "Corriere della Sera". Dopo la laurea, collaborò con il settimanale "Il Popolo di Lombardia" con racconti e soprattutto come illustratore e disegnatore. Pubblicò nel frattempo i suoi primi romanzi: *Barnabo delle montagne* (1933), *Il segreto del Bosco Vecchio* (1935) e *Il deserto dei tartari* (1940), la sua opera più famosa. Vasta è stata inoltre la sua produzione di racconti tra cui ricordiamo *I sette messaggeri* (1942), *Paura alla Scala* (1949), la raccolta *Sessanta racconti* (1958) con cui vinse il Premio Strega, *La boutique del mistero* (1968) e *Siamo spiacenti di* (1975). È stato cronista, fotoreporter e inviato speciale del "Corriere della Sera". Le sue corrispondenze di guerra, i suoi articoli sulle realtà dei paesi stranieri (dall'Europa all'Africa, all'America) o sulla cronaca milanese sono considerati fra i prodotti migliori del giornalismo italiano. Nel 1971 raccolse nel volume *Le notti difficili* alcuni racconti ed elzeviri. Morì a Milano nel 1972.

"Il Mattino" è un giornale di Napoli, ma dedica alcune sezioni anche alle altre province della Campania.

Antonio Vivaldi, celebre violinista e compositore italiano nacque a Venezia nel 1678 e morì a Vienna nel 1741. Le sue opere più celebri sono le "Quattro stagioni" e "L'estro armonico".

Il disegnatore satirico **Sergio Staino** nasce a Piancastagnaio (Siena) nel 1940. Il suo personaggio più famoso è "Bobo", apparso per la prima volta sulla rivista a fumetti "Linus". Nel 1980-1981 ha fondato e diretto il settimanale satirico "Tango", sulle cui pagine hanno sfilato le migliori firme della satira italiana. Ha collaborato con molte riviste e giornali come "Il Venerdì di Repubblica", "L'Espresso", "Panorama" e oggi le sue strisce vengono pubblicate su "L'Unità", il "Corriere della Sera", "Sette"(rivista che attualmente si chiama "Magazine").

Umberto Eco (Alessandria 1932) è uno scrittore, critico, semiologo e saggista di fama internazionale. Dopo aver insegnato nelle università di Milano e Firenze, nel 1975 è nominato professore di semiotica all'università di Bologna, dove fonda una vivace e famosa scuola. Numerose sono le sue collaborazioni a quotidiani, settimanali e periodici artistici e culturali. Ha svolto indagini in molteplici direzioni (sulle poetiche di avanguardia, sulle comunicazioni di massa, sulla cultura di consumo), spaziando dall'estetica medievale alla semiotica, ai vari codici di comunicazione artistica. Tra le sue opere saggistiche più importanti ricordiamo: *Opera aperta* (1962); il *Trattato di semiotica generale* (1975); *Lector in fabula* (1979). Nel 1980 esce il suo primo romanzo *Il nome della rosa*, diventato presto un grande successo internazionale, seguito nel 1988 da *Il pendolo di Foucault*. Tra i romanzi più recenti ricordiamo *Baudolino* (2000) e *La misteriosa fiamma della regina Loana* (2004).
La raccolta **Cinque scritti morali** (1997) presenta brevi interventi su temi di attualità, di cronaca ("Pensare la guerra", "Sulla stampa", "Le migrazioni e l'intollerabile") e di storia ("Il fascismo eterno").

Voci che contano è una raccolta di interviste che il giornalista **Alfredo Barberis** ha realizzato per la radio svizzera con i personaggi più importanti della vita culturale italiana, da Eco a Montale, da Fortini a Brera.

La **Partita IVA** è un codice numerico che l'autorità fiscale assegna ad aziende e a privati che hanno un'attività in proprio. L'IVA (imposta sul valore aggiunto) è un'imposta in vigore in tutti i paesi dell'Unione Europea che sottopone a tassazione il consumo di beni e servizi.

Indro Montanelli (Fucecchio, Firenze 1909 - Milano 2001) Considerato uno dei padri del giornalismo italiano, ha scritto per oltre quaranta anni per il "Corriere della Sera". Celebri sono le sue testimonianze in numerosi reportage divenuti memorabili: era a Berlino quando Hitler dichiarò guerra a Inghilterra e Francia nel 1939, è stato corrispondente da Helsinki sul conflitto russo-finlandese, ha scritto dai Balcani, dal fronte greco e da quello russo. È stato inoltre testimone diretto dell'invasione sovietica di Budapest nel 1956 e della primavera di Praga del 1968.

Nel 1957 ha iniziato con la "Storia di Roma" la serie di volumi dedicati alla divulgazione storica che, in oltre quaranta anni di attività, ha trattato la Storia dell'Italia fino ai giorni nostri.

Nel 1991 il Presidente della Repubblica Francesco Cossiga gli ha offerto la nomina di senatore a vita. Montanelli ha tuttavia rifiutato, sottolineando l'importanza dell'indipendenza del giornalismo da ogni forma di potere.

Il sociologo **Francesco Alberoni** è nato a Piacenza nel 1929. Dopo la laurea in medicina a Pavia studia psicanalisi e poi statistica. Nel 1964 diventa professore ordinario di sociologia, insegnando a Milano, Trento, Catania, Losanna. Nel 1979 pubblica *Innamoramento e amore*, l'opera che lo rende celebre. In seguito, approfondisce lo studio dei sentimenti amorosi con i libri *L'amicizia* (1984), *L'erotismo* (1986), *Il volo nuziale* (1992), *Il primo amore* (1997), tradotti in moltissime lingue. È attualmente editorialista del "Corriere della Sera".

"Io Donna" è il settimanale del "Corriere della Sera" dedicato principalmente alle donne. Coniuga articoli sulla cultura e sulla politica a servizi sulla moda, la cosmetica, lo spettacolo, l'arredamento.

"Donna Moderna" è un settimanale femminile che affronta temi legati principalmente all'attualità, alla cultura e al costume, approfondisce i problemi della coppia, della famiglia e dei figli, dedicando anche un ampio spazio ai viaggi, al divertimento, al tempo libero.

Dario Fo, nato a San Giano (Varese) nel 1926, è uno scrittore, scenografo, drammaturgo, pittore, attore e regista italiano. Compiuti gli studi all'Accademia di Brera di Milano, lavora dal 1950 per la radio e per la televisione come autore ed attore di testi satirici. Nel 1954 sposa Franca Rame e cinque anni più tardi i due fondano la "Compagnia Dario Fo-Franca Rame". Fo scrive e mette in scena in quegli anni: *Gli arcangeli non giocano a flipper* (1959-1960), *Aveva due pistole con gli occhi bianchi e neri* (1960-1961), *Chi ruba un piede è fortunato in amore* (1961-1962), *Isabella, tre caravelle e un cacciaballe* (1963-1964), *La colpa è sempre del diavolo* (1965-1966). Il suo è un teatro politico, di aspra critica sociale, i cui bersagli sono la cultura ufficiale, i falsi eroi, l'assurda burocrazia statale, l'imperialismo americano. Nel 1968 fonda il gruppo teatrale "Nuova Scena", con l'obiettivo di ritornare alle origini popolari del teatro e alla sua valenza sociale. Le rappresentazioni avvengono in luoghi alternativi ai teatri e a prezzo politico. Nel 1969 Fo porta in scena con grande successo *Mistero Buffo*, lungo monologo in cui l'autore offre una versione smitizzata di episodi storici e religiosi, usando la forza espressiva e comunicativa dei giullari medievali. Del 1970 è *Morte accidentale di un anarchico*, opera ispirata al caso della morte dell'anarchico Pinelli con cui Fo torna alla farsa e all'impegno politico. Tra le altre opere ricordiamo *Johan Padan e la descoverta de le Americhe* (1992) e *Santo giullare Francesco* (1999) in cui lo stesso Fo interpreta un giullare che si esprime in grammelot (forma di teatro inventata dai comici della commedia dell'arte). Nel 1997 è stato insignito del Premio Nobel per la letteratura.

Natalia Aspesi è una giornalista e saggista. Vive e lavora a Milano.

L'**elzeviro** indica una edizione molto curata come quelle realizzate dalla famiglia olandese Elzevier (XVII secolo), famosa per le sue pubblicazioni eleganti e corrette. Può anche indicare un articolo giornalistico di fondo delle pagine culturali di un quotidiano, dedicato ad argomenti letterari, storici, artistici.

Se mia nonna avesse le ruote...: l'articolo richiama nel titolo una nota espressione sarcastica e popolare: *"Se mio nonno avesse le ruote sarebbe una carriola"* che viene usata per affermare che una data situazione è immutabile, e che potrebbe cambiare solo a causa di un evento impossibile (del tipo se mio nonno avesse le ruote...).

La **serie A del calcio femminile** nasce nel 1970. La Federazione Italiana Calcio Femminile era nata due anni prima.

Villa Borghese è il parco cittadino più famoso a Roma. La villa (e il parco ad essa adiacente) fu costruita dal Cardinale Scipione Borghese agli inizi del XVII secolo. Tra i viali ornati di statue e fontane e i sentieri del parco, vi sono moltissime bellezze degne di nota tra cui ricordiamo la galleria della Famiglia Borghese, nella quale sono esposte molte opere di rilievo artistico (dalle sculture di Antonio Canova e Bernini alle tele di Caravaggio) e Piazza di Siena dove ogni anno, nel mese di maggio, si svolge la competizione ippica di Roma.

La terrazza del Pincio è la parte di Villa Borghese adiacente a Piazza del Popolo. È famosa per la sua vista panoramica sul Vaticano e sul Monte Mario.

Lo scultore **Antonio Canova**, massimo esponente del Neoclassicismo, nacque a Passagno (Treviso) nel 1757. Compì il suo apprendistato a Venezia e poi a Roma, dove studiò la scultura antica ed entrò in contatto con artisti e intellettuali che teorizzavano un nuovo ritorno al classico. Ottenne fama internazionale con le opere a soggetto mitologico "Amore e Psiche", "Venere e Adone", "Le tre Grazie" e con le statue di Napoleone celebrato come Marte Pacificatore e di Paolina Borghese come Venere Vincitrice. Morì a Venezia nel 1822.

L'attaccatutto è un tipo di colla molto potente.

Il Sistina è un teatro romano noto per gli spettacoli musicali (musical americani in versione italiana o musical italiani) e di cabaret.

Camerino è un comune in provincia di Macerata (Marche).

Gino Paoli, decano della musica d'autore italiana, nasce nel 1934 a Monfalcone (Gorizia).
Cresciuto a Genova, comincia a lavorare come pittore e grafico pubblicitario, scrivendo canzoni nel tempo libero. Nel 1960 incide "La gatta", il suo primo successo, a cui segue, un anno dopo, il suo primo LP "Gino Paoli" che raccoglie le sue canzoni più celebri da "Il cielo in una stanza" a "Sapore di sale" e "Senza fine" (questa canzone fu ispirata dalla cantante Ornella Vanoni con cui Gino Paoli ha avuto una relazione). Diventato una superstar, si innamora dell'attrice sedicenne Stefania Sandrelli, lanciata dal regista Pietro Germi nel film "Divorzio all'italiana", da cui ha una figlia.
Tra gli album che seguono ricordiamo i successi quali "I semafori rossi non sono di Dio" (1974), un tributo al cantautore spagnolo Manuel Serrat di cui vengono tradotte alcune pagine più belle; "Ha tutte le carte in regola" (1980), album che contiene canzoni composte dall'amico Piero Ciampi, morto pochi mesi prima; "Insieme" (1985), inciso con Ornella Vanoni. Nel 1991 l'album "Matto come un gatto", che contiene il famoso singolo "Quattro amici al bar", conquista le prime posizioni in classifica.

Elio e le Storie Tese è una pop band milanese nata negli anni Ottanta.

Trastevere è un quartiere situato nella zona centrale di Roma (si veda a pagina 121 di questa guida la cartina dei rioni e quartieri di Roma). Il suo nome traduce l'espressione "trans Tiberim", cioè "oltre il Tevere" e fu la prima area abitata sul lato occidentale del fiume. Oggi è considerato uno dei quartieri più romani della città, animato la sera da numerosi locali.

Natalia Ginzburg, nata Levi, (Palermo 1916 - Roma 1991) era originaria di una famiglia ebraica di origine triestina. Il padre Giuseppe Levi era professore di anatomia comparata all'università di Palermo. Trascorse a Torino l'infanzia e l'adolescenza e a diciotto anni pubblicò il suo primo racconto *I bambini* sulla rivista "Solaria". Nel 1938 sposò Leone Ginzburg, docente di letteratura russa e collaboratore della casa editrice Einaudi. Dal 1940 al 1943 visse in un paese dell'Abruzzo dove il marito era stato mandato al confino perché antifascista. Lì scrisse il suo primo romanzo *La strada che va in città* (1942). Dopo la morte del marito (ucciso in carcere a Roma dai fascisti nel 1944), ritornò a Torino, dove riprese a lavorare per la casa editrice Einaudi. Da allora la scrittrice si firmerà sempre con il cognome del marito. Nel 1950 sposò Gabriele Baldini, docente di letteratura inglese e direttore dell'Istituto Italiano di cultura a Londra. Gli anni '50 e '60 segnarono per la Ginzburg un periodo di ricca fioritura letteraria. Nel 1957 uscì *Valentino*, volume di racconti a cui è assegnato il premio Viareggio, nel 1961 *Le voci della sera*, nel 1962 la raccolta di saggi *Le piccole virtù* e nel 1963 vinse il premio Strega con *Lessico famigliare*, una delle sue opere più celebri. Nel 1969 rimase di nuovo vedova. Tra le pubblicazioni degli anni settanta e ottanta ricordiamo il romanzo *Caro Michele* (1973), le due raccolte di commedie teatrali *Ti ho sposato per allegria e altre commedie* (1970) e *Paese di mare e altre commedie* (1973) e la biografia di casa Manzoni *La famiglia Manzoni* (1983).

Caro Michele, romanzo epistolare della memoria, si apre nel dicembre 1970 e si chiude nell'estate dell'anno successivo. Natalia Ginzburg trasforma in narrazione la propria percezione di un'Italia allo sbando, in cui le famiglie si disperdono e la comunicazione è sempre più difficile. Michele, esule fuggito a Londra per motivi politici in seguito alle rivolte del 1968 e destinato a vivere nel disagio fino alla sua tragica sorte finale, rappresenta questo sentimento di sconfitta umana. La madre Adriana è l'unica che tiene vivo il suo ricordo e intrattiene una fitta corrispondenza con il figlio. Attraverso le lettere vivono nella memoria di Michele le sorelle, gli amici e tanti altri personaggi, tutti accomunati dall'aver perso l'occasione per interrogarsi sulle cose essenziali della vita e dalla loro desolata disperazione.

Le uova di Pasqua: l'uso di regalare le uova nel periodo pasquale è antichissimo. In Italia si regalano generalmente delle grandi uova di cioccolato, con una sorpresa all'interno.

Elena Gianini Belotti è nata e vive a Roma. Tra il 1960 e il 1980 ha diretto il Centro Nascita Montessori di Roma. Per molti anni ha insegnato in un Istituto Professionale statale per assistenti all'infanzia. Collabora con quotidiani, periodici e con riviste specializzate sui problemi dell'infanzia e della condizione femminile. Ha pubblicato inoltre saggi e romanzi tra cui ricordiamo *Che razza di ragazza* (1979), *Prima le donne e i bambini* (1980), *Non di sola madre* (1983), *Il fiore dell'ibisco* (1985), *Prima della quiete* (2003), *Pane amaro* (2006).

Dalla parte delle bambine (1973) è una riflessione sull'identità sessuale vista come risultato dell'educazione sociale. La tesi appoggiata da Elena Gianini Belotti e confermata dalla sua lunga esperienza educativa con genitori e bambini in età pre-scolare, verte sulla tradizionale differenza di carattere tra maschio e femmina, non dovuta secondo l'autrice a fattori innati, ma ai condizionamenti culturali che l'individuo subisce nel corso del suo sviluppo.

I **gavettoni** sono dei palloncini pieni d'acqua che vengono lanciati per scherzo, in genere da gruppi di ragazzi, in occasioni speciali come il giorno di Ferragosto sulla spiaggia o durante le feste studentesche di fine anno.

Carlo Verdone, regista ed attore italiano, nasce a Roma nel 1950. Esordisce dietro la macchina da presa nel 1979 con il film "Un sacco bello", a cui fanno seguito, tra gli altri, "Bianco rosso e verdone" (1981), "Borotalco" (1982), "Compagni di scuola" (1988), "Maledetto il giorno che t'ho incontrato" (1992), "Perdiamoci di vista" (1994). Tra gli ultimi film ricordiamo "Ma che colpa abbiamo noi" (2002) e "L'amore è eterno finché dura" (2003). Le sue capacità di attore-trasformista, che lo rendono in grado di rappresentare nei personaggi che interpreta differenti tipi umani, dotati ognuno di particolari caratteristiche comiche o nevrotiche, lo hanno reso particolarmente famoso in Italia.
Il film a cui si fa riferimento nel testo iniziale dell'episodio è "Un sacco bello", ambientato a Roma nel giorno di Ferragosto.

Castel Sant'Angelo era originariamente la tomba dell'imperatore Adriano (II secolo d. C.). Nel 590, durante una processione per implorare la fine della pestilenza a Roma, il papa Gregorio Magno ebbe una visione: l'Arcangelo Gabriele brandiva la spada in cima al mausoleo. Il pontefice fece dunque voto di costruire un monumento all'Arcangelo se Dio avesse posto fine all'epidemia. E, come dimostra ancora oggi l'angelo che svetta sul castello, la leggenda vuole che il voto fosse realizzato. Nel Medioevo il mausoleo fu trasformato in fortezza dai papi, che avevano bisogno di un luogo fortificato per proteggersi in caso di attacchi nemici. Divenuto ben presto la principale roccaforte di Roma, il castello possedeva anche delle prigioni, rimaste celebri per i prigionieri che vi erano stati rinchiusi (tra i quali ricordiamo Benvenuto Cellini e Cagliostro). I papi sistemarono sontuosamente gli ambienti interni, facendone un emblema di potenza e di autorità. Oggi il castello è sede del Museo Nazionale di Castel Sant'Angelo che comprende, oltre ad una collezione di armi antiche (l'armeria storica), i fastosi appartamenti papali ornati da stucchi, fregi, affreschi, arazzi. Dalla terrazza, resa celebre dalle melodie della *Tosca* di Puccini (qui Cavaradossi dà il proprio struggente addio alla vita) si gode uno dei più bei panorami del centro storico.

Di fronte all'ingresso del castello si trova il **Ponte Sant'Angelo**, che collega la fortezza con il centro della città. Costruito nel 136 d. C. per mettere in comunicazione il mausoleo di Adriano con Roma, veniva originariamente chiamato Ponte Elio. Questo ponte è oggi ornato da 10 statue di angeli raffiguranti i simboli della passione di Cristo, voluti da papa Clemente IX nel 1668 e realizzati dal Bernini e dai suoi allievi.

Giacomo Puccini nacque nel 1858 a Lucca da una famiglia di musicisti da cinque generazioni. Dopo il diploma al conservatorio di Milano (1883), incominciò a comporre le prime opere, senza risultati particolarmente positivi. Fu con "Manon Lescaut" (1893) e la "Bohéme" (1896) che Puccini trovò la fama. Le due opere successive, "Tosca" (1900) e "Madama Butterfly" (1904), furono accolte con minore entusiasmo dalla critica, ma ottennero un enorme successo di pubblico. Seguirono successivamente "La fanciulla del West" (1910), "La rondine" (1917), "Il trittico" (1918) e infine "Turandot", lasciata incompiuta per la morte del compositore avvenuta a Bruxelles nel 1924 (l'ultimo atto fu completato da Franco Alfano). Le doti di Puccini furono soprattutto drammatiche. La sua intensa vena teatrale e le sue opere immortali ci restituiscono un teatro profondamente moderno e rappresentano, per tutto il mondo, la tradizione operistica italiana al suo grado più alto.

Il Cupolone è il nome dato dagli abitanti di Roma alla cupola della Basilica di San Pietro.

Raffaello Sanzio è stato, nel campo delle arti figurative, il sommo rappresentante del Rinascimento, interprete di un ideale di bellezza passata poi nel gusto artistico dei secoli. Nato ad Urbino nel 1483, in pochi anni completò il suo apprendistato nella bottega del Perugino e a venti anni si trasferì a Firenze, dove conobbe le opere dei grandi artisti del tempo, come Leonardo e Michelangelo. Nel 1508 si spostò a Roma dove, salvo brevi intervalli a Firenze e ad Urbino, rimase fino alla morte. Nel 1511 fu incaricato da papa Giulio II di decorare la stanza della Segnatura nei Palazzi Vaticani. Il successo dell'opera gli procurò il monopolio di tutti i successivi incarichi pittorici in Vaticano, divenendo, poco più che trentenne, il principe indiscusso della scena artistica di Roma. In particolare, assunse un numero incredibile di mansioni non soltanto pittoriche, ma anche architettoniche (fu nominato architetto capo per il nuovo progetto della Basilica di San Pietro) ed archeologiche (come conservatore delle antichità romane si dedicò, nel 1517, alla rilevazione della pianta di Roma antica). Morì a Roma nel 1520, a soli 37 anni, a causa di una malattia.

Il lago di Como si trova in Lombardia.

La foto a pagina 108: riproduce una delle statue del ponte sant'Angelo; scolpita da Cosimo Fancelli (allievo del Bernini), raffigura un angelo con il sudario di Cristo (panno della Veronica), secondo quanto scritto alla base della statua: "Respice faciem Christi tui" ("Volgiti a guardare il volto del tuo Gesù").

Marcovaldo: scritto da Italo Calvino, il libro è composto da venti novelle (4 per ogni stagione, il ciclo delle stagioni si ripete per cinque volte). Il protagonista Marcovaldo è un personaggio buffo, di animo semplice. Manovale e padre di famiglia, si ostina a voler ricercare la Natura nella grande città di asfalto e cemento in cui vive. Ma la vita moderna ha ormai profondamente modificato il mondo della Natura: le stelle scompaiono soffocate dalla violenza delle insegne luminose, i bambini non conoscono più i prodotti genuini e vivono travolti dalla smania del consumo. Attraverso gli occhi del protagonista, dunque, Calvino affronta e analizza numerosi temi che caratterizzano gli anni del boom economico italiano. Un fondo di malinconia colora interamente il libro, come se la comicità delle diverse novelle fosse solo il punto di partenza per una lettura più profonda, che scava a fondo i problemi e le contraddizioni della nuova realtà industriale e che condanna la civiltà e la mentalità moderna, contrapponendo loro un sognato mondo idillico a cui è impossibile ritornare.

Michelangelo Merisi, detto il **Caravaggio** dal nome della cittadina in provincia di Bergamo dove trascorse l'infanzia, nacque a Milano nel 1571. Pittore, grande colorista e potente interprete della realtà, è particolarmente famoso per il suo stile contrassegnato da contrasti di ombre e luci, dall'attenzione al dato reale e al naturalismo. Lavorò un po' in tutta Italia e particolarmente a Roma, in Sicilia e a Malta. Morì di febbre nel 1610 vicino a Grosseto.

RAI Educational realizza, sotto la direzione della RAI, programmi di carattere storico, scientifico, artistico e culturale per il grande pubblico. Le sue produzioni vengono trasmesse in televisione, su due canali satellitari e su internet.

Ferdinando Bologna è professore di storia dell'arte medievale e moderna alla Seconda Università di Roma "Tor Vergata".

Claudio Strinati è sovrintendente per i beni artistici e storici di Roma.

"Chi" è una rivista settimanale di attualità e gossip.

Luigi Illica (Castell'Arquato, Piacenza 1857-1919). Dopo essere entrato in contatto con letterati e musicisti milanesi, dal 1885 al 1887 si dedicò al teatro, per il quale scrisse diverse commedie e, negli anni successivi, si impegnò attivamente nel giornalismo. La sua attività principale resta, tuttavia, quella di librettista d'opera ed è ricordato soprattutto come uno degli autori più importanti del melodramma post-verdiano.

Giuseppe Giacosa (Colleretto, Torino 1847- Torino 1906). Dopo la laurea in Giurisprudenza (1868), cominciò la pratica nello studio del padre. Nel 1888 si trasferì a Milano, dove insegnò letteratura drammatica e recitazione al conservatorio. Dopo il successo di alcuni suoi testi teatrali, lasciò l'insegnamento per dedicarsi unicamente al teatro. In collaborazione con l'amico Luigi Illica, fu autore di libretti di successo musicati da Puccini quali "Bohéme" (1896), "Tosca" (1900), "Madama Butterfly" (1904).

L'Equipe '84 (così chiamata dalla somma degli anni dei suoi componenti alla costituzione della band) è un gruppo beat nato a Modena negli anni '60 e molto popolare in quel periodo. Ha avuto un grande revival negli anni Novanta.

Maurizio Vandelli era il cantante e il chitarrista del gruppo.

La versione originale della canzone **"Una giornata al mare"** (1962) è di Paolo Conte. La versione dell'Equipe '84 è del 1971.

Ostia, località del litorale romano, non è un comune autonomo ma un quartiere di Roma. Fondata da Anco Marzio, acquisì grandiosità e importanza con la nascita dell'impero. Gli scavi archeologici di Ostia Antica rappresentano una valida immagine di quelle che furono le attività artigianali, commerciali, culturali degli antichi romani. Con il trascorrere dei secoli, Ostia attraversò una lenta decadenza fino a trasformarsi, nel XIX secolo, in una estesa palude. Il recupero dei resti archeologici e le opere edilizie realizzate dopo la prima guerra mondiale trasformarono Ostia in un vero centro urbano e balneare. Dopo le invasioni delle folle di romani nelle estati degli anni '60, Ostia è stata di nuovo dimenticata. Solo recentemente il litorale si è trasformato e sta vivendo una nuova stagione di splendore, soprattutto nei fine settimana d'estate.

Lo scalo di Ostia è famoso per la presenza di un monumento in ricordo di Pier Paolo Pasolini, che fu assassinato in quel luogo.

Casal Bernocchi, Acilia, Castel Fusano, sono quartieri periferici situati tra Roma e Ostia.

La **basilica di San Paolo** sorge sulla via Ostiense, nel luogo dove si ritiene che fu sepolto S. Paolo, martirizzato sotto Nerone nel 67 d. C.. Eretta dall'imperatore Costantino e completata nel 395, nel luglio del 1823 fu quasi completamente distrutta da un incendio. Oggi la basilica appare nel rifacimento del XIX secolo ed è la seconda basilica più grande di Roma, dopo San Pietro.

Alessandro Manzoni nacque nel 1785 a Milano. Tra il 1791 e il 1801 frequentò vari collegi di padri somaschi e barnabiti. La rigida educazione cattolica favorì nel giovane Manzoni l'orientamento ateistico. Nel 1805 si trasferì a Parigi dove risiedeva la madre con il compagno Carlo Imbonati, che morì in quello stesso anno. Fu proprio in suo onore che Manzoni scrisse il carme *In morte di Carlo Imbonati*. Rientrato a Milano nel 1807, conobbe e sposò la calvinista Enrichetta Blondel (1810) da cui ebbe ben dieci figli (otto dei quali morirono tra il 1811 e il 1873). Dopo aver sposato Enrichetta con rito calvinista, regolarizzò il matrimonio, nello stesso anno, con rito cattolico e si convertì, insieme alla moglie, al cattolicesimo.

Con il definitivo rientro a Milano, iniziò per Manzoni il periodo di maggiore attività letteraria, in cui scrisse tutte le sue opere maggiori: i primi quattro *Inni Sacri* (1812-1815) – a cui si aggiungerà la *Pentecoste* – le tragedie *Il Conte di Carmagnola* (1816-1820) e *Adelchi* (1820-1822), le odi *Marzo 1821* e *Il cinque maggio* (1821), la prima edizione del romanzo *Fermo e Lucia* (1821-1823) che diverrà nella versione definitiva *I Promessi Sposi* (1840) dopo essere stato sottoposto alla celebre "risciacquatura dei panni in Arno", legata ad alcuni soggiorni toscani in cui Manzoni operò un'accurata revisione linguistica del testo sul modello fiorentino.

Di grande importanza sono anche i suoi scritti sulla lingua italiana (*Sulla lingua italiana*, rimasto incompiuto e *La lettera al Carena* nel 1850). Manzoni teorizzò, come soluzione del problema linguistico che affliggeva l'Italia, l'adozione del fiorentino, come lingua non solo letteraria ma anche della comunicazione sociale di tutti gli italiani.

La sua fama di letterato, di grande studioso e interprete della lingua italiana si andò sempre più consolidando. Fu così che nel 1860 fu nominato senatore del Regno d'Italia e nel 1862 presiedette la Commissione per l'unificazione della lingua, per cui stese una relazione (*Dell'unità della lingua e dei mezzi di diffonderla*, 1868) in cui sintetizzò le sue idee linguistiche.

Morì a Milano nel 1873.

"I Promessi Sposi" è, senza dubbio, il romanzo più famoso della letteratura italiana. La vicenda si svolge in Lombardia tra il 1628 e il 1630, al tempo della dominazione spagnola. Don Abbondio, curato di un piccolo paese sul lago di Como, è costretto a non celebrare il matrimonio tra Renzo Tramaglino e Lucia Mondella, perché il signorotto del luogo don Rodrigo si è invaghito di Lucia. Costretti ad abbandonare il paese con l'aiuto del buon frate Cristoforo, Lucia e la madre Agnese si rifugiano in un convento a Monza, mentre Renzo si reca a Milano con il vago proposito di ottenere in qualche modo giustizia. Nel frattempo, don Rodrigo chiede aiuto all'Innominato, un altro potente signore che si era macchiato di ogni sorta di delitti, e fa rapire Lucia. Ma la vista di una fanciulla così ingiustamente tormentata e l'arrivo del cardinale Borromeo, provocano nell'Innominato una crisi di coscienza: invece di consegnare Lucia a don Rodrigo, la libera. Intanto Renzo, arrivato a Milano, trova la città nel pieno di una sommossa popolare dovuta alla carestia. Scambiato per uno dei capi della rivolta, Renzo è costretto a fuggire a Bergamo. Attraverso una Lombardia straziata dalla guerra e dalla peste, il giovane torna successivamente a Milano per cercare la sua promessa sposa. Ritrova Lucia in un lazzaretto insieme a frate Cristoforo che cura gli infermi, tra cui c'è don Rodrigo ormai in fin di vita. Placata la peste e dopo tante vicissitudini, Renzo e Lucia possono finalmente sposarsi.

Plinio il Giovane (Como 61-62 d.C. - 112-113 d.C.), oratore e letterato latino. Alla morte del padre, venne adottato da Plinio, suo zio materno, da cui prese il nome. Studiò retorica a Roma sotto la guida di Quintiliano. Scrisse *Il Panegyricus*, versione ampliata di un discorso di ringraziamento all'imperatore Traiano e una raccolta di *Epistulae* in dieci libri.

La regista **Francesca Archibugi** è nata a Roma nel 1960. Inizia la sua carriera cinematografica come sceneggiatrice e nel 1987 esordisce dietro la macchina da presa con "Mignon è partita", con cui vince cinque David di Donatello. Seguono "Verso sera" (1990, due David di Donatello), "Il grande cocomero" (1992, tre David di Donatello) "Con gli occhi chiusi" (1994) e "L'albero delle pere" (1998).

Canale 5 è uno dei più importanti canali televisivi privati in Italia. La sua programmazione offre numerose **"fiction"**, ovvero sceneggiati basati spesso su opere letterarie.

Sandro Bolchi, dopo aver esordito come regista teatrale, ha diretto per la televisione un gran numero di sceneggiati tratti da grandi opere letterarie tra cui ricordiamo il "Mulino del Po", "I Promessi Sposi", "Anna Karenina", "Bel Ami" e "La coscienza di Zeno".

Il regista **Salvatore Nocita** ha debuttato nella regia televisiva nel 1972 con lo sceneggiato "I Nicotera". Nel 1989 ha realizzato la nuova versione dei "Promessi Sposi" per il piccolo schermo.

La fiction della Archibugi propone accanto a giovani attori esordienti (quali Michela Macalli, Stefano Scaldaletti, Stefano Dionisi) grandi nomi del cinema e della televisione italiana quali Laura Morante, Stefania Sandrelli, Paolo Villaggio, Carlo Cecchi.

Il **Verismo** è un movimento letterario che si afferma in Italia verso il 1870, grazie all'impegno critico di Luigi Capuana e alle opere di Giovanni Verga. Questa corrente culturale trae le basi teoriche dal naturalismo francese, ma se ne discosta nell'applicazione concreta. Verismo e Naturalismo condividono una narrativa realistica, impersonale e scientifica, ma differiscono per quanto riguarda, ad esempio, i contesti in cui sono ambientate le vicende. Il Naturalismo si focalizza generalmente su ambienti metropolitani e sulle classi legate alle grandi città e al loro sviluppo (dal proletariato all'alta borghesia); il Verismo invece privilegia descrizioni di ambienti regionali (siciliani e sardi in particolare) e di gente della campagna, mettendo in evidenza la miseria, gli stenti, le arretratezze e le ingiustizie sociali presenti in quelle realtà.

Guglielmo Marconi, premio Nobel per la fisica nel 1909, nacque a Pontecchio (un paese vicino Bologna) nel 1874. Fu proprio nel suo paese natale che sviluppò le sue prime curiosità scientifiche e nel 1895 inventò la radio, lanciando da una finestra attraverso una collina il primo segnale di telegrafia senza fili, grazie all'invenzione di una antenna trasmittente. Marconi dedicò tutta la sua vita allo sviluppo e al perfezionamento delle radiocomunicazioni. Morì nel 1937 a Roma, dopo essere stato nominato dottore honoris causa dalle università di Bologna, Oxford, Cambridge e da altre università italiane.

Enzo Biagi nasce il 9 agosto 1920 a Lizzano in Belvedere, un paesino dell'Appennino tosco-emiliano in provincia di Bologna. Inizia appena diciottenne la sua carriera giornalistica come cronista al "Resto del Carlino" e diventa professionista a 21 anni, età minima per entrare nell'Albo professionale. Dopo la guerra, continua a scrivere per il "Resto del Carlino" in qualità di critico cinematografico e di inviato. Nel 1961 è chiamato a Roma a dirigere il telegiornale e fonda anche il primo rotocalco televisivo. Lasciata la direzione del telegiornale, viene chiamato coma inviato da "La Stampa" di Torino e inizia a collaborare con la RAI. È considerato uno dei grandi padri del giornalismo italiano.

L'orchestra di **Barzizza** voleva far conoscere il jazz nell'Italia degli anni dell'autarchia fascista. Quella di **Angelini**, invece, si dedicava alla canzone melodica.

Augusto Genina è stato un importante regista tra la prima e la seconda guerra mondiale. Il film "Squadrone bianco" è del 1940.

La **Perugina** fece, fin dagli anni Trenta, largo uso dei mezzi di comunicazione come, ad esempio, il concorso a premi **"I 4 moschettieri"**, che prevedeva il lancio di figurine ispirate alla omonima e celebre trasmissione radiofonica, creata nel 1934 da **Angelo Nizza** e **Riccardo Morbelli**.

Alberto Rabagliati (Milano 1908-Roma 1974) è considerato il più importante cantante swing italiano. È stato uno dei più popolari interpreti nel periodo d'oro della radio, accompagnato soprattutto dall'orchestra del maestro Barzizza. Tra il suo repertorio ricordiamo "Ba, ba, baciami piccina", "Bambina innamorata" e tanti altri successi.

Beniamino Gigli (Recanati 1890-Roma 1957), tenore.

Toti dal Monte (Mogliano Veneto, Treviso 1893-Pieve di Soligo, Treviso 1975), soprano.

Mafalda Bavero (Portomaggiore, Ferrara 1903-Milano 1981), soprano.

Tito Schipa (Lecce 1888-New York 1965), tenore.

Ferruccio Tagliavini (Reggio Emilia 1913-1995), tenore.

La **FIAT Topolino**, più nota come FIAT 500, fu costruita dal 1936 al 1955, in differenti modelli e versioni. È rimasta una automobile davvero mitica perché è stata la prima vettura italiana di piccola cilindrata prodotta in gran serie.

Il **Trio Lescano** è stato un trio vocale popolarissimo in Italia tra gli anni trenta e gli anni quaranta. Era composto da tre sorelle olandesi: Alexandra, Judith e Kitty Leschan, i cui nomi vennero italianizzati in Alessandra, Giuditta e Caterina Lescano.

Il **dialetto camuno** viene parlato nella Val Camonica, il **dialetto pavanese** in una stretta fascia dialettale tra l'Emilia e la Toscana (attraversa le province di Prato, Firenze, Pistoia, Bologna, Modena, Lucca e si trova anche in Liguria). Il **dialetto comasco** è parlato invece a Como.

L'**ISTAT** è l'istituto nazionale di statistica.

Francesco Guccini, uno dei più noti cantautori italiani, nasce a Modena il 14 giugno 1940. Comincia a scrivere e a suonare canzoni alla fine degli anni '50 e ha ormai alle spalle la realizzazione di 19 LP. Le sue canzoni rock e folk, mai avulse dalla realtà, sono spesso legate alla politica e ai problemi sociali.

Pino Daniele nasce a Napoli il 19 marzo 1955. È un cantautore napoletano, che trae spunti anche dal jazz e dal blues.

Mauro Pagani nasce a Montichieri (Brescia) nel 1946 ed è un artista eclettico e pluripremiato. Dopo aver lavorato con la band "Premiata Forneria Marconi" tra il 1970 e il 1977, collabora con alcuni dei migliori artisti italiani in qualità di produttore e arrangiatore. Tra i tanti, ricordiamo il sodalizio con Fabrizio De Andrè durato ben dieci anni (dal 1983 al 1993). La musica di Mauro Pagani spazia dal rock al blues e alla musica etnica.

Fabrizio De Andrè, celebre cantautore italiano, è nato a Genova il 18 febbraio 1940 ed è morto per un tumore a Milano nel 1999. I testi delle sue canzoni sono spesso caratterizzati da una profonda attenzione ai problemi sociali e all'impegno politico, ma De Andrè tocca anche i grandi temi della vita dell'uomo scavando nell'anima dei singoli e, raccontando storie di contraddizioni, passioni e sconfitte, dà voce ai molteplici volti della sofferenza.

I **Sud Sound System** sono un gruppo musicale, che fa propria la tradizione del dialetto salentino e delle musiche tradizionali del sud della Puglia e le mescola con il reggae.

I **99 Posse** sono una rock band napoletana, formatasi a Napoli nel 1991.

I **cantautori** sono dei cantanti di musica leggera, ognuno caratterizzato da un proprio e inconfondibile stile, che compongono personalmente i brani da eseguire, facendo spesso prevalere il testo sulla melodia.
In Italia, dopo la seconda guerra mondiale, la musica leggera era essenzialmente di tipo melodico, legata ai temi tradizionali della canzone sentimentale e amorosa.
Alla fine degli anni '50, tuttavia, iniziò a formarsi un folto gruppo di cantanti italiani che si ispiravano ai modelli di musica leggera straniera (in primo luogo quella statunitense) dal ritmo più sincopato e dalla tonalità di voce più alta, quasi urlata, nelle esecuzioni.
Nel 1958 esplose così il fenomeno di Domenico Modugno, capostipite della successiva generazione di cantautori che, all'inizio degli anni '60, rinnovarono i modi e i contenuti della musica leggera italiana. Ispirati dalla canzone francese moderna e dai filoni popolari italiani, i loro brani erano principalmente carat-

terizzati da linguaggi e da tematiche più aderenti alle nuove realtà sociali.

Questi elementi vennero particolarmente accentuati dopo il 1968, con la nascita di un vero e proprio filone della "canzone impegnata".

Il fenomeno culturale e musicale della canzone d'autore italiana assunse ben presto caratteri regionali. Possiamo così individuare diverse scuole di cantautori, in base alla loro provenienza geografica:
- *la scuola genovese*, che comprende, tra gli altri, cantautori quali Gino Paoli, Paolo Conte, Fabrizio De Andrè. Quest'ultimo, in particolare, importò la musica del canadese Leonard Cohen e del francese Georges Brassens in Italia e rivoluzionò la musica leggera introducendo nei suoi brani personaggi appartenenti alle realtà sociali più degradate e temi considerati a quel tempo dei veri e propri tabù (come ad esempio la prostituzione);
- *la scuola milanese*, di cui ricordiamo Giorgio Gaber e Enzo Iannacci, celebre per i suoi brani che spaziano dalla tematica politico-sociale a quella poetico-esistenzialista;
- *la scuola bolognese*, che comprende cantautori quali Lucio Dalla e Francesco Guccini, che viene considerato il più politico dei cantautori italiani e che, ancora oggi, ha un vasto successo di pubblico;
- *la scuola romana*, a cui appartengono Francesco De Gregori e Antonello Venditti;
- *la scuola napoletana*, di cu ricordiamo Pino Daniele. I suoi brani sono caratterizzati dalla commistione di musica tradizionale e di musica d'innovazione.

La lunga e tormentata **notte dell'Innominato**, che segue il suo colloquio con Lucia rapita e prigioniera nel suo castello, porterà il potente signorotto alla redenzione, al pentimento del proprio passato e alla liberazione di Lucia.

Giacomo Devoto (Genova 1897- Firenze 1974) è stato un celebre linguista italiano, rettore dell'università di Firenze e presidente dell'Accademia della Crusca. **Gian Carlo Oli** è stato professore di lettere nei licei e negli istituti italiani di cultura all'estero. **Il "Devoto-Oli"** è uno dei dizionari più conosciuti in Italia. Dal 1960, anno della prima edizione, ha venduto un milione di copie.

Luca Serianni (Roma 1947) è professore di storia della lingua italiana all'università "La Sapienza" di Roma.

L'università "La Sapienza" di Roma è la prima università della capitale. La sua sede principale è la città universitaria.

L'Accademia della Crusca fu fondata nel 1583. Attraverso l'uso di una simbologia relativa alla farina, l'Accademia aveva lo scopo di separare la buona lingua italiana (il fior di farina) dalle altre parlate (la crusca). Il vocabolario degli accademici della Crusca (1612) è il primo vocabolario della lingua italiana e ha rappresentato per secoli un prezioso e ricco punto di riferimento per scrivere in italiano. L'Accademia ha sviluppato negli ultimi decenni una consistente attività di ricerca e consulenza intorno all'italiano.

L'Accademia dei Lincei fu fondata a Roma nel 1603 per promuovere e coltivare gli studi naturalistici. La lince, felino dall'eccezionale acutezza di sguardo, fu scelto come simbolo del circolo di studiosi che annoverò tra i suoi soci anche Galileo Galilei. L'Accademia ha oggi il compito di promuovere, coordinare e diffondere le conoscenze scientifiche nelle loro più elevate espressioni.

Maurizio Trifone è direttore del centro linguistico dell'Università per Stranieri di Siena.

L'espressione **"Darsi la zappa sui piedi"** significa autodanneggiarsi, essere danneggiato da una propria azione.

L'espressione **"Menare il can per l'aia"** significa "tergiversare, rimandare continuamente una decisione" ("menare" sta per "condurre").

L'espressione **"Chiudere la stalla quando i buoi sono scappati"** significa cercare di porre rimedio alle conseguenze di un evento, di un fatto, quando questo si è già verificato.

L'Istituto Demoskopea è stato fondato nel 1965 e rappresenta un marchio storico della ricerca di mercato in Italia.

Dante Alighieri nacque a Firenze nel 1265. Amico di Guido Cavalcanti, partecipò con lui e con altri poeti al movimento del *Dolce Stil Novo*. Gran parte delle sue rime giovanili sono dedicate ad una donna, Beatrice, che viene tradizionalmente identificata con l'omonima figlia di Folco Portinari, morta di parto nel 1290. Il poeta tra il 1293 e il 1294 rielaborò la storia spirituale del suo amore per Beatrice nella *Vita Nuova*, raccolta di poesie e testi in prosa. Dopo il 1294, Dante incominciò a partecipare alla vita pubblica di Firenze e iniziò la propria carriera politica, dedicandosi soprattutto a contrastare i piani di papa Bonifacio VIII. Questi, infatti, approfittando del conflitto tra le due fazioni fiorentine dei Bianchi e dei Neri, cercava di estendere la sua autorità su tutta la Toscana. Nel 1301, mentre Dante si trovava a Roma come ambasciatore presso il Pontefice, i Neri s'impossessarono di Firenze con la forza. Condannato a morte (Dante era un guelfo bianco), nel 1302 incominciò per il poeta il periodo dell'esilio, che lo porterà in pellegrinaggio per tutta Italia e che durerà fino alla sua morte. Tra il 1304 e il 1307 compose in volgare il *Convivio*, opera progettata come una summa unitaria di saggezza racchiusa in alcune liriche e nel loro commento, che però rimase incompiuta. Nello stesso periodo, inoltre, si pensa che sia stato composto anche il trattato latino *De Vulgari Eloquentia*, anch'esso rimasto incompiuto, in cui Dante affrontò problemi di lingua e di stile letterario. Fu probabilmente il 1307 l'anno in cui il poeta incominciò a scrivere la *Commedia*, poema in terzine scritto in volgare, composto da tre cantiche (Inferno, Purgatorio, Paradiso) per un totale di 100 canti complessivi (un canto di prologo e 33 per ognuna delle tre cantiche). Nel 1310 scrisse in latino *La Monarchia*, il suo trattato politico più importante. Negli ultimi anni fu ospite di Cangrande della Scala a Verona e di Guido Novello da Polenta a Ravenna. Qui portò a termine la Commedia e morì nel 1321.

Argomento della **Commedia** (l'aggettivo "divina" fu aggiunto in seguito) è il viaggio compiuto da Dante nell'Oltretomba con l'ausilio di tre guide: Virgilio (nell'Inferno e nel Purgatorio), Beatrice (che conduce Dante fino all'empireo) e San Bernardo che mostra al poeta la gloria di Dio. Il viaggio dura circa una settimana e ha inizio nella notte del Venerdì Santo (8 aprile 1300). Nelle intenzioni di Dante il poema ha un preciso significato allegorico: la rappresentazione fantastica del viaggio dantesco altro non è che la storia interiore dell'anima di Dante, la presa di coscienza, da parte del poeta, personaggio esemplare ed insieme autore della propria opera, della concreta realtà esistenziale della nostra vita, della natura umana con le sue contraddizioni, i suoi conflitti, le sue passioni.

L'**Inferno** dantesco, oscura e profonda voragine, è suddiviso in nove cerchi che sprofondano, restringendosi, fino al centro della terra. Vi sono racchiusi 112 personaggi mitici e storici di ogni tempo, dall'antichità classica e biblica fino al XIV secolo: filosofi e poeti, uomini politici e ecclesiastici, regine e donne famose, cittadini fiorentini, papi, cardinali, imperatori, puniti con un criterio fondamentalmente ispirato alla classificazione dei vizi proposta nell'Etica aristotelica e collocati nei vari gironi secondo la gravità della colpa (che diventa maggiore, quanto più si scende in basso). Sul fondo dell'Inferno (e quindi più distante da Dio) l'orrenda bestia Lucifero, che cadendo dal cielo diede origine alla voragine infernale, maciulla con le sue tre bocche Giuda (traditore di Cristo), Bruto e Cassio (traditori di Cesare e quindi dell'Impero).

Francesca, figlia di Guido da Polenta, signore di Ravenna, fu costretta dal padre a sposare Gianciotto Malatesta, signore di Rimini zoppo e deforme. Innamoratasi di **Paolo**, fratello di Gianciotto, fu uccisa insieme all'amante dal marito che aveva scoperto il loro amore segreto. Il fatto avvenne probabilmente tra il 1283 e il 1285 e sarebbe passato inosservato, se non fosse stato trasfigurato da Dante in poesia.

Gradara è una cittadina in provincia di Pesaro Urbino (Marche).

Nel testo iniziale dell'episodio viene citato un celebre passo della Divina Commedia relativo all'incontro di Dante con i due amanti Paolo e Francesca: **"Galeotto fu il libro e chi lo scrisse"** (Inferno, Canto V,

v. 137). L'amore tra Paolo e Francesca nacque durante la lettura di un libro che narrava l'amore tra Lancillotto e Ginevra. Come Galeotto, servitore del re, aveva fatto da tramite tra Lancillotto e Ginevra, così nel rapporto tra Paolo e Francesca quel compito di tramite fu svolto dal libro.

Il dipinto a pagina 146, raffigurante il bacio tra Paolo e Francesca, è di Ingres.

Il **Conte Ugolino** (Inferno, Canto XXXIII): incolpato nel 1288 di tradimento dai suoi avversari politici, fu arrestato e rinchiuso in una torre con i suoi due figli e due nipoti. Nel 1289 la torre fu chiusa e i cinque prigionieri furono lasciati morire di fame.

Farinata (Inferno, Canto X): capo della fazione dei Ghibellini di Firenze, sconfisse i Guelfi suoi avversari nella battaglia di Montaperti.

Cavalcante Cavalcanti (Inferno, Canto X): fu il padre del grande Guido Cavalcanti, poeta amico di Dante.

Il **"Venerdì di Repubblica"** è una rivista settimanale del quotidiano "La Repubblica". Esce ogni venerdì.

Nella **rubrica "Questioni di cuore"**, la giornalista Natalia Aspesi risponde alle lettere di lettori e lettrici su problemi sentimentali.

"Lunaria" è una associazione senza fini di lucro, laica, indipendente dai partiti, nata nel 1992. Svolge attività di ricerca, formazione e comunicazione sui temi dell'economia solidale e del terzo settore, delle immigrazioni e della globalizzazione e promuove iniziative di volontariato internazionale e di politiche giovanili.

"Amor, ch'a nullo amato amar perdona, mi prese del costui piacer sì forte che, come vedi, ancor non mi abbandona" (Inferno, Canto V, vv. 103-105). Francesca descrive a Dante il suo amore per Paolo: l'amore, che non permette (*perdona*) che chi è amato non ami a sua volta la persona che l'ama, fece innamorare Francesca così intensamente della bellezza di Paolo, che quell'amore ancora non l'abbandona (anche nell'Inferno, infatti, i due amanti sono uniti, legati dallo stesso sentimento).

Il **"Corriere Adriatico"** è dal 1860 il quotidiano delle Marche.

I **Baci Perugina**, nati a Perugia nel 1922, sono i cioccolatini per eccellenza degli innamorati. Scartando la celebre carta stagnola argentata con piccole stelle blu si trova una "velina" trasparente, sulla quale sono riportate frasi di amore e di amicizia di autori famosi.

"Mente e cervello" è una rivista bimestrale dedicata ad argomenti medici e scientifici.

La Biennale di Venezia: inaugurata nel 1895 come Prima Esposizione Internazionale d'Arte della città di Venezia, oggi è una fondazione interdisciplinare che si occupa di architettura, arti visive, cinema, danza, musica e teatro. Organizza, infatti, l'Esposizione Internazionale d'Arte, la Mostra Internazionale di Architettura, la Mostra Internazionale d'Arte Cinematografica e i festival internazionali di spettacolo dal vivo, danza, musica e teatro.

Le prime testimonianze del **Carnevale di Venezia** risalgono ad un documento del 1094, ma la festa fu ufficializzata solo nel 1296. Idea cardine del carnevale era quella del rovesciamento, che garantiva all'oligarchia dominante la protezione dalle tensioni sociali, dando l'illusione ai ceti più umili di diventare per un breve tempo dell'anno simili ai potenti. Nei palazzi della città si tenevano feste sfarzose con balli, giochi e costumi preziosi, mentre nelle piazze si esibivano giocolieri e saltimbanchi. Nel XVIII secolo il carnevale veneziano raggiunse il suo massimo splendore, divenendo un'attrazione per molti viaggiatori dell'epoca. Oggi la città di Venezia è ancora il centro della festa, con le maschere che sfilano per la città e un ricco calendario di manifestazioni.

Nata nel 1932, la **Mostra Internazionale d'Arte Cinematografica di Venezia** è un festival del cinema che si svolge ogni anno a Venezia, tra la fine di agosto e i primi di settembre. Il premio principale che viene assegnato (insieme a diversi altri riconoscimenti) è il Leone d'Oro, che deve il suo nome al simbolo della città di Venezia (il leone della Basilica di S. Marco). La mostra si inquadra nel più vasto scenario della Biennale.

Anna Magnani (Roma 1908-1973) è stata l'attrice per eccellenza nella cinematografia italiana del dopoguerra. Nel 1946, vide a Cannes il suo primo successo mondiale con il film di Roberto Rossellini "Roma città aperta" e nel 1955 vinse l'Oscar con il film "La rosa tatuata".

Nannarella è un diminutivo, in dialetto romano, di Anna (è riferito ad Anna Magnani).

Olivia Magnani è la nipote di Anna Magnani.

Giuseppe Tornatore, regista italiano, è nato a Bagheria (Palermo) nel 1956. Nel 1986 esordisce dietro la macchina da presa con il film "Il camorrista" ma è con la pellicola seguente, "Nuovo Cinema Paradiso" (1998), che il giovane cineasta ottiene successo e riconoscimenti. Fu infatti insignito a Cannes del Gran Premio Speciale della Giuria e a Hollywood dell'Oscar come miglior film straniero.

Neorealismo: fa la sua comparsa in Italia come movimento letterario e culturale (anche se non arriverà mai ad avere i caratteri di una vera e propria scuola) intorno alla seconda guerra mondiale. In particolare, la principale caratteristica del cinema neorealista è quella di rappresentare la quotidianità, adottando un taglio tra il reale e il documentario, servendosi spesso di individui presi dalla strada in luogo di attori professionisti. Tra i registi più importanti del movimento neorealista ricordiamo Vittorio De Sica, Luchino Visconti e Roberto Rossellini.

Il liceo classico è uno dei diversi indirizzi della scuola secondaria italiana (14-18 anni) in cui il **latino** ed il **greco antico** sono le materie principali.

Maurizio Costanzo, nato a Pescara nel 1938, è un celebre giornalista, conduttore televisivo nonché sceneggiatore e compositore di canzoni. Il suo spettacolo più famoso è il "Maurizio Costanzo Show", un talk show andato in onda dal 1987 al 2005 ogni giorno, in seconda serata. È considerato uno dei più importanti e potenti personaggi della televisione.

Maria Teresa Di Lascia (1954-1994) scomparsa prematuramente all'età di quaranta anni, si è sempre battuta per le cause della democrazia e dei diritti civili e umani all'interno del Partito Radicale, di cui è stata anche vicesegretaria nel 1982. È stata fondatrice di "Nessuno tocchi Caino", un'associazione per l'abolizione della pena di morte nel mondo.

Il romanzo **Passaggio in ombra** (1992) intreccia le storie di una famiglia e di una comunità attraverso lo sguardo di una donna che, per fuggire alla follia e al dolore, si affida al potere della memoria e della scrittura, sullo sfondo di un Sud tanto duro quanto vitale e dolce.

Marco Polo nacque a Venezia nel 1254. Partì nel 1271 con il padre Niccolò e lo zio Matteo per la Cina, dove rimase per 25 anni. Ritornato in patria cadde successivamente prigioniero dei genovesi in una delle tante battaglie navali che avvenivano a quel tempo tra Venezia e Genova. Tra il 1298-1299, proprio nelle carceri di Genova, dettò al compagno di prigionia Rustichello da Pisa il resoconto del suo viaggio che fu intitolato *Il Milione*. Morì a Venezia nel 1324.

Tiziano Vecellio nacque a Pieve di Cadore tra il 1488 e il 1490. Giunto a Venezia giovanissimo per ricevere una adeguata istruzione pittorica, divenne ben presto allievo di Giorgione, superando il maestro per la vivacità dell'intonazione dei colori. Nel 1510 la sua fama era ormai consolidata e ricevette commissioni importanti da parte della nobiltà del tempo, realizzando parecchie opere a carattere profano. Osannato come il più celebre ritrattista del XVI secolo, Tiziano era conteso tra le corti non solo veneziane, ma anche italiane ed europee. La popolarità dei suoi ritratti si deve alla capacità di cogliere il carattere del personaggio da raffigurare sublimandolo a tipo assoluto ed ideale. Dopo aver lavorato a Mantova, a Urbino, a Ferrara e a Roma per il papa Paolo III divenne il pittore prediletto dei re di Spagna (Carlo V e Filippo II). Morì a Venezia nel 1576.

Giorgio o Zorzi da Castelfranco, detto **Giorgione**, (Castelfranco Veneto 1477 circa - Venezia 1510) è stato il primo grande pittore veneto del Cinquecento. Fra le sue opere più importanti: "Tre filosofi", "La Tempesta" e la "Venere".

Pieve di Cadore è un comune della provincia di Belluno (Veneto).

Il **Boite** è un fiume che attraversa il Cadore (Veneto).

Il **Piave** è un fiume che attraversa il Trentino e il Veneto.

La foto a pagina 177 riproduce la **Venere di Urbino** (1538) di Tiziano Vecellio. Si trova oggi al Museo degli Uffizi di Firenze.

"Next Exit" è una rivista mensile che si occupa di lavoro, arte e creatività.

Lorenzo de' Medici, detto **il Magnifico**, nacque a Firenze nel 1449 e sin da piccolo ricevette una educazione umanistica. Nel 1469, dopo la morte del padre Pietro Cosimo il Vecchio, signore di Firenze, iniziò a governare la città. Da allora dimostrò di essere un fine diplomatico e un accorto politico. Lorenzo il Magnifico fu inoltre elogiato per il suo generoso mecenatismo. Aveva, infatti, infiniti interessi culturali e fu anche poeta, seppur non eccellente. Morì a Firenze nel 1492.

L'artista **Aldo Mondino** nacque a Torino nel 1938. Nel 1959 si trasferì a Parigi, dove frequentò l'Ecole du Louvre e studiò mosaico con Severini. In questi anni venne a contatto con giovani pittori surrealisti. Nel 1960 tornò in Italia e cominciò ad allestire le sue prime mostre personali. Nel 1993 gli venne dedicata una sala personale in occasione della quarantacinquesima Biennale di Venezia. È morto a Torino nel 2005.

Il nome **Peyrano** si lega al cioccolato a Torino nel 1920, quando Antonio Peyrano decise di intraprenderne la lavorazione, trasformando un piccolo laboratorio già adibito alla produzione ed alla vendita di caramelle. Giorgio e Bruna hanno incominciato a lavorare nell'azienda negli anni Sessanta.

L'**UPIM** è una catena di grandi magazzini a prezzo contenuto nata nel 1928 e ancora oggi esistente. È l'acronimo di "Unico Prezzo Italiano Milano".

Il pittore e mosaicista **Gino Severini** (Cortona, Arezzo 1883 - Parigi 1966) aderì al Futurismo e divenne famoso dopo la seconda guerra mondiale come maestro delle nuove generazioni di artisti.

Il celebre **Gianduiotto**, nato a Torino nel 1865, è un cioccolatino a forma di spicchio o barchetta rovesciata, ottenuto impastando cacao, zucchero e le famose nocciole tonde gentili del Piemonte, conosciute per la loro gustosa qualità. La zona di produzione del Gianduiotto comprende tutto il Piemonte.

Ludovico Pratesi è nato a Roma nel 1961. Critico d'arte e curatore di mostre, collabora dal 1985 con il quotidiano "La Repubblica".

Ravenna è un capoluogo di provincia della regione Emilia Romagna.

Alberobello è una cittadina situata su due rilievi collinari. Sul colle orientale si trova la città nuova, con caratteristiche architettoniche moderne mentre, a occidente, sull'altra estremità, si allineano i **trulli**, abitazioni costruite intorno alla seconda metà del XVI secolo e riconosciuti patrimonio mondiale dell'umanità dall'UNESCO. La storia attribuisce al Conte di Conversano l'atto di nascita dei trulli. Egli incitò i contadini e le loro famiglie a vivere nella zona dove oggi sorge Alberobello, per potersi così creare un feudo tutto suo, indipendente dalla corte di Napoli. Ma a causa di un editto reale che imponeva l'autorizzazione del re su ogni abitazione, il Conte obbligò i sudditi ad utilizzare pietre a secco (e non la malta quindi) per la costruzione delle case perché, in caso di ispezioni governative, potevano essere smontate velocemente.

I trulli sono il primo esempio di struttura isolante (freschi d'estate e caldi d'inverno). Questo è dovuto proprio alla costruzione a secco sia dei muri, sia del cono di copertura che permette la formazione, tra una pietra di calcare e l'altra, di una camera d'aria che assorbe gli sbalzi di temperatura, mantenendola costante. Caratteristiche dei trulli sono il pinnacolo e i simboli dipinti sul cono. Entrambi hanno origini remote e significati che vanno dalla sacralità della cultura cristiana, ellenistica o giudaica, alla più spicciola cultura della cabala e della superstizione. I trulli sono diffusi in tutto il territorio della Puglia ma raggiungono la massima concentrazione ed espressione nella Valle d'Itria.

La **Diesel** è una nota marca di abbigliamento di origine veneta. Accanto alle vendite legali, abbondano le contraffazioni che vengono vendute illegalmente per la strada.

Giotto (Colle di Vespignano, Firenze 1267 circa - Firenze 1337) fu uno dei pittori più celebri dell'Italia del XIV secolo, superando ben presto il suo maestro Cimabue. Tra le sue opere più importanti ricordiamo gli affreschi della Cappella degli Scrovegni a Padova e quelli della Chiesa Superiore di S. Francesco ad Assisi.

Mina (Busto Arsizio, Varese 1940), nome d'arte di Anna Maria Mazzini, è una cantante italiana popolarissima dagli anni Sessanta ad oggi.

Ugo Pirro (Salerno 1920) è uno scrittore e sceneggiatore di successo. *Mio figlio non sa leggere* (1981) è un libro sulla dislessia.

Corvaro di Borgorose è uno dei comuni in provincia di Rieti (Lazio).

La Valle del fiume **Salto** si trova vicino Rieti.

L'**A-24** è l'autostrada che unisce Roma, L'Aquila e Teramo.

La **questura** è un ufficio della Polizia di Stato con competenze provinciali alle dipendenze del Ministero dell'Interno.

L'archeologo **Luigi Devoti** è noto soprattutto per gli studi sulle ville tuscolane e per il suoi libri sulla campagna romana.

Tito Flavio **Domiziano** (Roma 51-96 d.C.), appartenente alla dinastia Flavia, era figlio di Vespasiano e fratello di Tito, a cui succedette nell'81 d.C. . Appassionato di arti e spettacoli di giochi, fu un imperatore crudele e assolutista. Fu assassinato nel 96 d.C. da una congiura.

Piazza Navona si trova a Roma e ricalca le dimensioni e la forma dell'antico stadio di Domiziano, un'arena costruita nell'86 d.C. in grado di ospitare fino a 30.000 persone.
Dopo aver trovato l'attuale sistemazione per intervento di Papa Innocenzo X, nella piazza furono organizzati fino al XIX secolo vari generi di spettacoli e celebrazioni e, nel mese di agosto, perfino naumachie (ossia simulazioni di battaglie navali), chiudendo gli scarichi delle fontane e allagando la piazza.
Tra i monumenti artistici presenti in questa piazza ricordiamo la celebre "Fontana dei Fiumi" del Bernini (costruita tra il 1648 e il 1651) e la chiesa di S. Agnese in Agone realizzata dal Borromini nel 1652 sulle

rovine dello stadio di Domiziano e di una antica basilica.

Lo **stagno di Agrippa** era un piccolo stagno situato a Roma, dove oggi si trova Largo Argentina (centro storico).

Le **terme di Nerone** furono costruite nel 62 d.C. da Nerone (imperatore dal 54 al 68 d.C.) tra il Pantheon e lo stadio di Domiziano.

I **carceres** erano delle stalle per i cavalli e i carri.

Gymnasium: nella Grecia classica, il *gymnasium* era un edificio pubblico in cui la gioventù poteva praticare esercizi ginnici o dedicarsi ad altre attività di tipo intellettuale.
Nel mondo romano, la funzione del *gymnasium* era svolta dalle *thermae* che, anche nella struttura architettonica, richiamavano il modello dei ginnasi greci.

La **spina** era una barriera, un muro basso che si estendeva in posizione centrale, per due terzi della lunghezza del circo. La sua funzione era quella di determinare la lunghezza della corsa (ogni gara prevedeva infatti sette giri intorno alla spina) e di impedire che i carri si urtassero frontalmente durante la competizione.

Caio Giulio Cesare nacque a Roma nel 100 a. C. da una famiglia patrizia di antichissima nobiltà. Nel 60 a.C. formò con Pompeo e Crasso il primo triumvirato. Eletto console, conquistò la Gallia nel 52 a.C. Il resoconto di questa campagna militare fu narrato dallo stesso Cesare nel *Commentarii de bello Gallico*. Ostacolato dai suoi avversari e da Pompeo nell'ottenere il secondo consolato, Cesare invase l'Italia alla testa delle sue legioni, dando inizio alla guerra civile. Il 10 gennaio del 49 a. C., infatti, attraversò il fiume Rubicone in armi, pronunciando la celebre frase "Alea iacta est" (il dado è tratto). Anche la guerra civile fu narrata dallo stesso Cesare nel *Commentarii de bello civili*.
Dopo la sconfitta nella battaglia di Farsalo, Pompeo fuggì in Egitto dove venne assassinato dagli uomini di Tolomeo XIII, che credeva in questo modo di ingraziarsi i favori di Cesare. Ma questi, inorridito dall'assassinio del suo nemico, diede il trono all'affascinante Cleopatra, con la quale ebbe un'intensa relazione d'amore.
Tornato in Italia nel 45 a.C., divenne padrone assoluto di Roma. Alcuni senatori di salda fede repubblicana, preoccupati per le tendenze monarchiche che Cesare andava dimostrando, si riunirono in una congiura capeggiata da Bruto e Cassio. Cesare fu assassinato alle idi di marzo (15 marzo) del 44 a. C. pronunciando le celebri parole: "Tu quoque, Brute, fili mi!" ("Anche tu Bruto, figlio mio!")
Straordinario stratega e condottiero, le sue abilità militari sono spesso ricordate attraverso la celebre frase "Veni, vidi, vici" (sono venuto, ho visto, ho vinto) con cui Cesare annunciò la sua fulminea vittoria su Farnace re del Ponto nel 47 a. C.

Marco Antonio, (Roma 82 a.C. - Alessandria d'Egitto 30 a.C.), luogotenente di Cesare durante la campagna militare in Gallia, nel 43 a.C. formò con Ottaviano e Lepido il secondo triumvirato. Come Cesare, si innamorò della fascinosa Cleopatra e si trasferì ad Alessandria, mentre Ottaviano consolidava il suo potere a Roma. Dopo aver sposato Cleopatra e aver avuto da lei due figli, i senatori romani cominciarono a temere che Antonio volesse distruggere la repubblica e instaurare una monarchia con capitale in Egitto. Per questo motivo Ottaviano dichiarò guerra a Cleopatra e sbaragliò le truppe di Antonio nella battaglia di Azio (31 a.C.). Alla notizia della propria sconfitta, Antonio si suicidò e Cleopatra seguì la stessa sorte pochi giorni dopo.

Trenitalia è la società di trasporto del Gruppo Ferrovie dello Stato.

Gli **Eurostar** sono dei treni con alti standard di velocità e comfort e collegano le principali città italiane.

Bologna Centrale è la principale stazione ferroviaria di Bologna.

Scritto tra il 1943 e il 1944 ma pubblicato nel 1945, **Cristo si è fermato ad Eboli** è il romanzo più famoso di Carlo Levi che, attraverso quest'opera, racconta la sua esperienza del confino in Basilicata sotto il regime fascista e rappresenta una delle più importanti e coinvolgenti testimonianze sulle condizioni del Meridione nella prima metà del Novecento. La frase che compone il titolo, ripresa da un detto allora diffuso presso i contadini di quei paesi, sembra quasi essere la chiave per comprendere il significato di questo testo, completamente incentrato su di una terra dimenticata da Dio e dagli uomini (Eboli è appunto una cittadina vicino Salerno e quindi più a nord della Basilicata), in cui tutto è rimasto chiuso in una antichissima e immobile civiltà. *Cristo si è fermato ad Eboli* è un libro che sfugge ad ogni classificazione di genere letterario ed è insieme saggio storico e sociologico, diario, galleria di scene di vita di provincia e diede inizio, al suo apparire, ad un interesse per il Sud che avrebbe avuto larga eco nella letteratura e si sarebbe esteso alla pittura e al cinema.

Matera è un capoluogo di provincia della regione Basilicata.

Il **podestà** era, durante il regime fascista, il capo dell'amministrazione comunale. Nominato dal governo, ricopriva tutte le funzioni precedentemente svolte dal sindaco, dalla giunta e dal consiglio comunale.

I **confinati** erano coloro che venivano condannati al confino.

Il **confino** è un provvedimento restrittivo che costringe chi vi è condannato a risiedere in un luogo lontano e particolarmente isolato (isole, piccoli villaggi ecc.). Durante il periodo fascista questo provvedimento venne ampiamente usato contro oppositori politici e antifascisti. I condannati al confino erano costretti ad abitare per un determinato periodo di tempo in un luogo diverso dal comune di appartenenza, sotto lo stretto controllo delle forze dell'ordine. Numerosi furono gli intellettuali e gli uomini politici che, colpiti da questo provvedimento nel periodo fascista, sarebbero divenuti in seguito figure di rilievo dell'Italia repubblicana e del panorama politico-culturale italiano.

La **censura fascista**: il fascismo non permetteva, come tutti i regimi dittatoriali, l'espressione di pensieri e opinioni diversi da quelli del regime.

Le foto a pagina 210 raffigurano:
- un **Dammuso**: dall'arabo "damus" (edificio a volta), sono delle costruzioni in pietra lavica con tetto a cupola risalenti alla dominazione araba nell'isola di Pantelleria (situata a sud della Sicilia) tra il 700 d.C. e il 1200. La particolare struttura di queste abitazioni consente di mantenere fresca la temperatura degli ambienti interni nonostante il caldo esterno;
- dei **Trulli**;
- un **Nuraghe**: i nuraghi sono costruzioni a forma tronco-conica realizzate a partire dall'anno 1800 a.C. in Sardegna da popolazioni indigene. Realizzati con massi spesso enormi sovrapposti a secco e tenuti insieme dal loro stesso peso. I nuraghei hanno caratterizzato per quasi un millennio la storia sarda e sono certamente il più significativo simbolo della Sardegna.

"**Bell'Italia**" è una rivista mensile dedicata ai viaggi nelle località italiane.

La **Valle dell'Itria** comprende i comuni di Martina Franca, Locorotondo, Cisternino, Alberobello, Noci, Putignano e Castellana. La valle si trova all'interno della **Murgia dei Trulli**, un territorio a cavallo delle province di Bari, Brindisi e Taranto nella regione Puglia.

La **penisola salentina** è situata nella parte meridionale della regione Puglia.

I Sassi di Matera: nel testo vengono date sufficienti indicazioni sull'argomento sia nell'attività di ascolto presente in questo episodio, sia nell'articolo a pagina 219.

"Io non ho paura" (2001) è un romanzo di Niccolò Ammaniti (Roma, 1966). Il regista Gabriele Salvatores (Napoli 1950) ha tratto un film da questo romanzo che si aggiunge alla sua ricca filmografia e soprattutto al suo grande capolavoro, "Mediterraneo" (1991), con cui ha ottenuto il premio Oscar come miglior film straniero.

L'**Amaro Lucano** è un liquore prodotto dal 1894 ed è caratterizzato da una base di preparazione composta dalla mistione di nove erbe.

L'**Amarone** è un vino doc prodotto a Verona (Veneto).

Primo Levi nacque a Torino nel 1919 da una famiglia di origine ebraica. Dopo aver conseguito la laurea in chimica nel 1941, aderì due anni dopo alla lotta partigiana ma, catturato, venne internato in un campo di sterminio ad Auschwitz. Dopo la guerra ritornò a Torino dove lavorò come chimico, dedicandosi contemporaneamente alla letteratura. Morì suicida a Torino nel 1988. Tra le sue opere più celebri ricordiamo *Se questo è un uomo* (1956) testimonianza della sua terribile esperienza nel campo di concentramento nazista, e *La tregua* (1963), romanzo sul lungo viaggio di ritorno dei sopravvissuti ai lager. Oltre alla produzione memorialistica – per cui Primo Levi è particolarmente famoso – alcune opere sono legate alla sua formazione scientifica e alla sua attività professionale nell'industria come *Il sistema periodico* (1975) e *La chiave a stella* (1978).

Le foto a pagina 215:

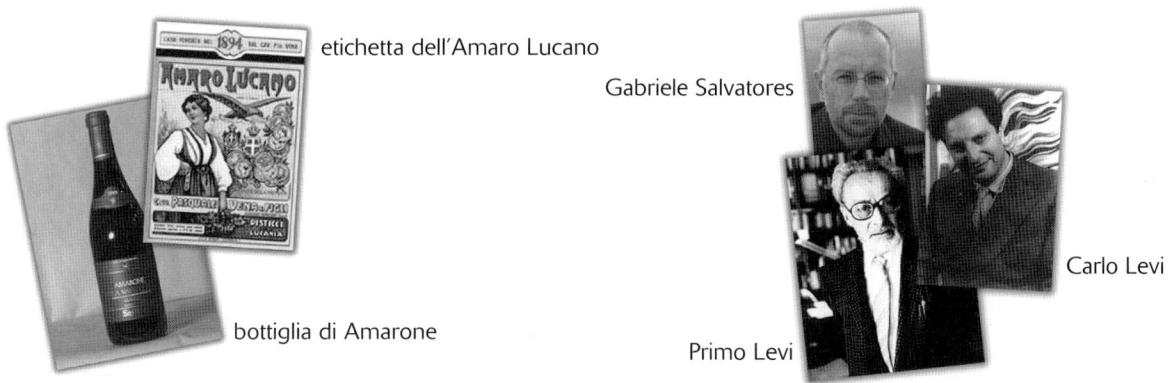

etichetta dell'Amaro Lucano

Gabriele Salvatores

Carlo Levi

bottiglia di Amarone

Primo Levi

I Sassi di Matera si dividono in due parti: **Sasso Barisano** a Nord e **Sasso Caveoso** a Sud, divisi l'uno dall'altro da uno sperone di roccia (lo sperone della Civita).

La **Murgia Timone** è una zona vicino a Matera, a pochi chilometri di distanza dal confine con la Puglia.

COBAS (acronimo di **Co**mitati di **Bas**e) sono dei sindacati di estrema sinistra.

Fondata nel 1906, la **CGIL** (acronimo di Confederazione Generale Italiana del Lavoro) è la più antica organizzazione sindacale italiana. È un sindacato di sinistra.

La **UIL** (acronimo di Unione Italiana del Lavoro) è un sindacato di centro-sinistra.

La **CISL** (acronimo di Confederazione Italiana Sindacati Lavoratori) è un sindacato di impostazione cattolica.

Il **COTRAL** (Consorzio Trasporti Pubblici Lazio) è una azienda che si occupa del trasporto pubblico nella regione Lazio.

Walter Veltroni, uomo politico di sinistra ed esponente di spicco dei DS (Democratici di Sinistra), è stato eletto sindaco di Roma nel 2001 ed ha ottenuto il suo secondo mandato nelle elezioni del 2006.

L'**ATAC** è l'Agenzia dei Trasporti Autoferrotranviari del Comune di Roma.

Trambus è una società che gestisce il trasporto pubblico di superficie della città di Roma.

Il **SULT** è il Sindacato Unitario dei Lavoratori dei Trasporti.

FILT (Federazione Italiana Lavoratori Trasporti) è un sindacato di lavoratori e lavoratrici iscritti alla CGIL che operano nel campo dei trasporti e della viabilità.

ZTL (Zona a Traffico Limitato) è un'area del centro di Roma in cui, in alcune ore del giorno o della notte, è consentita la circolazione con la propria automobile solo a coloro che sono muniti di uno speciale permesso.

Tor de' Schiavi: è una zona sulla Prenestina (Roma sud-est).

Piazzale Clodio si trova nel quartiere Prati (Roma nord). (Si veda a pagina 121 di questa guida la cartina dei rioni e quartieri di Roma).

Corso Rinascimento, **Largo Argentina** e **Piazza Venezia** si trovano al centro di Roma.

Il quartiere **Testaccio** si trova tra le Mura Aureliane e il Tevere, nella parte meridionale della città. Testaccio, in particolare, è una collina artificiale formatasi in epoca romana dall'accumulo degli scarichi delle anfore rotte, provenienti dal vicino porto di Roma. Attualmente, è uno dei quartieri più "giovanili" e animati di Roma, ricco di ristoranti, pub, locali in cui si può ascoltare musica dal vivo ecc.
(Si veda a pagina 121 di questa guida la cartina dei rioni e quartieri di Roma).

La **Piramide**, eretta tra il 18 e il 12 a.C. , è il monumento funerario di un nobile romano, Caio Cestio. Si trova vicino al quartiere Testaccio.

La **Borghesiana** è una zona che si trova nella periferia est di Roma.

Grottarossa è una zona vicino alla via Cassia (Roma nord).

Termini è la stazione principale di Roma.

Il **DAMS** è un corso di laurea in Discipline delle Arti, della Musica e dello Spettacolo.

La Galleria Colonna, sorta nel centro di Roma all'inizio del Novecento, dopo anni di incuria e di abbandono è stata riaperta nel 2003 ed è stata dedicata al grande attore romano Alberto Sordi (1920-2003), amatissimo dal pubblico e da poco scomparso. La galleria è stata dunque ribattezzata **Galleria Alberto Sordi**.

L'**Ecocalendario**: il Comune di Ascoli Piceno (Marche) e l'Achab Group hanno realizzato un calendario che riportava, nei vari mesi, animali rappresentati utilizzando materiali riciclabili. La foto riporta l'immagine del mese di Novembre: un bruco, composto di lattine vuote.

L'**Orologio** (1950), di Carlo Levi, testo spesso "dimenticato" della letteratura italiana, è uno dei migliori esempi di narrativa del dopoguerra, una testimonianza dello sfaldamento delle forze politiche antifasciste. Un orologio che si rompe dà l'avvio alla storia di tre giorni e tre notti nel novembre del 1945, in cui viene cambiato il destino dell'Italia, con la caduta del governo resistenziale di Ferruccio Parri e la candidatura a Primo Ministro di Alcide De Gasperi, leader della Democrazia Cristiana.
Pubblicato inizialmente da Einaudi nella collana dei saggi (la stessa sorte era toccata a *Se questo è un uomo* di Primo Levi) e solo successivamente nella collana dei romanzi, *L'Orologio* ha seguito il cammino comune a tutte le grandi opere, difficilmente classificabili sotto un'unica etichetta e per questo a volte dimenticate.

"Qui gatta ci cova" significa che in una determinata situazione c'è qualcosa di sospetto, che c'è sotto un inganno.

Il film **"I soliti ignoti"** (1958) diretto da Mario Monicelli con Totò, Claudia Cardinale, Vittorio Gassman, Marcello Mastroianni, Renato Salvatori, è uno dei pilastri dell'allora nascente commedia all'italiana. Si presenta una facile occasione per una banda sgangherata di ladruncoli: scassinare una cassaforte sfondando un sottile muro che divide un'abitazione privata dal monte dei pegni. La banda prepara ogni cosa come ha visto fare nei film, usando tutti i mezzi necessari. Ma, quando riescono ad entrare nell'appartamento dopo una serie di comiche peripezie, per un insignificante scambio di mobili si trovano nella cucina dell'abitazione anziché nella sala con la cassaforte del monte dei pegni! Dopo mesi di preparativi, trovano solo pasta e ceci nel frigorifero… e così, nella celebre scena finale, si siedono a tavola e cenano. Sullo sfondo di questa narrazione comico-grottesca appare un quadro dell'Italia dell'epoca, ancora gravata da profonde difficoltà sociali.

Lo stabilimento **FIAT** di **Melfi** si trova vicino Potenza, in Basilicata.

Carla Chelo è nata a Roma e vive oggi a Milano. Per venti anni ha scritto prevalentemente di cronaca nera, mafia e giudici per numerosi quotidiani tra cui "l'Unità". Oggi lavora a **Studio Aperto**, il telegiornale della rete *Italia1*.

Alice Werblowsky è nata a Madrid e lavora da quattordici anni per le reti televisive Mediaset, realizzando "speciali" e collaborando con i telegiornali.

Verissimo è un programma di Canale 5 dedicato all'attualità, alla cronaca e al gossip.

"La Piazza di Cinecittà" è un giornale di cronaca romana del X Municipio (quartiere Tuscolano, periferia di Roma sud-est). (Si veda a pagina 121 di questa guida la cartina dei rioni e quartieri di Roma).

Il **Quarto Miglio** è una zona compresa nel quartiere Appio-Tuscolano.

I **Municipi** raggruppano da un punto di vista amministrativo alcuni quartieri di Roma.

Tor Bella Monaca e il **quartiere Appio** sono due quartieri periferici che si trovano a Roma sud-est. (Si veda a pagina 121 di questa guida la cartina dei rioni e quartieri di Roma).

La **Camorra** è un'organizzazione criminale nata a Napoli e diffusa principalmente in Campania.

La **'Ndrangheta** è un'organizzazione criminale calabrese.

La **Sacra Corona Unita** è un'organizzazione criminale che ha il suo centro in Puglia.

Paolo di Lauro è un boss camorrista, capo di un famoso clan napoletano. Ha avuto diversi scontri con alcuni suoi ex-compagni (**i secessionisti**) che si erano separati dal clan e messi contro di lui per il predominio sul mercato della droga nei quartiere periferici di Napoli.

Il giornalista e scrittore **Salvatore Scarpino** è un esperto di banditismo e criminalità organizzata nel Meridione.

Nel testo iniziale dell'episodio si fa riferimento ad alcuni manifesti di Roma che raffigurano **un Colosseo ritagliato da un cocomero** (foto qui a fianco). È la pubblicità dell'annuale rassegna di cabaret "All'ombra del Colosseo", che si svolge nella capitale per tutta l'estate.

Recanati si trova in provincia di Macerata (Marche).

Giacomo Leopardi nacque a Recanati nel 1798. Il padre, dotato di gusti letterari e artistici, accumulò una vastissima biblioteca che attrasse ben presto il giovane Giacomo. Egli, infatti, si dedicò da autodidatta a sette anni di studio intensissimo, che lo resero esperto in lingue classiche, ebraico, lingue moderne, storia, filosofia, filologia nonché scienze naturali e astronomia, diventando un esperto saggista e traduttore. Nel 1816 abbandonò gli studi eruditi per dedicarsi alla poesia e, l'anno dopo, iniziò la stesura dello *Zibaldone* (che diventerà il suo diario intellettuale).

Il 1819 segnò un periodo di profonda crisi per il poeta: esasperato dall'ambiente familiare e dalla chiusura culturale delle Marche, governate dal retrivo Stato Pontificio, il Leopardi tentò di fuggire da casa, ma il progetto venne sventato dal padre. A questo stesso periodo appartengono la composizione degli idilli (*L'infinito*, *Alla luna*, ecc.) e le sue prime elaborazioni filosofiche.

Ottenuto il permesso dal padre di recarsi a Roma nel 1822, rimase profondamente deluso dalla vita e dall'ambiente letterario della capitale, che gli apparvero meschini e mediocri. Nel 1823 Leopardi ritornò nelle Marche e iniziò a comporre le *Operette Morali*.

Nel 1825 riuscì a lasciare di nuovo Recanati, grazie all'avvio di una collaborazione con l'editore Stella, che gli garantì una certa indipendenza economica. Fu a Milano, Bologna, Firenze e Pisa.

Dopo essere di nuovo ritornato a Recanati, si stabilì a Firenze nel 1828 grazie ad uno stipendio mensile fornitogli da alcuni amici. Lì conobbe l'esule napoletano Antonio Ranieri, con cui strinse una forte amicizia che durò fino alla morte del poeta.

Nel 1829 compose *Le ricordanze*, *La quiete dopo la tempesta*, *Il sabato del villaggio* e avvia la stesura del *Canto notturno di un pastore errante per l'Asia*.

Nel 1831 vennero pubblicati *I canti* e due anni dopo, nel 1833, partì con Ranieri per Napoli.

Per sfuggire al colera, si trasferì nel 1836 alle falde del Vesuvio, dove compose due grandi liriche: *Il tramonto della luna* e *La ginestra*. Morì improvvisamente nel 1837, a soli 39 anni, per l'aggravamento dei mali fisici, che lo affliggevano da tempo.

Nel testo iniziale dell'episodio ("sembrava che dalla torre...") Piero ricorda alcuni dei canti più celebri del Leopardi: *Il passero solitario*, *L'infinito* e *Il sabato del villaggio*.

Pesaro e **Urbino** sono due cittadine che formano una provincia a nord delle Marche.

Il **Conero** è un promontorio che si affaccia sul mare Adriatico e dà il nome al tratto di costa sottostante, chiamata appunto la riviera del Conero. Diventata Parco Regionale nel 1987, la riviera si trova nella parte centrale delle Marche.

Gioacchino Rossini (Pesaro 1792 - Parigi 1868) è uno dei più grandi compositori italiani di opere liriche. Dopo i primi successi ottenuti con *Tancredi* (1813) e *L'Italiana in Algeri* (1813) cominciò una ascesa inarrestabile. Divenne popolarissimo grazie all'irresistibile vivacità dei suoi ritmi, alla bellezza delle melodie e all'irrefrenabile vena teatrale presente nelle sue composizioni. Dopo aver vissuto a Napoli, Vienna e Londra, si stabilì a Parigi dove fece rappresentare le sue opere migliori tra cui ricordiamo il *Guglielmo Tell* (1829). Dopo un intenso periodo di attività compositiva, interruppe la sua produzione operistica negli anni trenta dell'Ottocento, forse per motivi di salute o forse per stanchezza creativa. Morì a Parigi nel 1868.

Tra le opere che lo resero celebre in tutto il mondo ricordiamo *Il barbiere di Siviglia* (1816), *La Cenerentola* (1817), *La gazza ladra* (1817).

Le foto a pagina 247, da sinistra a destra raffigurano: la Torre Civica a Piazza Leopardi (Recanati), un ritratto di Leopardi e un autoritratto di Raffaello.

Italo Svevo, pseudonimo di Ettore Schmitz, nacque a Trieste nel 1861 da una benestante famiglia ebrea, proprietaria di una vetreria. Nel 1876 si iscrisse all'Istituto Commerciale, anche se la sua aspirazione segreta erano gli studi umanistici. Quando fallì l'azienda familiare, fu costretto a trovare un lavoro come impiegato di banca continuando, tuttavia, a coltivare la passione per la letteratura. Dopo aver scritto alcune commedie e due racconti, il suo primo romanzo *Una vita* (1892), pubblicato a sue spese, venne pressoché ignorato dalla critica. Sempre a sue spese uscì nel 1898 il suo secondo romanzo *Senilità*, che si rivelò anch'esso un insuccesso di pubblico e di critica.

Dopo aver abbandonato il lavoro in banca, iniziò ad occuparsi dell'industria del suocero, approfondendo nello stesso tempo la sua passione letteraria: conobbe James Joyce, lesse Freud, Ibsen, Cechov, Dostoevskij. Terminato il primo conflitto mondiale, scrisse il suo terzo romanzo *La coscienza di Zeno* (1923), pubblicato ancora una volta a sue spese e nuovamente sottovalutato dalla critica italiana. Furono James Joyce all'estero ed Eugenio Montale in Italia ad apprezzare i romanzi di Svevo, ponendolo sul piano più alto della letteratura contemporanea.

Morì nel 1928 a causa di un grave incidente automobilistico.

Nella trilogia dei suoi romanzi, Svevo ha espresso il fallimento dei grandi ideali dell'Ottocento, con un linguaggio ironico e amaro, scavando nella coscienza e rilevando le miserie e le debolezze della natura umana. La sua opera rivela il dramma esistenziale dell'uomo moderno, così come era espresso anche nel romanzo europeo.

La coscienza di Zeno, romanzo incentrato sull'analisi del subconscio, è la confessione autobiografica di Zeno Cosini, scritta su consiglio del suo psicoterapeuta il quale (come afferma nella prefazione del romanzo) decide di pubblicare il diario per vendicarsi del paziente che ha interrotto improvvisamente la cura. Il giovane e arrendevole Zeno non rievoca i ricordi della propria vita in ordine cronologico, ma li lascia vagare in libertà nella sua memoria, attraverso vari episodi legati ciascuno ad un suo vizio o ad un suo fallimento. La biografia del protagonista rappresenta una serie di sconfitte: vuole guarire dal fumo (vizio e malattia che segna tutta la sua esistenza), ma vani sono gli sforzi per smettere di fumare; si iscrive all'università, ma non riesce a terminare gli studi; si innamora di Ada Malfenti, la più bella delle tre figlie di un abile commerciante, ma finisce per sposare Augusta, la più brutta; intreccia una storia extraconiugale con Carla, ma la vive con sentimenti contraddittori, venendo poi abbandonato. Antagonista di Zeno è Guido Speier, il cognato che ha sposato Ada, il campione di "salute" destinato, però, al fallimento finanziario ed all'involontario suicidio. Nel capitolo conclusivo, Zeno scopre la relatività del concetto stesso di malattia e di salute, accetta la propria malattia come prodotto di una situazione storica o addirittura come elemento proprio della natura umana in sé.

Lo **Zibaldone** è il grande diario intellettuale di Leopardi, in cui il poeta riportò sistematicamente i suoi progetti, le meditazioni estetiche e filosofiche, i pensieri sulla lingua e sul costume. Raccoglie appunti presi in un arco di tempo che va dal luglio-agosto 1817 al dicembre 1832.

Nel giugno 1984, Italo Calvino venne invitato dall'università di Harvard a tenere sei lezioni di argomento libero. Rimaste incompiute per la morte dello scrittore, le **Lezioni americane** furono pubblicate postume nel 1988. In quest'opera Calvino individua i valori più importanti della letteratura di ogni tempo, quelli che secondo lui bisognerebbe portare nel nuovo millennio: la leggerezza, la rapidità, l'esattezza, la visibilità, la molteplicità (manca la sesta lezione, "Consistency", che non era stata ancora scritta al momento della morte dell'autore). Le *Lezioni americane* non rappresentano solo il piacere di leggere e di scrivere dello scrittore Calvino, ma sono anche una sintesi delle considerazioni espresse nei suoi numerosi saggi sulla letteratura.

Breve analisi de **L'Infinito**: il poeta è seduto davanti ad una siepe che gli impedisce di vedere l'orizzonte e tutti gli oggetti reali che sono dietro di essa. Egli allora coscientemente immagina ("si finge") al di là della siepe spazi senza fine ("interminati/spazi"), "sovrumani silenzi" e "profondissima quiete" finché una sensazione uditiva (lo stormire delle fronde) lo richiama al presente. È questo il momento in cui il poeta estende il suo fantasticare a tutte le età passate ("le morte stagioni") e all' "eterno", passando così dal contrasto nella dimensione spaziale (la siepe e l'immagine dell'infinito) ad un contrasto analogo, ma nella dimensione temporale (il momento presente e l'eterno). Nell'ultimo verso dell'idillio ("e il naufragar m'è dolce in questo mar"), il poeta vuole sottolineare tutta la dolcezza di questa attività immaginativa, del suo abbandonarsi in un mare di sensazioni e di idee.

Leopardi, vivendo l'esperienza concreta della siepe che non permette di guardare ciò che si trova al di là, costruisce consapevolmente la situazione di contrasto tra il limitato e l'illimitato, tra il presente, il passato e l'eterno. Proprio il limite della siepe, dunque, consente al poeta l'attività dell'immaginazione, che però non è pura e semplice fuga nell'irrazionale, ma un processo immaginativo e consolatorio sottoposto al controllo della ragione.

"Famiglia Cristiana" è un settimanale cattolico che si occupa di svariati argomenti, dalla cultura, alla società, alla politica.

L'idillio è un genere poetico, risalente all'antica Grecia, che veniva usato per valorizzare la natura, in maniera più o meno realistica, attraverso scene campestri. Venne poi ripreso nell'Umanesimo e nel Settecento, ma con risultati poco significativi. In Leopardi l'idillio acquista tutto un altro significato. Anche se parte sempre da un'esperienza di natura, viene usato per esprimere gli stati d'animo più profondi del poeta e la natura diviene solo un'occasione per parlare di sé.

Carlo Porta (Milano 1775 -1821) è considerato, insieme a Gioacchino Belli, il maggior esponente della poesia dialettale dell'Ottocento. Egli, infatti, utilizzò il dialetto milanese nelle sue poesie come strumento di apertura alla realtà contemporanea. La sua vena realistica, che lo portò a descrivere ambienti e personaggi rimasti fino ad allora estranei al mondo della rappresentazione letteraria, contribuì a rivoluzionare contenuti e forme della poesia tradizionale.

Giuseppe Gioacchino Belli (Roma 1791 - 1863), poeta romano, scrisse più di duemila sonetti in dialetto romanesco, descrivendo la Roma papalina del XIX secolo.

Giordano Bruno, nacque a Nola (Napoli) nel 1548. Frate domenicano, abbracciò le nuove teorie antiaristoteliche e il calvinismo. Arrestato a Venezia dall'Inquisizione, fu giudicato eretico e condannato al rogo a Roma (17 febbraio 1600). Le sue opere rappresentano un punto di riferimento per tutti i pensatori laici, critici nei confronti della Chiesa. A Roma, in Piazza Campo dei Fiori, una statua, eretta proprio nel luogo in cui fu messo al rogo, ricorda ancora oggi la figura di Giordano Bruno, simbolo della libertà di pensiero.

Francesco Guicciardini (Firenze 1483 - 1540) uomo politico e letterato fiorentino. **La storia d'Italia** (scritta tra il 1483 e il 1540) è una delle sue opere più importanti. Argomento principale del testo è la storia d'Italia dal 1490 (anno della morte di Lorenzo il Magnifico) al 1534 (anno della morte di Clemente VII). Guicciardini analizza i fatti più luttuosi del XVI secolo, dalla calata di Carlo VIII (1494) al sacco di Roma (1527), in cui si consuma "la rovina dell'Italia", che è il centro di interesse principale dell'autore.

I parchi letterari possono essere uno spazio fisico o mentale dove un autore ha vissuto o ha assorbito l'atmosfera che lo ha portato a scrivere. Si differenziano da quelli propriamente naturali per il fatto che non hanno precise delimitazioni di confine. Il parco letterario può comprendere uno o più luoghi, ruderi, case, interi centri storici, sentieri, vecchie strade dentro o fuori gli agglomerati abitativi. In tale spazio vengono salvaguardate le esperienze visive ed emozionali dell'autore, attraverso alcune attività che stimolano la curiosità e la fantasia. In questo modo, si cerca di ripristinare il ricordo del letterato o della sua ispirazione tenendo conto dell'ambiente, della storia, delle abitudini e delle tradizioni di chi vive sul luogo.

Ippolito Nievo nacque a Padova nel 1831. Dopo essersi laureato in legge nel 1855, soggiornò a lungo nel Mantovano e in Friuli. Fin dal 1848 partecipò ai moti risorgimentali, frequentando negli anni 1857-1859 gli ambienti culturali e patriottici di Milano. Nel 1859 si arruolò volontario nei cacciatori a cavallo di Garibaldi e, successivamente, partecipò come viceintendente alla spedizione dei Mille (di cui ha lasciato preziose testimonianze in vari scritti). Morì naufrago durante una spedizione nel 1861.
La sua opera più celebre è il romanzo storico e di costume *Le confessioni di un italiano* (1857-58, edito postumo nel 1867), in cui vengono rievocate le vicende più importanti della dominazione napoleonica e dei moti risorgimentali. Nievo tuttavia scrisse anche opere in versi (*Amori garibaldini* 1860), tragedie, romanzi (*Angelo di bontà* 1856; *Il barone di Nicastro* 1859) e novelle (*Novelliere campagnolo* 1855-56).

Aldo Manuzio (Bassiano, nel Lazio 1450 - Venezia 1515), celebre tipografo ed editore italiano. La sua ambizione era creare una collana di volumi esteticamente e filologicamente pregevoli in cui fossero riscoperti e analizzati i testi degli autori classici. Il suo primo libro fu edito a Venezia nel 1495.

Relativamente all'articolo di pagina 260 ("**Attenti a quei dieci**" di Paola Valduga), riportiamo la seconda parte dell'articolo, in cui vengono elencate le 10 ragioni per cui non si legge Poesia:

Ci sono almeno dieci ragioni per cui non si legge Poesia:

1. Perché quell'insaziabile non dirò voglia, ma rabbia, che si ha di pubblicarsi al mondo (Bartoli) fa dello scriver versi lo sport nazionale della dappocaggine.

2. Perché chi decide la pubblicazione di questi versi è perlopiù incompetente, servile o venale.

3. Perché l'informazione culturale concernente la Poesia è tanto scarsa quanto inattendibile.

4. Perché le recensioni sono fatte perlopiù da poeti che amano, ed è comprensibile e perdonabile, ciò che gli somiglia e si difendono, anche col silenzio, da ciò che non gli somiglia.

5. Perché le recensioni sono fatte perlopiù, ed è comprensibile e perdonabile, perché rendano: per essere a propria volta recensiti, vincere premi, partecipare a viaggi, letture, ecc. Sono il cerimoniale degli adulatori.

6. Perché le rencensioni sono fatte anche per l'amicizia e, infrascate di pensieroni dai sofisti del falso, contentano l'amico e ingannano il lettore. Quanti grandi poeti del passato, lontano e immediato, vengono chiamati a sproposito a avallare simil-poesia!

7. Perché le rencensioni ai vivi di valore sono fatte anche per vendetta. Questi basilischi della detrazione riescono a farla franca, persino su un grande quotidiano, alla faccia del responsabile delle pagine culturali, talmente estraneo alla cultura da non saper dintinguere lode da biasimo. Poi naturalmente nessuno interviene: chi ha il danno se lo tenga. La grandezza umana ha questa disgrazia, che ogni cosa mira a distruggerla (Lubrano).

8. Perché dei grandi poeti del passato non parla quasi nessuno. Sono morti. Chi se ne frega!

9. Perché così cresce nei lettori la sfiducia e il disinteresse. E anche l'ignoranza. Presto per leggere Dante ci sarà bisogno del vocabolario.

10. Perché infine questi tempi di impostura non vogliono che leggiamo Poesia e spacciano per poesia film sentimentali, pubblicità, nomi di rosa, atlanti occidentali, corpi desiderati e così via.

Le notti difficili (1971): si rimanda alla biografia di Dino Buzzati, episodio 4.

Il **Provveditorato agli studi** è un organo statale che si occupa della organizzazione e della gestione delle scuole in Italia.

Molti sono i problemi connessi all'insegnamento nelle scuole e anche nelle università italiane. Il **precariato degli insegnanti**, dovuto all'esiguo numero di posti disponibili e a contratti di breve durata, è uno dei disagi più diffusi nel corpo docente italiano.

Il **sistema scolastico italiano** è così strutturato: i bambini dai 6 mesi ai 3 anni d'età possono frequentare l'asilo nido e poi, dai 3 ai 5 anni d'età, la scuola dell'infanzia (scuola materna). Successivamente, dai 6 ai 10 anni d'età, frequentano la scuola primaria (scuola elementare). Al termine di questo primo ciclo di studi è previsto un piccolo esame. Poi, dagli 11 fino ai 13 anni d'età, gli studenti italiani frequentano la scuola secondaria di primo grado (scuola media), al termine della quale è previsto un altro esame. Dai 14 ai 18 anni gli studenti frequentano la scuola secondaria di secondo grado (licei, istituti tecnici, istituti professionali). Sono previsti diversi indirizzi sia per i licei (liceo classico, scientifico, linguistico, artistico ecc.) sia per gli istituti tecnici (industriali, commerciali, per geometri ecc.) che per gli istituti professionali (per l'agricoltura, per il commercio, per il turismo ecc.). Gli istituti tecnici e gli istituti professionali, in particolare, offrono una formazione più mirata al lavoro e consentono agli studenti, una volta ottenuto il diploma, di esercitare una professione, senza dover necessariamente andare all'università. Al termine della scuola secondaria di secondo grado è previsto "l'esame di stato" (il cosiddetto "esame di maturità"). Gli studenti possono poi proseguire il loro corso di studi frequentando l'università, che comprende un primo ciclo di tre anni (laurea triennale) ed un successivo ciclo di due anni (laurea specialistica).

Sandro Onofri è nato nel 1955. Giornalista, scrittore di romanzi largamente apprezzati dalla critica, ha curato anche diverse edizioni di classici della letteratura italiana. Per una sua precisa scelta, aveva deciso di dedicarsi all'insegnamento negli istituti professionali e nelle scuole serali nei dintorni di Roma culturalmente depressi e arretrati. È morto nel 1999, all'età di 44 anni, per una grave malattia.

Registro di classe (2000), pubblicato postumo, è una sorta di diario che Onofri ha tratto dalla sua esperienza di professore in un istituto professionale. Il libro ha avuto una notevole fortuna editoriale, dovuta alla capacità dell'autore di mettere in evidenza momenti di vissuto poco confortanti, ma riscattati da una vena poetica e ironica. In *Registro di classe* c'è tutto un anno di scuola. È il diario di un insegnante che s'interroga di continuo sul proprio compito di educatore, che si chiede quale cambiamento possa mai ottenere un singolo professore dotato di buona volontà.

In Italia l'anno scolastico è diviso in **quadrimestri**.

Nel testo è riportata l'indecisione del professore che deve scegliere se dare come voto **un cinque o un sei** ad uno studente. In Italia il sistema dei voti va dallo 0 al 10 (anche se i due estremi non vengono generalmente utilizzati nelle valutazioni). Il passaggio dal cinque al sei rappresenta dunque il passaggio da una votazione insufficiente alla sufficienza.

Lo studente che non ottiene la sufficienza alla fine dell'anno in una determinata materia, inizia il successivo anno scolastico con un debito. Per recuperarlo, deve **studiare durante l'estate** e sostenere una serie di prove durante i primi mesi dell'anno.

Il canale di Otranto si trova tra la Puglia e l'Albania ed è considerato quasi come una zona di confine sul mare tra le due nazioni.

Eduardo de Filippo, celebre commediografo italiano, è nato a Napoli nel 1900 ed è morto a Roma nel 1984. Tra le sue opere teatrali più importanti ricordiamo *Natale in casa Cupiello* (1931), *Non ti pago* (1940), *Napoli Milionaria!* (1945), *Questi fantasmi!* (1946), *Filomena Marturano* (1946), *Sabato, domenica e lunedì*

(1957). Enzo Biagi fa riferimento nell'articolo all'opera *Gli esami non finiscono mai* (1974).

Francesco Tullio Altan o più semplicemente Altan (Treviso 1942) è uno dei fumettisti più ironici in Italia. Ha anche creato dei teneri personaggi per i bambini, come la cagnolina **Pimpa**, amatissima dai più piccoli. Le sue vignette satiriche compaiono sui maggiori giornali italiani.

Roberto Piumini (Edolo, Valcamonica 1947) è autore di poesie, romanzi e di testi teatrali per ragazzi ed adulti.

Mi leggi un'altra storia? è una raccolta di trenta storie scritta da Roberto Piumini ed illustrata da Altan con la sua consueta ironia.

Guido Silvestri, in arte **Silver**, è nato a Modena nel 1952. È il fumettista italiano padre del noto Lupo Alberto, il famosissimo lupo blu, nato nel 1974 e ancora oggi molto apprezzato. Questo personaggio, inserito in storie in cui i protagonisti sono degli animali con gli stessi vizi e virtù degli uomini, ha una forte carica umoristica, che spesso si traduce in una critica politica e sociale.

Novecento (1994) è il primo testo teatrale di Alessandro Baricco. Questo monologo racconta la straordinaria storia di Novecento, un pianista che si esibiva tutte le sere sul piroscafo"Virginian" (che portava gli emigranti italiani in America nel periodo tra le due guerre) e che, si diceva, fosse nato su quella nave e non ne fosse mai sceso. Da questo libro è stato tratto nel 1998 un film dal titolo "La leggenda del pianista sull'oceano" per la regia di Giuseppe Tornatore.

Grazia Deledda nacque a Nuoro nel 1871. Autodidatta, iniziò a scrivere giovanissima, pubblicando la sua prima novella a quindici anni. Acutissima osservatrice della natura che la circondava e dei costumi della Sardegna, il suo stile è riconducibile al Verismo ottocentesco, ma si connota anche di un marcato regionalismo. Nel 1900 si sposò e si trasferì a Roma dove pubblicò molte delle sue opere più importanti tra cui *Elias Portolu* (1903), il suo capolavoro *Cenere* (1904), *Canne al vento* (1913), *Marianna Sirca* (1915), *La madre* (1920). Nel 1926 fu insignita il Premio Nobel per la letteratura. Morì a Roma nel 1936.

La Madre è un romanzo che scandaglia la relazione fra un sacerdote e sua madre.

Antonio Tabucchi (Pisa 1943) è uno dei più profondi conoscitori della lingua e della cultura del Portogallo. Nella sua lunga carriera di insegnante di letteratura portoghese (insegna dal 1973), Tabucchi si è occupato soprattutto di Fernando Pessoa, di cui ha tradotto molte opere. Iniziata la sua attività di scrittore nel 1975 con il romanzo *Piazza d'Italia*, ha ottenuto successo e fama internazionale con i romanzi brevi. In particolare hanno avuto molta fortuna due testi, che testimoniano il suo amore per il Portogallo e per Lisbona: *Requiem* (1992) e *Sostiene Pereira* (1994) con cui ha vinto il Premio Campiello. Tra le sue ultime opere più importanti ricordiamo *La testa perduta di Damasceno Monteiro* (1996) e *Si sta facendo sempre più tardi* (2001).

Dal romanzo *Sostiene Pereira* è stato tratto, nel 1985, un film dall'omonimo titolo con Marcello Mastroianni, per la regia di Roberto Faenza.

La testa perduta di Damasceno Monteiro è un romanzo poliziesco. Tutto ha inizio dal ritrovamento, nella periferia di Oporto, di un cadavere dalla testa mozzata, del quale non si conosce l'identità. Un giovane giornalista, aiutato da un avvocato dagli ideali metafisici, è l'investigatore della vicenda, che si rivelerà legata a fatti di droga e ad abusi di potere da parte della polizia.

Bruno D'Alfonso è nato a Roma nel 1953. Ha iniziato a disegnare vignette e a creare storie a fumetti nel 1979. Dal 1984 disegna Ciacci (un fumetto ambientato in una scuola, diventato un classico dell'umorismo), scrivendone anche i testi con Francesco Cascioli. Nel 1994 esce **L'anno dei gessetti maledetti**, una raccolta di fumetti di Ciacci apparsi sulla rivista "Linus".

Francesco Cascioli (Roma 1953) si occupa da più di venti anni di satira politica ed è stato tra i fondatori della rivista satirica "Il Male".

Paola Mastrocola è nata a Torino nel 1956. Dopo aver lavorato per il teatro scrivendo commedie per ragazzi, ha pubblicato due raccolte di poesie e saggi sulla letteratura italiana del Trecento e del Cinquecento. Il suo esordio narrativo è avvenuto con *La gallina volante*, con cui ha vinto il Premio Calvino per l'inedito nel 1999 e il Premio Selezione Campiello nel 2000. Con *Palline di pane* arrivò finalista al Premio Strega 2001.

Una barca nel bosco (2005) è un romanzo di formazione. Il protagonista è Gaspare Torrente, un ragazzo di umili origini che lascia il profondo Sud e fugge a Torino in cerca di fortuna. Il distacco dalla terra d'origine, l'incontro con i nuovi compagni del liceo e la delusione dell'ambiente scolastico sconvolgono la sua vita: da studente modello e promettente, Gaspare diventa un giovane disadattato. Ma solo fino a quando il destino non gli indica la strada per tornare ad essere se stesso. Raccontato in prima persona, questo romanzo di trasformazione e riscatto indaga il mondo dei giovani e la società contemporanea sia nei suoi lati più drammatici, sia in quelli più divertenti.

La riforma scolastica del 1962 ha esteso la scuola dell'obbligo fino ai 12 anni. La scuola media, fino alla riforma, possedeva due indirizzi: quello senza l'insegnamento del latino era praticamente una scuola per l'avviamento professionale, con la possibilità di altri due anni di studio in una scuola tecnica, ma senza ulteriori sbocchi; quello con l'insegnamento del latino consentiva, invece, l'accesso al liceo (e solo con il liceo si poteva accedere all'università). Nel 1962 il governo approvò una legge che rese la scuola media obbligatoria e rese il latino materia facoltativa studiata solo al terzo anno.

La riforma Berlinguer (1998) ha interessato le scuole elementari, medie e superiori e anche le università. Giovanni Berlinguer è stato Ministro della Pubblica Istruzione di un governo di centro-sinistra, in cui Massimo D'Alema era presidente del Consiglio.

La riforma Moratti (2001) ha avuto una estensione maggiore: ha infatti interessato tutti i livelli dell'istruzione in Italia (dalla scuola materna al liceo, alle università). Le "tre I" (inglese, impresa, informatica) è stato uno degli slogan più contestati tra quelli usati per pubblicizzare la riforma.
Letizia Moratti è stata Ministro della Pubblica Istruzione di un governo di centro-destra in cui Silvio Berlusconi era Presidente del Consiglio. La riforma Moratti ha suscitato molte polemiche, soprattutto da parte di insegnanti e studenti.

I comuni di **Anzio**, **Nettuno**, **Marino**, **Tivoli** si trovano tutti in provincia di Roma. **Ceprano**, invece, è in provincia di Frosinone.

Centocelle, **Tiburtino III**, **Casal Bruciato** sono tre zone periferiche e popolari di Roma sud-est.

Primavalle è un quartiere periferico e popolare situato a Roma nord-ovest.

Durante il fascismo, lungo l'area archeologica dei fori romani, fu aperta la **via dei Fori Imperiali**, che congiunge piazza Venezia con il Colosseo. Furono così distrutte le case comprese in quella zona e gli abitanti vennero sfollati. La strada, a percorso rettilineo, viene da allora usata per le parate militari.

Il **liceo Parini di Milano**, fondato nel XVIII secolo, ha avuto illustri docenti nel XIX e nel XX secolo. In questo liceo classico hanno studiato numerosi protagonisti della storia civile, letteraria, culturale ed economica di Milano.

Lucignolo è il celebre personaggio del romanzo *Pinocchio* di Carlo Collodi, che rappresenta il ragazzo discolo, che non vuole mai andare a scuola e che, per questo, viene trasformato in un asino.

L'Auditorium - Parco della Musica di Roma, progettato dal celebre architetto italiano Renzo Piano, è stato inaugurato il 21 aprile 2002. La sua struttura comprende tre grandi "scarabei" di diverse dimensioni posti attorno alla cavea (un piccolo anfiteatro all'aperto che può accogliere circa 3.000 spettatori). Oltre alle tre sale da concerto, una in ciascuno "scarabeo", la struttura comprende anche un caffè, una libreria e il foyer.

L'architetto **Renzo Piano** è nato a Genova nel 1937. Dopo aver conseguito la laurea in architettura al Politecnico di Milano nel 1964, inizia l'attività progettuale con una serie di studi sperimentali sulle strutture spaziali a guscio e sui sistemi costruttivi innovativi, avendo come riferimento l'amico e maestro francese Jean Prouvé. Dal 1971 inizia la collaborazione con Richard Rogers, nella società Piano&Rogers, e dal 1977 con Peter Rice, con la Piano&Rice Associates: è il periodo del Centre Georges Pompidou di Parigi, uno degli edifici più discussi degli ultimi trent'anni. Tra i progetti portati a termine da Renzo Piano ricordiamo l'Aeroporto internazionale del Kansai (Osaka, Giappone), la Riprogettazione di Potsdamer Platz (Berlino, Germania), il Centro Culturale Jean Marie Tjibaou (Nouméa, Nuova Caledonia), l'Aurora Place (Sydney, Australia) e la Torre Hermès (Tokyo, Giappone). Dal 1994 Renzo Piano è ambasciatore dell'UNESCO per l'architettura.

"Porta Portese" è un giornale settimanale di annunci economici. Prende il nome dal più famoso mercato delle pulci di Roma, situato nei pressi della porta delle antiche mura cittadine da cui inizia la via Portuense (il nome "Portese" deriva, infatti, proprio dalla via Portuense).

Borghetto è un'area del quartiere Flaminio (situato al centro di Roma).

Gianni Versace, noto stilista italiano, è nato a Reggio Calabria nel 1946. All'età di venticinque anni incominciò a disegnare collezioni *prêt-à-porter* per diverse case di moda e, nel 1978, presentò una prima collezione donna firmata con il suo nome. Da allora, divenne uno degli stilisti più famosi ed apprezzati del mondo. Fu assassinato a Miami nel 1997 da un serial killer americano.

Nel 2003 in Italia è stato modificato il codice della strada ed è stata introdotta la **patente a punti**. Ogni volta che la persona alla guida compie una infrazione, vengono levati alcuni punti dalla sua patente (che ne possiede 20 in tutto) in relazione all'irregolarità commessa.

L'Enalotto è un concorso a premi. Per partecipare si deve compilare una scheda secondo determinate regole, cercando di indovinare i numeri della combinazione vincente.

Le foto a pagina 299 (da sinistra verso destra): il Palazzo di Giustizia (chiamato il "Palazzaccio"), il Palazzo della Civiltà Italiana (noto anche come Palazzo della Civiltà del Lavoro o semplicemente come "Il Colosseo quadrato") e il Vittoriano. Questi edifici si trovano tutti a Roma.

"Tutte le strade portano a Roma" è un detto degli antichi romani. Era usato per indicare che tutte le principali strade tracciate in Italia erano dirette a Roma, qualunque direzione si prendesse. È un'espressione ancora oggi molto usata.

La **Garbatella** è un quartiere di Roma sorto negli anni venti, caratteristico per l'architettura dei suoi edifici, ispirati al modello inglese della città-giardino. (Si veda a pagina 121 di questa guida la cartina dei rioni e quartieri di Roma).

Monteverde è un quartiere vicino al centro di Roma (si veda a pagina 121 di questa guida la cartina dei rioni e quartieri di Roma). Nonostante la forte densità abitativa, mantiene nel suo complesso uno dei più alti tassi di zone verdi per abitante. È costituito in parte da villini della fine XIX, inizi XX secolo e in parte da abitazioni più popolari costruite negli anni '20 e '30.

Il **Vittoriano**, noto soprattutto come "Altare della Patria", è il monumento eretto a Roma in memoria di Vittorio Emanuele II. L'opera, ispirata ai templi ellenistici e romani, costituisce uno degli esempi più vistosi dell'architettura "umbertina" degli ultimi decenni del XIX secolo.
Iniziata nel 1885 da Giovanni Sacconi, fu terminata, esclusi gli elementi decorativi, nel 1911.
Nel 1925 fu inaugurato, al primo ripiano, l'Altare della Patria, con la tomba del milite ignoto, a cui montano la guardia d'onore, giorno e notte, soldati di tutte le armi.
Per il suo aspetto, che contrasta fortemente con la vicina area archeologica dei fori imperiali, e per il colore bianco del marmo, i romani hanno dato al monumento molti appellativi: *torta nuziale* ed il più famoso e meno riverente *macchina da scrivere*.

Il Palazzo della Civiltà Italiana, noto anche come Palazzo della Civiltà del Lavoro o semplicemente come **Colosseo quadrato** è uno dei simboli del quartiere EUR (si veda a pagina 121 di questa guida la cartina dei rioni e quartieri di Roma).. Progettato dagli architetti Giovanni Guerrini, Ernesto Bruno La Padula e Mario Romano, il palazzo fu costruito tra il 1938 ed il 1943. Voluta da Benito Mussolini, l'opera si ispira al più celebre Colosseo, riprendendone l'architettura caratterizzata da file di archi, statue e realizzata in travertino.

Il **Palazzo di Giustizia**, conosciuto a Roma come il "Palazzaccio", fu costruito in prossimità del fiume Tevere, tra il 1889 ed il 1910 per essere destinato a sede del Tribunale di Roma. La costruzione di questo imponente edificio comportò notevoli difficoltà per la messa in opera delle fondamenta a causa del terreno particolarmente argilloso e per il ritrovamento di alcune strutture murarie antiche e di due sarcofagi nell'area dei lavori. L'architetto Guglielmo Calderini, dopo aver superato numerose difficoltà tecniche, criticato aspramente dai contemporanei a cui non piacque affatto l'opera (da qui il nome "Palazzaccio"), si suicidò.
Nel dopoguerra, dato che l'edificio risultava insufficiente alle nuove esigenze, il Tribunale venne trasferito e il palazzo rimase (ed è tutt'ora) la sede della Corte di Cassazione.

Pier Paolo Pasolini, scrittore, saggista e regista cinematografico, nacque a Bologna nel 1922. Conclusi gli studi liceali e universitari, durante la seconda guerra mondiale si trasferì a Casarsa (in provincia di Pordenone) con la madre, friulana di origine contadina. Il forte legame con la figura materna e gli studi di filologia romanza lo spinsero a cercare nel dialetto della madre un mezzo con cui esprimere un fantastico mondo poetico. A questo periodo risalgono le *Poesie a Casarsa* (1942) poi raccolte con altre liriche in *La meglio gioventù* (1954). Nel 1945 divenne insegnante di scuola media, iniziò a collaborare con numerose riviste e, due anni dopo, si iscrisse al Partito Comunista. Nel 1949, accusato di corruzione di minorenni, venne sospeso dall'insegnamento ed espulso dal partito. Si trasferì dunque a Roma con la madre. I primi anni romani sono difficilissimi per Pasolini, che conduceva una vita di estrema indigenza, proiettato in una realtà del tutto nuova e inedita quale quella delle borgate romane. Rimasto affascinato dal linguaggio e dalla vitalità delle classi più povere di Roma, scrisse i romanzi *Ragazzi di vita* (1955) e *Una vita violenta* (1959) che ottennero un vasto successo di critica e di lettori. I contenuti delle due opere, però, gli valsero un processo per pornografia. In questo modo si codificò, presso l'opinione pubblica, il suo ruolo di "provocatore" nel bene e nel male.
Tra il 1957 e il 1961 scrisse undici sceneggiature cinematografiche, collaborando con Fellini, Bolognini e Lizzani. A questo periodo risale la pubblicazione della raccolta di poesie *Le ceneri di Gramsci*, che ottenne il premio Viareggio (1957) e l'esordio come regista cinematografico con il film *Accattone* (1961) a cui seguirono, tra gli altri, *La ricotta* (1963), *Il Vangelo secondo Matteo* (1964), *Teorema* (1968), *Medea* (1970), *Il Decameron* (1971) e *Salò e le 120 giornate di Sodoma* (1975).
Nel 1973 iniziò a collaborare con il "Corriere della Sera", scrivendo interventi critici sui problemi del paese, poi raccolti in volumi postumi.
Pasolini fu assassinato nel 1975 sul litorale romano di Ostia.
È considerato una grande coscienza critica del Novecento italiano.

Ragazzi di vita (1955) è il primo grande successo di Pasolini. Protagonista del romanzo è Riccetto, ragazzo di borgata che cresce, dai dieci ai vent'anni (dal 1944 al 1954), in un mondo di emarginati, quello dei sottoproletari romani sfrattati e costretti a vivere in edifici affollati e fatiscenti. La sua vita è la strada, i suoi compagni sono, come lui, ragazzi mai stati bambini, che hanno sempre vissuto d'espedienti e truffe, tra disperazione e povertà. Roma è ancora occupata dai tedeschi quando Riccetto, adolescente, comincia a rubare rottami; poi è la volta del gioco delle tre carte per la strada e poi dei furti e della bisca clandestina. Dopo tre anni di carcere, il Riccetto torna dai suoi amici a fare il bagno nel fiume Aniene, il luogo dell'infanzia dove nulla è cambiato, le stesse risse, la stessa sporcizia.

Opera dura, violenta e amara, *Ragazzi di vita* è la descrizione commossa e lirica delle periferie squallide, dei giovani senza speranza, dei ricercati, delle baracche in mezzo all'immondizia e ai panni sporchi.

Le zone **Tiburtino**, **Tor dei Schiavi**, **Borghetto Prenestino**, **Acqua Bullicante**, **Maranella**, **Mandrione**, **Quarticciolo**, **Quadraro** si trovano nella periferia sud-est di Roma. **Porta Furba**, sempre nella stessa zona, è l'arco di un acquedotto.

Piazza Vittorio si trova al centro di Roma, vicino alla stazione Termini, nel quartiere Esquilino che, attualmente, è il quartiere multietnico per eccellenza di Roma. (Si veda a pagina 121 di questa guida la cartina dei rioni e quartieri di Roma).

La **Lambretta** è lo storico scooter dell'azienda Innocenti; la **Ducati** e la **Mondial Moto** sono altre due aziende costruttrici di motociclette.

Pasolini descrive anche alcuni luoghi del centro di Roma: **Via della Cava** e **Via del Gelsomino** si trovano nelle vicinanze della Città del Vaticano. **Porta Cavalleggeri** è una delle porte delle mura vaticane. **Cupolone**: si rimanda all'episodio 7.

Via delle Fornaci e **Piazza della Rovere** si trovano al di sotto del colle **Gianicolo**.

Il **Ciriola** era un vecchio battello fluviale, chiamato così per via della sua forma affusolata (a Roma la "ciriola" è l'anguilla ma anche un tipo di panino, di forma allungata, che ormai non si produce quasi più).

Piazza del Popolo, **Villa Borghese** e il **Pincio** si trovano al centro di Roma. Il Pincio è un piazzale di Villa Borghese che si affaccia su piazza del Popolo e su un suggestivo panorama.

Ponte Sisto si trova al centro di Roma, all'altezza di Piazza Trilussa, dove è situata una grande fontana (**il Fontanone**, appunto).

L'Antica Pesa è un ristorante che si trova a Trastevere.

Piazza S. Egidio e **via del Mattonato** si trovano entrambe nel quartiere Trastevere.

Cinecittà è un quartiere della periferia sud-est di Roma. (Si veda a pagina 121 di questa guida la cartina dei rioni e quartieri di Roma).

Pietro Citati è nato a Firenze nel 1930. Nel 1951, dopo aver conseguito la laurea in lettere moderne alla Scuola Normale Superiore di Pisa, ha collaborato in qualità di critico ad alcune riviste come "il Punto", "L'Approdo" e "Paragone". Dal 1954 al 1959 ha insegnato nelle scuole professionali di Roma e Frascati e, successivamente, si è occupato della sezione culturale del "Corriere della Sera" e poi di quella de "La Repubblica". Attualmente vive a Roma.

Nel panorama letterario italiano Citati si afferma come saggista e critico. Tra le sue opere più importanti ricordiamo i saggi *Goethe* (1970), *Alessandro Manzoni* (1973), *Tolstoj* (1983), *Kafka* (1987). La sua produzione letteraria comprende anche favole per bambini e testi dedicati all'approfondimento dei temi cruciali della cultura moderna.

Con **L'armonia del mondo. Miti d'oggi** (1998) Citati vuole trasmettere al lettore le impressioni che si accumulano e si combinano nella sua mente quando cammina per strada, quando entra in un ristorante, quando viaggia in treno. Attraverso la descrizione dei molteplici aspetti che presenta la realtà italiana di oggi, l'autore analizza le diverse età dell'uomo, il sentimento della morte nella nostra epoca, la decadenza dell'Europa, la lingua moderna. Conversando dell'Italia e del mondo, Citati vuole raccontarci i grandi miti del nostro tempo. Quei miti psicologici, religiosi, politici e letterari sempre presenti nei nostri pensieri quotidiani.

Piazza del Pantheon, piazza Campo Marzio e **via degli Uffici del Vicario** si trovano al centro di Roma, vicino alla sede del Parlamento Italiano.

Foto a pagina 305: la scalinata di Piazza di Spagna e la chiesa della Santissima Trinità dei Monti.

Foto a pagina 306: un bar in Piazza Navona.

La foto a pagina 307: il Pantheon (Piazza del Pantheon).

"D, la repubblica delle Donne" è il settimanale del quotidiano "La Repubblica" dedicato alla fascia femminile del suo pubblico di lettori.

La filosofa **Elisabeth Badinter** è una delle intellettuali che più ha contribuito a costruire l'edificio teorico del femminismo francese. Da sempre vicina al MLF (Mouvement de libération des femmes) successivamente si è dedicata agli studi accademici sull'illuminismo.

Se l'invecchiamento di un vino si aggira generalmente intorno ai sei mesi, il **vino novello**, ottenuto da un particolare tipo di uva, viene imbottigliato solo un mese e mezzo dopo la vendemmia. È un vino particolarmente leggero e profumato, non adatto all'invecchiamento.

Giosuè Carducci nacque nel 1835 a Valdicastello (Lucca). Dopo la laurea, conseguita con il massimo dei voti alla Scuola Normale di Pisa, insegnò retorica al liceo di san Miniato al Tedesco. È il 1857, anno in cui compose la sua prima raccolta di versi, le *Rime di San Miniato*. Nel 1859 si sposò con Elvira Menicucci e si trasferì a Bologna, dove insegnò eloquenza italiana all'Università. Ebbe così inizio un lunghissimo periodo di insegnamento (durato fino al 1904), caratterizzato da una appassionata attività filologica e critica.
Negli anni '60, lo scontento provocato in lui dalla debolezza dimostrata, a suo giudizio, in più occasioni dal governo post-unitario sfociò in un atteggiamento filo-repubblicano, quasi addirittura giacobino. Negli anni successivi, tuttavia, con il mutare della realtà storica italiana, Carducci passò da un atteggiamento violentemente polemico e rivoluzionario a un ben più tranquillo rapporto con lo stato e la monarchia, tanto da essere nominato nel 1890 senatore del regno.
Nel 1906 al poeta venne assegnato il Premio Nobel per la letteratura.
Carducci morì nel 1907 nella sua casa a Bologna.
Tra le sue raccolte di versi più importanti ricordiamo *Levia gravia* (1868), *Odi barbare* (1877), *Giambi ed epodi* (1882), *Rime nuove* (1887), *Rime e ritmi* (1890).

"in quale borgo era il poeta Giosuè Carducci quando sentiva l'odore del vino nelle vie che bucava la tristezza della nebbia in collina?" In questo passo del testo iniziale dell'episodio si fa riferimento alla celebre poesia del Carducci "**San Martino**", compresa nelle *Rime nuove*, raccolta di versi in cui il poeta raggiunse la maturità poetica.

Cesare Pavese nacque nel 1908 a S. Stefano Belbo (Cuneo). Compiuti gli studi a Torino, si laureò in lettere nel 1932 con una tesi su Walt Whitman e contemporaneamente iniziò la sua attività di traduttore con *Moby Dick* di Melville e *Riso Nero* di Sherwood Anderson. Nel maggio del 1935 fu arrestato per motivi politici e spedito al confino, a Brancaleone Calabro. Tornato a Torino l'anno seguente, pubblicò la raccolta di versi *Lavorare stanca*, che fu quasi ignorata dalla critica. In quel periodo continuò a tradurre scrittori inglesi e americani e collaborò con la casa editrice Einaudi.
Dal 1936 al 1949 la sua produzione letteraria è ricchissima. Tra le opere più importanti ricordiamo i romanzi *Paesi tuoi* (1941), *La spiaggia* (1942), *Il compagno* (1947), *La casa in collina* (1948), *La bella estate* (1949). Nel 1950 pubblicò *La luna e i falò*, vincendo nello stesso anno il Premio Strega con *La bella estate*.
Il 27 agosto 1950 Pavese si tolse la vita a soli 42 anni in una camera d'albergo a Torino.

La luna e i falò, l'ultimo romanzo di Cesare Pavese, venne pubblicato nell'aprile 1950, quattro mesi prima del suicidio. Anguilla, protagonista del romanzo, è un orfano cresciuto nelle Langhe (insieme di colline, con creste affilate e segnate da valli profonde nel Sud del Piemonte). Dopo aver fatto fortuna in America, ritorna ai luoghi dell'infanzia e della giovinezza. Qui ritrova l'amico di un tempo, Nuto, e conosce il giovane Cinto, in cui rivede se stesso. Il passato, nel ricordo di Anguilla, corre parallelo al presente in estesi flash-back, attraverso i quali il protagonista rivive gli anni della giovinezza. Così come erano un tempo, le Langhe rimangono sempre per Anguilla una terra difficile in cui si vive di stenti, tra la rabbia ed il rischio della follia.
La luna e i falò riunisce i temi tipici di Pavese: il ritorno, la fuga, il contrasto città-campagna, il sogno americano, la morte, fusi in uno stile perfetto, in cui italiano e dialetto sono mirabilmente associati.

Alba è un comune piemontese.

I paesi **Barbaresco, Canelli, Neive, Cravanzana, Monticello** si trovano in Piemonte.

Il **cavagno** è un piccolo canestro.

Il **centro studi Promotor** è una struttura di ricerca specializzata nel mercato dell'automobile.

Il **Chianti Classico** e Il **Brunello di Montalcino** sono due vini DOCG prodotti in Toscana. Il **Barolo**, anch'esso vino DOCG, è prodotto invece in Piemonte. Questi vini sono particolarmente noti in Italia e all'estero.

Lingotto Fiere è il centro per le fiere di Torino.

"Delizie" è una rivista bimestrale dedicata a temi quali il vino, le ricette di cucina, il turismo, il tempo libero, il benessere.

I **DOCG** sono vini a Denominazione d'Origine Controllata e Garantita.

Il **panforte di Siena** è il più conosciuto dei pani speziati italiani. Dolce a base di farina, mandorle, frutta secca, frutta candita e spezie, è il simbolo gastronomico di Siena.

La **bavarese** è un semifreddo a base di latte, uova, panna e gelatina.

La **torta millefoglie** è composta con sottili veli di pasta sfoglia disposti a strati e intervallati con crema chantilly.

I **cantucci** sono biscotti a base di mandorle, tipici della Toscana.

Ivrea è una cittadina situata in provincia di Biella (Piemonte).

Per la biografia di **Andrea De Carlo** si rimanda all'articolo a pagina 333 del libro dello studente.

La metafora di Alberto Arbasino di compiere almeno una **"gita a Chiasso"** è ormai diventata un modo di dire. Lo scrittore si era rivolto con questa espressione agli intellettuali italiani, per spingerli ad osservare e a conoscere il mondo al di fuori degli stretti confini provinciali. Rappresenta ancora oggi un incitamento, per tutti gli scrittori, a sprovincializzare il proprio stile.

Alberto Arbasino (Voghera 1930) è uno scrittore, giornalista e critico. Autore di molti romanzi, il suo testo più significativo è *Fratelli d'Italia* (1963).

Treno di Panna (1981) è il primo romanzo di Andrea De Carlo. È la storia di una giovinezza fuori dal comune: Giovanni, giovane fotografo milanese, arriva a Los Angeles in cerca di fortuna. Solo, senza soldi ma dotato di una sorprendente sensibilità, Giovanni si adatta a fare i mestieri più disparati: il ragazzo sandwich, il cameriere, l'insegnante di italiano. E proprio nella scuola dove lavora da poco, Marsha Mellows, famosa e bellissima attrice americana, comincia a prendere lezioni da lui. Così a Giovanni si schiudono d'improvviso le porte delle grandi ville di Hollywood ed è in una sola sera, alla festa mondana in cui Marsha lo trascina, che si giocherà tutto il suo destino.

Federico Fellini nacque a Rimini nel 1920. Nel 1938 si trasferì a Roma, collaborando come disegnatore di vignette con vari giornali satirici e frequentando il mondo dell'avanspettacolo e della radio. Qui incontrò l'attrice Giulietta Masina con cui si sposò nel 1943. Nel 1941 aveva cominciato un'intensa attività di soggettista e sceneggiatore in pellicole di assoluto rilievo quali "Roma città aperta" (1945), "Paisà" (1946), "Senza pietà" (1948), "Europa '51" (1951). Nel 1952 Fellini esordì alla regia con il film "Lo sceicco bianco", allontanandosi dalla tradizione cinematografica neorealista e delineando personaggi sospesi tra il fantastico e l'onirico. L'anno dopo, con il film "I Vitelloni" vinse il Leone d'Oro al Festival del cinema di Venezia. Con questa pellicola, in cui il regista ricorre per la prima volta ai ricordi della sua adolescenza riminese, Fellini venne conosciuto ed apprezzato all'estero. Nel 1954 con il film "La strada" e nel 1957 con il film "Le notti di Cabiria" (entrambe le protagoniste delle due pellicole furono interpretate da Giulietta Masina) vinse i suoi primi due Premi Oscar. Con "La dolce vita" (1959), Palma d'oro al Festival di Cannes, Fellini abbandonò le tradizionali strutture narrative cinematografiche e raccontò senza reticenze la caduta dei valori della società del tempo. In questa pellicola ebbe inoltre inizio il fortunato sodalizio artistico con Marcello Mastroianni. Nel 1963 uscì "Otto e mezzo" (considerato da molti critici come il momento più alto dell'arte felliniana) vincitore di un altro Oscar come miglior film straniero. Tra le altre pellicole dirette da Fellini ricordiamo: "Giulietta degli spiriti" (1965), "Satyricon" (1969), "Roma" (1972), "Amarcord" (1973, vincitore di un Premio Oscar), "Il Casanova" (1976), "La città delle donne" (1980), "Ginger e Fred" (1986), "La voce della luna" (1990). Nella primavera del 1993, Fellini ricevette il Premio Oscar alla carriera. Morì a Roma qualche mese dopo.

Alcune tra le scene più famose delle pellicole di Fellini (come ad esempio il celebre bagno di Anita Ekberg nella Fontana di Trevi a Roma nel film "La dolce vita") sono ormai profondamente radicate nella cultura italiana, tanto da essere riprese e adattate per spot pubblicitari e per altri film.

Oriana Fallaci (Firenze 1929 - 2006) giornalista e scrittrice italiana. Dopo aver seguito come corrispondente di guerra tutti i conflitti del secolo scorso (dal Vietnam al medio Oriente), la Fallaci si è dedicata a scrivere romanzi. I suoi libri ed articoli sull'undici settembre hanno suscitato clamore e polemiche nell'opinione pubblica. Tra le pubblicazioni più importanti a riguardo ricordiamo *Lettera a un bambino mai nato* (1975), *Un uomo* (1978) *La rabbia e l'orgoglio* (2001) e *La forza della ragione* (2004).

Goffredo Parise (Vicenza 1929 - Treviso 1986) giornalista e scrittore italiano. Oltre al successo ottenuto con il romanzo *Il prete bello* (1954), è autore di molti reportages e articoli raccolti in *Cara Cina* (1966), *Due o tre cose sul Vietnam* (1967), *Guerre politiche* (1977), *New York* (1977).

Tiziano Terzani (Firenze 1938 - 2004) corrispondente dall'Asia per il settimanale tedesco *Der Spiegel*, dopo aver vissuto a Singapore, Hong Kong, Pechino, Tokyo e Bangkok si trasferisce nel 1994 in India. Nel 1995 pubblica il libro *Un indovino mi disse*, cronaca di un anno vissuto come corrispondente dall'Asia senza mai prendere l'aereo, nel 1998 *In Asia* opera che descrive le diverse realtà storiche, economiche e culturali di quel continente.

Nel 1997 gli viene diagnosticato un tumore. Insoddisfatto dei risultati della medicina occidentale e tradizionale, Terzani intraprende un viaggio in Asia per cercare una cura alternativa. Dall'India al Tibet alle Filippine dialoga con maghi, saggi, santoni orientali, provando le medicine alternative più disparate, dalle diete alle erbe ai digiuni, ai canti sacri, alla meditazione yoga, alla pranoterapia. Nel 2004 pubblica *Un altro giro di giostra. Viaggio nel male e nel bene del nostro tempo*, in cui parla di sé, del suo tumore, della sua visione del mondo.

Terzani in Oriente non ha trovato la cura per la sua malattia ma la pace e la saggezza interiore. Ritiratosi a Orsigna, sull'Appennino toscano, come gli antichi saggi indiani ha trascorso gli ultimi momenti della sua vita in isolamento e in meditazione.

Nel 2006 viene pubblicato dal figlio *La fine è il mio inizio. Un padre racconta al figlio il grande viaggio della vita*, un'intervista al padre giunto alla fine del suo percorso.

Alberto Moravia (pseudonimo di Alberto Pincherle) nacque a Roma nel 1907. Dopo aver collaborato alla rivista "900" di Bontempelli, pubblicò nel 1929 *Gli indifferenti*, considerato da molti critici il suo romanzo più significativo. Tra il 1930 e il 1935 lavorò per qualche tempo come inviato de "La Stampa", soggiornando a Parigi e a New York. Continuò nel frattempo a dedicarsi alla narrativa: nel 1937 uscì *L'imbroglio*, una raccolta di racconti lunghi, e, quattro anni dopo, il romanzo *La mascherata*. Dopo l'8 settembre 1943, trascorse quasi un anno a Fondi, tra sfollati e contadini.

Uno dei temi sempre presenti nella produzione di Moravia è l'indagine sulla realtà borghese e i suoi vizi, quali l'indifferenza e l'apatia. Tra le opere che approfondiscono questa tematica ricordiamo *Agostino* (1944), *Il conformista* (1951), *La noia* (1960), *La casa* (1983), *Il viaggio a Roma* (1989). Moravia tuttavia estese la sua analisi dei vizi borghesi anche al mondo popolare nelle opere quali *La Romana* (1947), i *Racconti romani* (1954) e *La Ciociara* (1957).

Negli ultimi decenni, pubblicò numerosi articoli sulla stampa quotidiana e settimanale dedicati agli argomenti più vari, dal costume ai problemi del Terzo Mondo ecc. Moravia morì a Roma nel 1990.

Notturno indiano (1984) di Antonio Tabucchi, è un romanzo all'insegna del viaggio, dell'esotismo, del mistero. Roux, il protagonista, è alla ricerca dell'amico Xavier, disperso in India da tempo. I suoi spostamenti, di volta in volta misteriosi o coerenti, avventurosi o banali, sono popolati da incontri, sogni, allucinazioni, brandelli di ricordi.

Claudio Magris (Trieste 1939) giornalista e critico, è uno dei più noti saggisti contemporanei, specializzato nello studio della letteratura mitteleuropea. Una delle sue opere più importanti è *Danubio* (1986), suggestivo diario sentimentale e viaggio nello spazio e nel tempo.

Pier Vittorio Tondelli nato a Correggio nel 1955, è morto di AIDS nel 1991. Scrittore, giornalista, saggista, autore teatrale ha fondato e diretto la rivista "Panta". Tra i suoi romanzi ricordiamo *Rimini* (1985), *Biglietti agli amici* (1986), *Camere separate* (1989).

"I Cannibali" sono un gruppo di giovani scrittori che prendono questo nome dopo aver pubblicato nel 1996 *Gioventù cannibale*, una antologia di racconti dell'orrore estremo.

Carlo Lucarelli (Parma 1960) è un affermato scrittore di letteratura gialla e noir. Tra i suoi testi più importanti ricordiamo *Indagine non autorizzata* (1993), *Via delle oche* (1996) e *Almost blue* (1997).

Marco Vichi (Firenze 1957) scrittore, ha creato il personaggio del commissario Bordelli. Tra i suoi romanzi ricordiamo *L'inquilino* (1999), *Donne donne* (2000), *Il Commissario Bordelli* (2002), *Una brutta faccenda* (2003).

Giorgio Faletti (Asti 1952) laureato in giurisprudenza ha inizialmente scelto la carriera di cabarettista, per poi dedicarsi alla musica (è stato cantautore negli anni Novanta) e infine approdare alla stesura di romanzi gialli. È infatti autore del bestseller *Io uccido* (2003), di *Niente di vero tranne gli occhi* (2004) e di *Fuori da un evidente destino* (2006).

Io uccido: un serial killer nel principato di Monaco annuncia i suoi omicidi con una telefonata in cui fornisce un indizio sulla prossima vittima e lascia ogni volta sulla scena del delitto una scritta tracciata con il sangue: "Io uccido".

Francesca Marciano (Roma 1955) è una regista, sceneggiatrice, attrice e scrittrice. Ha esordito nella narrativa con il romanzo *Rules of the Wild* in lingua inglese, apparso in Italia nel 1998 con il titolo *Cielo scoperto*.

Cielo scoperto: dopo la morte improvvisa del padre, Esmé sconvolta lascia Roma per il Kenya. Conquistata dallo spettacolo della natura, decide di restarvi. Ma incontra due uomini che le faranno scoprire i lati più belli ma anche più violenti della realtà africana.

Sandro Veronesi (Firenze 1959) ha studiato architettura prima di dedicarsi a tempo pieno alla scrittura. Esordisce con il romanzo *Per dove parte questo treno allegro* (1988) ed ha collaborato con i quotidiani "Il Manifesto" e "L'Unità". È autore, tra le altre opere, di **Occhio per occhio. La pena di morte in quattro storie** (1992), un libro-inchiesta sulla pena di morte in quattro paesi frutto della sua collaborazione con Amnesty International.

Eraldo Affinati (Roma 1956) scrittore e giornalista. Ha pubblicato, tra gli altri, *Campo del sangue* (2000) *Il nemico negli occhi* (2001) e *Il teologo contro Hitler. Sulle tracce di Dietrich Bonhoeffer* (2002), *Secoli di gioventù* (2004) e *Compagni segreti. Storie di viaggi, bombe e scrittori* (2006).
Campo del sangue è il diario di viaggio tenuto dall'autore insieme all'amico e poeta Plinio Perilli da Venezia ad Auschwitz. Il libro tratta dello sterminio nazista attraverso le descrizioni dei luoghi del massacro e le riflessioni dell'autore.

Il cantautore **Zucchero** (Adelmo Fornaciari) è nato a Roncocesi (Reggio Emilia) nel 1955. Noto rappresentante del rock italiano, ha raggiunto le vette delle classifiche in Italia e all'estero con un genere musicale piuttosto originale, frutto di una inedita contaminazione tra musica nera e melodia mediterranea.

La cantante **Alexia** (Alessia Aquilani) è nata a La Spezia. Dopo aver cantato con gli Ice MC e aver scalato le classifiche di tutto il mondo, ora canta da solista brani di musica pop, dance e R&B.

Il regista e sceneggiatore **Neri Parenti** è nato a Firenze nel 1950. Nell'articolo si fa riferimento al film "Natale sul Nilo" (2002).

I **fratelli** Enrico (Roma 1949) e Carlo (Roma 1951) **Vanzina** sono entrambi registi e sceneggiatori. Nell'articolo si fa riferimento al primo di una serie di film dal titolo "Vacanze di Natale" (1983).

I **Dik Dik** sono un gruppo rock 'n roll degli anni Sessanta. "Sognando la California" è uno dei loro maggiori successi discografici ed è basato sulla celebre canzone "California dreaming".

Franco Lucentini, è nato a Roma nel 1920. Traduttore dal russo, dallo spagnolo, dal tedesco, dal francese e dall'inglese esordisce in campo letterario nel 1951 con il racconto *I compagni sconosciuti*. L'anno seguente è a Parigi dove incontra **Carlo Fruttero** (Torino 1926) con cui intraprende un lungo sodalizio letterario a partire dal 1958. I due lavorano insieme presso la casa editrice Einaudi, scrivono libri gialli molto apprezzati dal pubblico, dirigono collane di fumetti e di narrativa. Il loro primo libro è una raccolta di poesie dal titolo *L'idraulico non verrà* (1971). Tra le altre pubblicazioni più importanti ricordiamo *La donna della domenica* (1972), *A che punto è la notte* (1979), *Il palio delle contrade morte* (1983), *Enigma in luogo di mare* (1991).
Lucentini, colto da un male incurabile, si toglie la vita nel 2002, all'età di ottantadue anni.

A che punto è la notte: il sacerdote Don Pezza è un sorvegliato speciale della polizia. Eccentrico ma mai pericoloso, anticonvenzionale nelle idee e nei modi, organizza a Torino incontri parrocchiali ai limiti dell'eresia. Un terribile incidente attira l'attenzione del commissario Santamaria sulle sue attività segrete e una serie di delitti rivela l'esistenza di un complotto in atto nella città di Torino, dove nulla è mai quello che sembra.
A che punto è la notte, considerato da molti come l'opera migliore della coppia Fruttero-Lucentini, confermò lo statuto di autori popolari e colti dei due scrittori torinesi, in grado di coniugare la loro vasta conoscenza culturale con gli schemi più appassionanti della letteratura di consumo. Il risultato di questa particolare ibridazione è un thriller serrato che non rinuncia alla speculazione filosofica e che mette in scena una galleria di personaggi indimenticabili, ognuno caratterizzato dai propri tic, dal proprio linguaggio e dalle proprie fissazioni.

La **LAV** (Lega Anti-Vivisezione) è una associazione che si batte contro ogni tipo di sfruttamento degli animali.

Regioni autonome: l'articolo 116 della Costituzione della Repubblica Italiana prevede che vengano attribuite particolari condizioni di autonomia a cinque regioni: Val d'Aosta, Sardegna, Sicilia, Trentino Alto Adige, Friuli - Venezia Giulia.

Oliviero Toscani (Milano 1942) fotografo, ha collaborato a riviste quali "Vogue", "Elle" e ha curato le celebri campagne pubblicitarie di Valentino, Chanel e Benetton. Dopo oltre trent'anni di innovazione nel campo della pubblicità, della carta stampata, della tv e del cinema, si sta dedicando anche a internet.

Il regista **Michelangelo Antonioni** (Ferrara 1912) è uno dei maestri del cinema italiano. Tra i suoi film più celebri ricordiamo "Cronaca di un amore" (1950), "La signora senza camelie" (1953), "Le amiche" (1955), "La notte" (1960), "Il deserto rosso" (1964), "Al di là delle nuvole" (1955) realizzato insieme a Wim Wenders, "Eros" (2004) realizzato con Steven Soderbergh e Wong Kar Wai.

Ludovico Einaudi (Torino 1950) è un celebre compositore italiano contemporaneo.

Il **monte Soratte** si trova nella regione Lazio. Nei primi versi del carme a Taliarco (*Carmina* I, 9) il poeta latino **Orazio** descrive proprio questo monte coperto dalla neve nella stagione invernale.

Il **torrone** è un tipico dolce natalizio a base di mandorle, nocciole e miele. Può anche essere a base di cioccolato.

Beppe Severgnini (Crema, Cremona 1956) scrive per il "Corriere della Sera" dal 1995 e dal 1998 conduce "Italians", il più frequentato forum on line del giornalismo italiano. È stato corrispondente in Italia per "The Economist" dal 1996 al 2003. Tra i molti libri che ha scritto ricordiamo *L'inglese. Lezioni semiserie* (1992), *Italiani con valigia* (1993), *Un italiano in America* (1995), *La testa degli italiani* (1995).

Milena Gabanelli è una giornalista televisiva e della carta stampata. È particolarmente nota al grande pubblico per essere conduttrice della trasmissione televisiva "Report", che si occupa di indagini su scandali e soprusi ai danni dei comuni cittadini.

Massimo Antonelli regista, sceneggiatore e pittore è nato ad Asmara nel 1942. Molisano d'adozione, vive a Campobasso fino a vent'anni, poi si stabilisce e lavora a Roma. Tra il 1967 e il 1969 frequenta il Centro Sperimentale di Cinematografia sotto la guida di Roberto Rossellini e collabora come aiuto regista a diversi lavori cinematografici e teatrali. Tra il 1979 e il 2005 collabora con la RAI realizzando servizi televisivi e regie. Dal 2002 ad oggi Massimo Antonelli espone in diverse mostre personali e collettive a Roma, Lugano, Napoli, Cremona e Lisbona. I suoi lavori sono presenti in numerose collezioni private e in diversi musei italiani e stranieri.

Roma in botticella è una antologia fotografica.

Paolo Stoppa nacque a Roma nel 1906. Esordì nel teatro nel 1927 e, nel giro di pochi anni, passò dal ruolo di generico a quello di attore brillante. Dal 1938 al 1940 fece parte della compagnia del Teatro Eliseo di Roma, interpretando personaggi assai complessi del repertorio classico e moderno. Proprio in questa famosissima compagnia incontrò l'attrice Rina Morelli, che diventò la sua compagna nella vita e sulla scena: insieme, infatti, formarono per trent'anni una delle coppie più brave e affiatate del teatro italiano. Dopo la guerra la coppia, insieme al regista Luchino Visconti, diede vita alla compagnia Stoppa-Morelli che dal 1945 al 1961 collezionò una lunga serie di successi.
Affermatosi come uno dei più completi attori italiani, Paolo Stoppa si impose come grande attore versatile, capace di passare con disinvoltura dai ruoli impegnati a quelli leggeri, con un carattere personalissimo delle interpretazioni.
Negli anni Sessanta esordì con Rina Morelli anche in televisione, divenendo ben presto uno dei protagonisti indiscussi della prosa televisiva, portando sullo schermo alcune applaudite prove teatrali.
Paolo Stoppa morì a Roma nel 1988.

Il **Caffè Rosati** era, nei primi del Novecento, un luogo di ritrovo per molti intellettuali. Si trovava a **via Veneto,** al centro di Roma. Questa via è particolarmente famosa perché con i suoi alberghi di lusso, ritrovi alla moda e negozi eleganti, è il palcoscenico del celebre film di Fellini "La dolce vita" (1960), diventato il documento di un'epoca e lo specchio di un costume.

Ennio Flaiano (Pescara 1910-1972) giornalista, critico cinematografico, sceneggiatore, scrittore. Ricordiamo in particolar modo la sua collaborazione con Fellini per le sceneggiature de "La dolce vita" (1960), "I vitelloni" (1993) e "Otto e mezzo" (1963). Tra i libri più importanti: *Tempo di uccidere* (1947), *Un marziano a Roma e altre farse* (1971).

Gianfranco Contini (Domodossola 1912-1990) filologo romanzo e critico letterario è stato il punto di riferimento per molte generazioni di studiosi italiani e stranieri.

Giuseppe Saragat (Torino 1898 - Roma 1988) uomo politico italiano, personaggio di spicco del PSDI (Partito Socialista Democratico Italiano), è stato il quinto Presidente della Repubblica Italiana (dal 1964 al 1971).

Vincenzo Talarico (Acri, Cosenza 1909 - Fiuggi, Frosinone 1972) è stato un celebre attore e sceneggiatore.

L' **Hotel Excelsior** si trova a Roma, in via Veneto. È uno degli alberghi storici più prestigiosi della capitale.

Trilussa (Roma 1871 - 1950) pseudonimo di Carlo Alberto Salustri è noto per le sue composizioni in dialetto romanesco, che riuscì ad elevare a lingua letteraria. Con un linguaggio arguto, Trilussa ha commentato circa cinquant'anni di cronaca romana e italiana, dall'età giolittiana agli anni del fascismo e a quelli del dopoguerra. Tra le sue opere ricordiamo: *Favole romanesche* (1900), *Er serrajo* (1903), *Ommini e bestie* (1908), *Lupi e agnelli* (1919), *Le cose* (1922).

Via Nazionale, realizzata nei primi anni del Novecento, si trova al centro di Roma.

"**Economy**" è un settimanale dedicato ai grandi temi dell'economia e della finanza italiana ed internazionale.

Leo Gullotta (Catania 1946) è un attore di cinema, televisione e teatro.

Lo **stracchino** è un formaggio lombardo a pasta molle e cruda.

I **torroncini Condorelli** sono dei torroni in formato ridotto ricoperti da una glassa colorata all'arancio, al pistacchio e a molti altri gusti e sono entrati nella tradizione italiana del torroncino natalizio. L'azienda è stata fondata a Catania nei primi anni del Novecento.

Gianni Riotta è nato a Palermo nel 1954. Dopo aver studiato logica all'università di Palermo e giornalismo alla Columbia University di New York, ha lavorato per vari giornali prima da Roma, poi da New York per il "Corriere della Sera". Nel 2006 è stato nominato direttore del TG1.

La **Cappella Sistina** è uno dei più famosi tesori artistici della Città del Vaticano. Fu costruita tra il 1475 e il 1483 e fu affrescata da Michelangelo negli anni 1508-1512. Tra i molti artisti che contribuirono agli affreschi sui muri ricordiamo Pietro Perugino, Luca Signorelli, Domenico Ghirlandaio, il Pinturicchio. È conosciuta in tutto il mondo anche per essere la sala in cui si tiene il conclave e altre cerimonie ufficiali della Santa Sede.

Il celebre scultore **Lucio Fontana** è nato a Rosario di Santa Fé, in Argentina nel 1899 ed è morto a Comabbio (Varese) nel 1968. Fu proprio la sua origine di scultore a portarlo alla creazione più originale, quella di realizzare i suoi primi quadri forando le tele, alla ricerca di una terza dimensione. Alla fine del 1958 realizza le prime opere con i "tagli", che ripropone nel 1959 su tela con il titolo "Concetto spaziale".

La **FIAT 500** fu progettata dall'ingegnere Dante Giacosa e fu prodotta a partire dall'estate 1957.

L'Alfa è una casa automobilistica nata nel 1910. Il modello **Alfa Duetto** nasce nel 1966.

Dopo il grande successo dell'utilitaria economica inglese **Mini Minor** alla fine degli anni Cinquanta, l'azienda Innocenti ottenne la licenza di produrre le Mini anche in Italia. Fu un successo enorme e la Mini divenne ben presto un vero e proprio fenomeno di costume.

La **Gilera** è una azienda di scooter e moto. Nata nel 1909 ad opera di Giuseppe Gilera, nel 1969 entra a far parte del gruppo Piaggio.

La **Vespa** è uno scooter nato nell'azienda Piaggio alla fine degli anni Quaranta. L'immagine di questo piccolo scooter italiano divenne ben presto un fenomeno di costume che caratterizzò un'epoca e che trovò infiniti sviluppi e testimonianze anche nel mondo della letteratura, della pubblicità e del cinema (basti pensare alla celebre scena del film "Vacanze romane" (1953) di William Wyler in cui Audrey Hepburn e Gregory Peck girano in Vespa per Roma).

Il **ristorante "Cesaretto"** di Roma era particolarmente noto perché frequentato da celebri intellettuali quali Pasolini, Moravia ecc.

Antonello Marescalchi (Livorno 1927 - New York 1992) era un giornalista della radio e della televisione.

La **macchina da scrivere Valentina** era una macchina da scrivere portatile e fu progettata dalla Olivetti alla fine degli anni Sessanta.

La **Rizzoli** è una famiglia di editori. La loro attività cominciò con la pubblicazione di periodici a cui seguì quella di libri. La collana **BUR** (Biblioteca Universale Rizzoli) ebbe un grande successo perchè proponeva al pubblico libri classici a prezzi popolari.

La **Nue** (Nuova Universale Einaudi) è una collana di libri della casa editrice **Einaudi**.

La collana **Medusa**, pubblicata dal 1933 dalla casa editrice Mondadori, raccoglieva i grandi autori della letteratura internazionale.

Gli **Oscar Mondadori** (usciti per la prima volta nel 1965) sono stati i primi libri tascabili economici ad essere venduti anche nelle edicole.

Franco Maria Ricci è una casa editrice nata negli anni Sessanta.

Adelphi è una casa editrice milanese che pubblica saggi e opere letterarie di ogni epoca e paese.

Enzo Jannacci (Milano 1935) è uno dei cantautori storici della musica italiana.

La **Feltrinelli** è una casa editrice nata a Milano nel 1954. Negli ultimi tempi ha aperto diverse librerie in tutta Italia.

La **Galleria Colonna** (che ora si chiama "Galleria Alberto Sordi") e **piazza Argentina** (maniera sbrigativa di chiamare Largo della Torre Argentina) si trovano al centro di Roma.

Sandro Penna è nato a Perugia nel 1906. Ha vissuto a Perugia, Roma e Milano dove ha svolto diversi mestieri: ragioniere, traduttore dal francese, commerciante di quadri. Esordì nel 1939 con *Poesie*, una raccolta di versi, a cui seguirono varie altre raccolte poi ordinate nel volume *Tutte le poesie* (1970). A pochi mesi dalla morte pubblicò *Stranezze* (1976). È morto a Roma nel 1977.
La poesia alla fine dell'episodio si intitola "Mi nasconda la notte e il dolce vento".

chiavi degli esercizi

Episodio 1

1A   1. falso; 2. falso; 3. vero; 4. vero; 5. è più facile trovare parcheggio, i monumenti sono più visibili, c'è meno gente per strada; 6. vero; 7. vero; 8. falso; 9. Italo Calvino; 10. falso; 11 falso

2   sono piene di: pullulano; pensano che sia inutile fare tanta fatica: pensano che non valga la pena; si consolano: si confortano; uno scorcio della città non occupato dalle macchine: una prospettiva architettonica liberata dall'ingombro del traffico; parte di un palazzo in cui si arriva entrando dal portone: androne (nel testo è al plurale); molto, molto caldo: rovente; un mucchio (di libri): una pila (di libri); (si sveglia) in uno stato di agitazione: crescente batticuore.

3   saracinesche abbassate; asfalto rovente; marciapiedi solitari; prospettiva architettonica; cupole dorate; differenza termica.

4   *vedi testo "Roma, via Cicerone 14 agosto", pagg. 14-15*

5   1. di; 2. in; 3. a; 4. per; 5. da; 6. alle; 7. sulla; 8. con; 9. dalla; 10. a; 11. a; 12. a; 13. ai; 14. a; 15. per; 16. in/per.

8   Nato a Cuba nel 1923. La sua famiglia si trasferisce due anni dopo in Italia. Una carriera cominciata come disegnatore satirico. A Torino l'amore con l'attrice Elsa de' Giorgi e il sodalizio con Einaudi. La svolta è l'incontro con gli scrittori americani e la grande mela, sua città ideale. "Mi è rimasta l'idea che vivere in pace e in libertà sia una fragile fortuna".

11   **con valore equivalente a "come"**: Entropia **per** capitale: Entropia **come** capitale.

    con valore di causa: tra città che **per** l'esposizione o la pendenza: tra città che **a causa dell'**esposizione o la pendenza

    con riferimento allo spazio: sparse **per** un vasto...: sparse **attraverso** un vasto...
    esempi: aveva **per** compagno un uomo straordinario
         (come compagno)
         per la sua testardaggine ha sbagliato ancora una volta
         (a causa della sua testardaggine)
         ho girato **per** tutto il quartiere per trovare un telefono pubblico
         (attraverso tutto il quartiere)

    La gente **da** salutare o che saluta: la gente **che si deve** salutare, **che deve essere** salutata.

    Tornano a recitare le stesse scene **con** attori diversi: **insieme ad** attori diversi *(per mezzo di attori diversi) (complemento di compagnia o di mezzo)*

    Ridicono le stesse battute **con** accenti variamente combinati (**con** *esprime il modo o la maniera*)

12A   1. vero; 2. falso; 3. vero; 4. Centocelle, Portonaccio, Talenti, Parioli, Bufalotta, Forte Bravetta, Castel di Decima; 5. falso; 6. falso; 7. vero; 8. falso; 9. vero; 10. falso; 11. vero, 12. vero; 13. falso; 14. vero.

12B   1. semafori che **non funzionano**; 2. la corrente è stata interrotta **a zone discontinue/alternate**; 3. **in teoria** gli ospedali e le altre strutture **di prima necessità** che potrebbero essere compromesse dal black-out dovrebbero funzionare; 4. struttura che serve a generare corrente elettrica in caso di emergenza (quando viene a mancare l'elettricità); 5. altre zone che hanno avuto problemi a causa della mancanza di elettricità; 6.400 pompieri sono al lavoro per evitare che si creino altri problemi; 7. tutti quei luoghi e strutture pubbliche che potrebbero subire gravi danni a causa del black-out.

16   ROMA - Spossati **dal** caldo opprimente che sta imper-

versando **sull'**Italia ormai **da** mesi, gli italiani si stanno riversando **nei** luoghi di villeggiatura. E mentre località **di** mare e **di** montagna si affollano sempre più, le città cominciano **ad** assumere l'aspetto del più classico **dei** copioni estivi: poche persone in centro, magari **alla** ricerca di bar e ristoranti aperti, mentre fiumi di turisti stranieri occupano le strade **delle** città d'arte.

A Milano, chi è rimasto **in** città ha affollato giardini pubblici e piscine **alla** ricerca di un po' di refrigerio. **In** molti hanno raggiunto le località lombarde di villeggiatura e le seconde case **nel** bergamasco, **nel** bresciano, in Valtellina e in Val Camonica. Molti tedeschi, come ogni anno, **sulla** riviera bresciana del lago di Garda anche se secondo gli albergatori sono **in** diminuzione rispetto **agli** anni passati. Tutto esaurito **sulle** spiagge e **nei** camping che si affacciano sul lago, soprattutto nel tratto **tra** Desenzano e Salò. Città vuote anche in Sicilia: pochi bar aperti, nessuna automobile **per** le strade, tutte le spiagge affollate. Roma, ieri pomeriggio, per la prima volta dall'inizio dell'estate, era deserta. Lo testimoniano le notizie fornite **dalla** centrale operativa dei vigili urbani: gli incidenti sono stati un decimo del solito. Anche la Torino dell'ultima domenica di luglio è una città deserta e silenziosa: in centro non si sentivano automobili e le persone **a** passeggio si potevano contare.

Napoli, svuotata solo per metà delle partenze di fine luglio, ha accolto i turisti. In città la folla si è concentrata **agli** imbarchi **dei** traghetti e **degli** aliscafi **per le** isole del Golfo, presi d'assalto dalla mattina, e all'aeroporto.

Episodio 2

1A   1. vero; 2. falso; 3. vero; 4. falso; 5. vero; 6. vero; 7. vero; 8. vero; 9. falso; 10. vero; 11. vero; 12. falso.

2   l'impossibilità di sapere prima: l'imprevedibilità; tocca appena: sfiora; vita di tutti i giorni sempre uguale, senza novità: quotidianità; lascia dietro di sé: si lascia alle spalle; introduzione di sostanze nocive o non autorizzate nei cibi: sofisticazioni alimentari; l'insieme di fatti collegati l'uno all'altro: la catena degli eventi; lo avevano portato: lo avevano condotto; la sensazione di sentirsi perduti: il senso di smarrimento; testo con battute che gli attori imparano a memoria: copione; era andato a parlare con lui: a cui si era rivolto; l'aveva convinto a non fare più (il giornalista): dissuaso (dalla professione giornalistica).

3A   1. di; 2. 1; 3. da; 4. a; 5. di; 6. a; 7. di; 8. a; 9. a; 10. da.

4   desiderio nel passato: avrebbe voluto fare lo scrittore futuro nel passato: non avrebbe potuto vivere; sarebbe rimasto a lungo in casa; avrebbe litigato; sarebbe finito; sarebbe diventato.

5   1. ci saremmo voluti andare ma la baby-sitter non era disponibile; 2. lo avrei voluto finire ma era troppo difficile; 3. l'avrebbe organizzata volentieri ma non aveva tempo; 4. l'avremmo preso con piacere ma non abbiamo trovato i biglietti; 5. sarebbe partito volentieri ma doveva preparare un esame di fisica; 6. si sarebbe iscritto volentieri ma non c'era più posto; 7. ci sarei voluto andare ma avevo già un altro impegno; 8. l'avrebbero mangiata ma erano troppo impegnati a giocare.

7   **alcune possibili soluzioni:** 1. avrebbe dovuto studiare di più; 2. sarebbe dovuto uscire prima; 3. avrebbe dovuto dormire di più; 4. avrebbe dovuto bere di meno; 5. avrebbe dovuto prendere una taglia più grande; 6. avrebbe dovuto leggere di meno; 7. avrebbe dovuto fare più domande all'insegnante; 8. avrebbe dovuto prendere l'aereo.

8   1. il vino lo avresti portato tu; 2. avrebbe smesso di fumare; 3. avrebbero ubbidito alla mamma; 4. in estate sareste partiti per gli Stati Uniti; 5. l'estate sarebbe stata meno calda; 6. il film sarebbe iniziato alle 8.00; 7. la festa sarebbe riuscita benissimo; 8. le relazioni di tutti gli esperti presenti al convegno sarebbero state di grande interesse; 9. Gianna e Marta si sarebbero sposati presto; 10. saremmo tornati a trovarvi presto; 11. il concerto sarebbe durato più di due ore; 12. le temperature sarebbero scese ancora sensibilmente; 13. i prezzi degli affitti sarebbero saliti ancora.

11 il politico prima delle elezioni dice che: incrementerà; garantirà; risanerà; favorirà; aumenterà.

un anno dopo i cittadini gli ricordano che lui aveva promesso che: avrebbe incrementato; avrebbe garantito; avrebbe risanato; avrebbe favorito; avrebbe aumentato.

il bambino dice alla madre che: terrà; si impegnerà; non litigherà; andrà a letto; farà.

dopo una settimana la mamma gli ricorda che le aveva promesso che: avrebbe tenuto; si sarebbe impegnato; non avrebbe litigato; sarebbe andato; avrebbe fatto.

il fidanzato promette alla fidanzata che: andrà; cercherà; farà; collaborerà; si occuperà; sarà.

la sua ragazza gli ricorda che lui le aveva promesso che: sarebbe andato; avrebbe cercato; avrebbe fatto; avrebbe collaborato; si sarebbe occupato; sarebbe stato.

16B non hanno un domani: non hanno un futuro, il loro futuro è incerto; buste paga magre: stipendi molto bassi; sganciarsi da mamma e papà: rendersi autonomi dai genitori; precarietà del lavoro: lavoro non sicuro e stabile; ha tagliato le gambe alle speranze: ha tolto le speranze; i contributi di mamma e papà: l'aiuto economico dei genitori; (i genitori) vorrebbero tirare i remi in barca: vorrebbero smettere di occuparsi dei figli; si trovano (...) sul groppone delle responsabilità: hanno il carico di responsabilità; reddito mensile: quello che si guadagna ogni mese; malattie e maternità non sono tutelate: i periodi di malattia e maternità non sono pagati; giovani-adulti: persone adulte che vivono come giovani per condizioni di vita e lavoro; società del posto fisso: società in cui il lavoro stabile e sicuro rappresenta un valore importante; le cifre nere della disoccupazione: l'alta percentuale delle persone senza lavoro; la fragilità economica delle nuove generazioni: le difficili condizioni economiche dei giovani; nuclei familiari di origine: la famiglie da cui si proviene; fare i conti con gli aumenti del costo della vita: affrontare il problema dell'aumento dei prezzi; accentua la dipendenza dalla famiglia: aumenta la dipendenza dalla famiglia.

16C precarietà del lavoro; reddito al minimo; indipendenza lavorativa; lavorano; privo di diritti; buste paga magre; contratti a singhiozzo; precari, atipici; un terzo degli occupati; co.co.co.; reddito mensile; diritto ad ammalarsi; malattia e maternità non sono tutelate; posto fisso; disoccupazione; alla ricerca di un lavoro; fragilità economica; lavoro stabile.

17 1. vero; 2. falso; 3. vero; 4. vero; 5. falso; 6. falso; 7. vero; 8. baby-sitter / segretaria part-time / lettrice per una casa editrice; 9. vero; 10. falso.

Episodio 3

1A 1. vero; 2. falso; 3. vero; 4. vero; 5. vero; 6. falso; 7. falso; 8. vero; 9. falso; 10. vero; 11. falso.

2 1. è una notizia di poca importanza; 2. sono prodotti molto pubblicizzati; 3. con l'esperienza che abbiamo acquisito; 4. dopotutto; 5. era venuto a conoscenza; 6. malvolentieri, contro la propria volontà; 7. gli capitò di notare; 8. un ripido pendìo in montagna; 9. la carta con cui era avvolto; 10. gesto rapido, improvviso; 11. che collegamen-

to di fatti, di eventi!; 12. disattenzione, indifferenza tipica delle grandi città.

3A incollare: unire con la colla; imbiancare: diventare bianco; imbustare: mettere in busta; insaponare: mettere del sapone; ingessare: mettere del gesso; infangare: mettere del fango; invecchiare: diventare vecchio; ingrassare: diventare grasso; infornare: mettere in forno.

3B incartare-scartare; incollare-scollare; infornare-sfornare; invecchiare-ringiovanire; ingrassare-dimagrire.

4 1. ha imbiancato; 2. incollare; 3. insapono; 4. incartare; 5. ha infangato; 6. è invecchiato; 7. hanno ingessato; 8. ho infornata.

5 **verbi all'indicativo passato:** gli aveva detto; si era presentato; sono stato; ho iniziato; si era ricordato; aveva appreso; gliele aveva mandate; aveva accettato; aveva detto; scartava; gli saltò all'occhio; gli sembrava; lesse; riassumeva; descriveva; fu; c'era; si bloccò; appoggiò; cercò; avvolgeva; rotolò; stava per cadere; lo afferrò; pensò; ripensava; lo aveva condotto; sollevava.

tempi passati dell'indicativo: passato prossimo, imperfetto, trapassato prossimo, passato remoto.

Il tempo che esprime anteriorità al passato è il trapassato prossimo.

7 era entrato; aveva puntato; era entrato; aveva appoggiato; aveva chiesto; aveva; era diventato; era; avevano seguito; aveva svelato; divertiva; aveva; era.

9 **Notizia 1**

Preso lo scippatore con le scarpe rosse

Hinterland. I carabinieri di Civitavecchia hanno identificato l'autore di alcuni scippi avvenuti nei giorni scorsi nel centro cittadino. Si tratta di E.P., un operaio di 18 anni civitavecchiese. A tradirlo sono state le sue scarpe da ginnastica troppo particolari ovvero un paio di Nike di colore rosso.

(Metro)

Notizia 2

Moschea chiusa ospiti del parroco

Cremona. Il vescovo ha offerto uno spazio ai musulmani che si vogliono riunire per pregare, per il periodo nel quale la moschea cittadina resterà chiusa per i lavori.

(Metro)

Notizia 3

Trovata la galassia più lontana dalla terra

Spazio. Dista 13 miliardi di anni luce dal nostro pianeta ed è l'oggetto conosciuto più lontano. Un gruppo di astrofisici americani avrebbe individuato una piccola galassia, fotografandola. I ricercatori si sono avvalsi di due potenti telescopi, tra cui lo Hubble.

(Metro)

10

Rapina una banca con un taglierino

Bari. Armato di un taglierino, ha costretto il cassiere di una banca a consegnare oltre 20 mila euro in contanti, e poi è fuggito a piedi facendo perdere ogni traccia. La rapina si è consumata in pochi istanti, e nessuno dei presenti è riuscito a descrivere il bandito.

(Metro)

Pillola per non russare

Salute. Ricercatori svedesi stanno mettendo a punto una pillola per non russare. Nel 40-70% dei pazienti, la pillola ha prodotto la scomparsa delle apnee notturne. L'arresto della respirazione può provocare malattie cardiache: per questo il successo della pillola potrebbe avere riflessi positivi sulla salute pubblica.

(Metro)

Studentesse rubano profumi per regalarli ai loro fidanzati

Tre studentesse denunciate per furto dai carabinieri di Monteverde. Le ragazze, tutte di 19 anni, ieri sono entrate in un supermercato e hanno rubato alcune confezioni di profumi che avrebbero voluto regalare ai rispettivi fidanzati per San Valentino. Ma sono state bloccate mentre uscivano.

(Metro)

11   1. come si diventa giornalisti; 2. vero; 3. vero; 4. falso; 5. falso; 6. vero; 7. appassionante; 8. vero; 9. vero.

12B   sistema molto discrezionale: un sistema che dipende dalla volontà personale di qualcuno; un po' di trasparenza: un po' di chiarezza, visibilità; bussare alla porta giusta: rivolgersi alla persona giusta, andare nel luogo adatto; una gavetta: un periodo duro di prova nel mondo del lavoro; mette al riparo: protegge dai pericoli; le insidie classiche di questo mestiere: le difficoltà e i rischi tipici di questo mestiere.

Episodio 4

1A   1. vero; 2. falso; 3. falso; 4. vero; 5. vero; 6. falso; 7. vero; 8. vero; 9. vero; 10. vero; 11. falso; 12. vero.

2   se vuole... posso (metterla in contatto); se proprio lei vuole scrivere... le do il numero di telefono; se potessi... viaggerei di più; se trovassi un lavoro... scenderei; se iniziassi a... potrei...; se lei incontrerà... ci saranno...; se separassi gli articoli... potrei farne...; se li rielaborassi... ne verrebbe fuori...; se lei la incotrasse... potrebbe venirne fuori...; se lei leggesse... capirebbe...; se potessi fare a meno... lo farei... .

3   se facesse meno caldo non accenderei l'aria condizionata; se ci fossero meno macchine l'aria sarebbe meno inquinata; se dovessi dare un consiglio a Donatella le direi di cambiare mestiere; se la metropolitana passasse con più frequenza non sarebbe così affollata; se ti esercitassi di più al pianoforte sapresti suonare meglio; se i miei genitori

avessero la possibilità comprerebbero una casa in campagna; se avessi meno impegni sarei meno stressata; se tuo padre sapesse quello che hai fatto si arrabbierebbe moltissimo; se ci fosse pace nel mondo si eviterebbero tante tragedie; se il mio orario di lavoro fosse più breve avrei più tempo per le cose che mi interessano; se tutti rispettassero le regole del codice stradale ci sarebbero meno incidenti.

4   1. se andassi... mi sentirei; 2. se venissi... mi farebbe; 3. se arrivassero... sarebbe; 4. se studiassi... avresti; 5. se accettassi... ne saresti; 6. se vi impegnaste... otterreste; 7. se non mi aiutasse... non riuscirei; 8. se venissero... saremmo; 9. se continuassi... cadrebbe; 10. se sapessi... lo andrei; 11. se riflettessi... capiresti; 12. se uscissi... saresti; 13. se dormiste... vi sentireste.

5   1. apri; 2. lampeggia; 3. parti; 4. comprate/comprerete; 5. arriveranno; 6. pioverà; 7. ci fosse; 8. ti esercitassi; 9. uscissi; 10. aspettassero; 11. leggeste; 12. abitassi.

6   1. se questo libro fosse meno noioso continuerei a leggerlo; 2. se potessi andrei dal parrucchiere questo pomeriggio; 3. se ti comprassi un motorino potresti arrivare in ufficio in 15 minuti; 4. se ci incontrassimo un'ora prima potremmo andare insieme a bere un aperitivo; 5. se Sabrina sapesse che il suo amico parla male di lei sarebbe molto dispiaciuta.

7   1. un giornale quotidiano; 2. falso; 3. falso; 4. vero; 5. vero; 6. un litigio tra i proprietari / una tempesta nel Mediterraneo; 7. falso; 8. falso; 9. alla rubrica delle lettere; 10. vero; 11. falso.

8   *vedi trascrizione sul Libro dello studente*

9   se potessi viaggerei di più; purtroppo ci vogliono/ci vorrebbero molti soldi e quindi non potrei/posso farlo; se potessi suonerei la batteria; purtroppo i vicini si lamenterebbero e quindi ci rinuncio; se potessi lavorerei meno ore al giorno; purtroppo il direttore non accetterebbe e quindi è inutile/sarebbe inutile chiederlo; se potessi vivrei in campagna; purtroppo i miei figli non sarebbero contenti e quindi mi rassegno a restare in città; se potessi farei a meno del cellulare; purtroppo avrei difficoltà con il mio lavoro e quindi non posso/potrei eliminarlo; se potessi gli direi tutta la verità; purtroppo il mio amico ci resterebbe molto male e quindi non lo farò/farei mai; se potessi comprerei quel meraviglioso casale in Umbria; purtroppo dovrei chiedere un mutuo enorme e quindi non me lo posso/potrei permettere.

10   Mah, **se potessi**, darei... vorrei avere il doppio - **se non** il triplo - dello spazio. **Purtroppo** questa cosa costerebbe tanti soldi in più **e quindi** non ce lo potremmo permettere. **Ma se** potessi io darei più spazio ancora... darei ancora più spazio alla parte **che** secondo me oggi ha più spazio di tutti su Metro, **ovvero** la rubrica delle lettere. **Perché** la rubrica delle lettere **che** è la parte più viva in cui i nostri lettori interagiscono, ci chiedono, ci sgridano, ci attaccano, ci difendono, ci applaudono **ma insomma** è il segnale della nostra popolarità, è il segnale del nostro successo. **E quindi** io credo **che** se è vero - come penso - **che** questo giornale appartenga soprattutto ai lettori **perché** è un giornale **che** si regge esclusivamente sul consenso del lettore... **e... appunto** mi piacerebbe potergli dare ancora più spazio nelle nostre rubriche.

11A   se potessi... cambierei il mondo; abolirei la pena di morte; farei il giro del mondo; tornerei indietro nel tempo; andrei a vivere in un'isola deserta; cambierei qualcosa nel sistema politico-sociale del mio paese; farei un viaggio nello spazio; resterei sempre giovane.

14 giornale quotidiano che riporta poche e sintetiche notizie: quotidiano essenziale; moltissime fonti: una miriade di fonti; la/e persona/e che usa/no: l'utente; avrebbero potuto stimolarlo, interessarlo: sollecitarlo; un grande numero di persone male informate: subproletari dell'informazione; soddisfatti di sapere: paghi di sapere; nelle zone vicine: nel circondario.

16 1. se fosse meno caro lo compreremmo più spesso; 2. se non fosse così assordante l'ascolterei; 3. se non fosse così noioso lo starei a sentire; 4. se le istruzioni fossero scritte più chiaramente le capirei; 5. se fosse competente tutti lo apprezzerebbero; 6. se studiasse di più i suoi insegnanti sarebbero soddisfatti dei suoi risultati; 7. se mio padre fosse più comprensivo avrei un rapporto migliore con lui; 8. se questo testo non fosse così difficile riuscirei a capirlo; 9. se non fossi così stanca e non mi bruciassero gli occhi potrei continuare a lavorare al computer; 10. se non foste così esigenti con voi stessi riuscireste a finire questo lavoro.

19 1. vero; 2. vero; 3. solo donne; 4. falso; 5. un racconto; 6. vero; 7. falso; 8. falso; 9. ha un bel design; è molto capiente; ha spazi con temperature differenziate per i diversi alimenti.

Episodio 5

1A 1. vero; 2. vero; 3. falso; 4. falso; 5. vero; 6. falso; 7. falso; 8. vero; 9. falso; 10. vero; 11. falso; 12. vero.

2 se Piero non avesse incontrato su un treno una persona speciale, avrebbe continuato forse a fare il controllore; se tornando al lavoro il giorno dopo non ci fosse stato uno sciopero dei treni, forse avrebbe ricominciato il suo tran tran e non avrebbe avuto il tempo di dedicarsi a scrivere un articolo da consegnare al giornale; ma soprattutto se al giornale non avesse incontrato un redattore capo così lungimirante e comprensivo, non avrebbe mai conosciuto Elena Cori, proprietaria della piccola casa editrice Emisfero; era certa che se pure avesse continuato a cercare, a intervistare persone su persone non avrebbe trovato il tipo ideale per il suo progetto; tuttavia se Elena Cori gli avesse proposto solo un lavoro editoriale, forse Piero non avrebbe accettato con tanto entusiasmo, ci avrebbe pensato su più a lungo; se qualcuno gli avesse detto tempo fa che avrebbe trovato una tale occasione di combinare viaggi, scrittura e lavoro non ci avrebbe creduto; se fosse stato meno esigente con se stesso, forse avrebbe già concluso questo suo primo volumetto ed ora non si troverebbe per strada tormentato dal caldo e dal pensiero degli ultimi due capitoli in sospeso.
Tutte le ipotesi fanno riferimento al passato e sono ipotesi impossibili. I tempi e modi usati sono il congiuntivo e il condizionale composto.

4 1. se ti fossi tagliata i capelli, saresti stata più carina; 2. se fossi venuta più spesso a trovarci, ci avrebbe fatto piacere; 3. se fosse caduto questo governo, la situazione del paese sarebbe potuta migliorare; 4. se mi avessi parlato più gentilmente, sarebbe stato meglio; 5. se avessi incontrato un uomo veramente colto e intelligente, avrei anche potuto sposarlo; 6. se avessero avuto più tempo, avrebbero potuto dedicarsi di più a tutti i loro interessi; 7. se aveste discusso con più calma, saresti riusciti a capirvi meglio; 8. se avessi avuto la possibilità, avrei cambiato totalmente vita.

6A grande avvenire; mosse azzardate; scelte sbagliate; meccanismo perverso; una donna realizzata; storia comune; ottimo lavoro; bell'appartamento; fidanzato premuroso; il dubbio insopportabile.

6B dietro le spalle: dietro di noi, nel passato; il gioco dei rimpianti: un atteggiamento che porta a guardarsi indietro e rimpiangere qualcosa; una strada senza uscita: una condizione senza possibilità di scelte diverse; un vortice di cui non si vede la fine: una situazione in cui si viene presi come da una corrente che ci trascina dove vuole; trascinarci a fondo: ci fa precipitare nella tristezza; farci annegare in un mare di domande senza risposta: ci porta verso molte domande inutili a cui non si può rispondere; avrebbe in mano la propria vita: avrebbe il controllo della propria vita; una scelta tagliata su misura per me: una scelta giusta per quel tipo di persona.

9 mettere in guardia: avvisare, ammonire; scagliare la prima pietra: dichiararsi innocente; gergo accademico: linguaggio universitario, scientifico; non avercela fatta per un pelo: aver fallito per poco; in cuor loro: dentro si sé, nell'intimo; per puro caso: casualmente; bastava un niente: era sufficiente molto poco.

11 1. Caterina; 2. Guido; 3. Monica; 4. Caterina; 5. Guido; 6. Monica, 7. Monica e Caterina; 8. Guido; 9. Guido; 10. Monica; 11. Monica; 12. Caterina.

Episodio 6

1 1. falso; 2. vero; 3. falso; 4. falso; 5. vero; 6. falso; 7. vero; 8. falso; 9. vero; 10. falso.

2 **Pronome indiretto + pronome diretto:** riportar**gliela**; rida**gliela**; **gliela** lasci; **me l'**ha prestata; **gliela** chiedi; **te la** presta; **gliele** tolgono; **gliele** sostituiscono; **ce lo** fai vedere; **me l'**hanno totto; **me lo** vuole fare portare; **me l'**hanno rotto; **me li** ricompra; **te l'**hanno rotto; ricomprar**telo**; **gliel'**ho incollata; **gliel'**ho rincollata; **gliel'**ha spezzata.
Pronome indiretto + pronome "ne": gliene riattaccano
Particella "ci" + pronome diretto o pronome "ne": ce li hai; **ce ne** ho; non **ce l'**ho; **ce l'**avevo.
Nota: i due esempi "Te lo porti" e "Gli si è rotta" non fanno parte delle categorie indicate.

3

	lo	la	li	le	ne
mi	me lo	me la	me li	me le	me ne
ti	te lo	te la	te li	te le	te ne
gli	glielo	gliela	glieli	gliele	gliene
le	glielo	gliela	glieli	gliele	gliene
ci	ce lo	ce la	ce li	ce le	ce ne
vi	ve lo	ve la	ve li	ve le	ve ne
gli	glielo	gliela	glieli	gliele	gliene

4 1. me la dai?; 2. ce lo dai?; 3. glielo dai?; 4. glielo dai?; 5. gliela dai?; 6. me li dai?; 7. ce lo dai?; 8. gliela dai?; 9. gliela dai?; 10. me lo dai?; 11. ce le dai?; 12. me lo dai?; 13. glieli dai?

5 1. te la presto; 2. te lo presto; 3. te le presto; 4. te li presto; 5. glielo do; 6. glieli do; 7. gliele do; 8. gliela do; 9. glielo lascio; 10. gliele lascio; 11. gliela lascio; 12. glielo lascio; 13. ve lo porto; 14. ve la porto; 15. ve li porto; 16. ve le porto

6 1. gliel'ho detto; 2. gliele abbiamo spedite; 3. me lo hanno comunicato; 4. ce l'hanno data; 5. ce l'hanno detto; 6. ce l'hanno portato; 7. gliel'ho raccontato; 8. gliel'ho comprato; 9. gliel'ho cambiata; 10. ve l'ho messa da parte; 11. ve li abbiamo prenotati; 12. me le ha date; 13. me li ha restituiti; 14. gliel'ho chiesto; 15. glieli abbiamo presentati.

7 1. te la porto io; 2. te la offro io; 3. te li presta Renato; 4. ve li cambia il negoziante; 5. gliela può spiegare il suo insegnante; 6. me la pulisce la donna delle pulizie; 7. me li prepara mia madre; 8. glieli regala il suo ragazzo; 9. glieli va a prendere la baby-sitter; 10. me le hanno scritte i miei amici.

9 1. chi ve l'ha detto?; 2. chi te li ha spiegati?; 3. chi te l'ha regalato?; 4. chi gliel'ha preparata?; 5. chi ve l'ha assegnato?; 6. chi gliele ha corrette?; 7. chi ve l'ha detto?; 8. chi te l'ha venduto?

10 1. me lo dai?; 2. me lo ripari?; 3. me la presti?; 4. me lo presti?; 5. me lo passi?; 6. me le offri? (me ne offri una?); 7. me lo fai leggere?; 8. me li accorci?; 9. me la cambi?

12 **verbo all'infinito + pronome:** fermarsi; di dirti; di cacciarlo; puoi restituirlo; buttarlo; di raccontarlo.
verbo all'imperativo + pronome: dagli da dormire; fatti dare; digli che...; digli quello che vuoi; caccialo; consegnalo; raccontaglielo.

Da**gli** (**Da' + gli**): **"gli"** è un pronome indiretto di 3ª persona singolare e si riferisce al ragazzo di nome Ray.

Fermar**si** (**Fermare + si**): **"si"** è un pronome riflessivo di 3ª persona singolare. Si riferisce sempre a Ray che è il soggetto non espresso non espresso della frase "Dovrà fermarsi".

Fat**ti** (**Fa' + ti**): **"ti"** è un pronome indiretto di 2ª persona singolare. Si riferisce ad Angelica che è il destinatario della lettera e a cui Michele dà del "tu".

Di**gli** (**Di' + gli**): **"gli"** è un pronome indiretto di 3ª persona singolare e si riferisce ad Osvaldo.

Di**gli**: come il precedente.

Dir**ti** (**Dire + ti**): **"ti"** è un pronome indiretto di 2ª persona singolare e si riferisce ad Angelica.

Cacciar**lo** (**Cacciare + lo**): **"lo"** è un pronome diretto maschile di 3ª persona singolare e si riferisce al mitra.

Caccia**lo** (**caccia + lo**): come il precedente.

Consegna**lo** (**Consegna + lo**): come il precedente.

Buttar**lo** (**Buttare + lo**): come il precedente.

Raccontar**lo** (**Raccontare + lo**): **"lo"** è un pronome diretto, maschile di 3ª persona singolare. In questo caso si riferisce a tutto l'episodio del mitra che Michele ha raccontato ad Angelica. "Raccontarlo" equivale a "raccontare questa storia, questo fatto".

Racconta**glielo**: (**Racconta + gli + lo**) **"glielo"** è un pronome combinato dato dall'unione di **gli** e **lo**. "Gli" è un pronome indiretto maschile di 3ª persona singolare e si riferisce ad Osvaldo, "lo" è un pronome diretto maschile di 3ª persona singolare e significa "questo fatto" come nel caso precedente.

13 1. dagliela; 2. daglielo; 3. diteglielo; 4. compraglielo; 5. comunicateglielo; 6. mandaglielo; 7. correggeteglielo; 8. sbucciagliela; 9. raccontaglielo; 10. spiegateglielo.

14 1. dacci; 2. dille; 3. stammi; 4. fammi; 5. dammi; 6. facci; 7. dimmi; 8. dammi.

15 1. Lavinia (figlia della donna che parla), Marisabella (amichetta di Lavinia), Wanda (amica della donna che parla, mamma di Marisabella); 2. falso; 3. vero; 4. falso; 5. falso; 6. falso; 7. falso; 8. vero; 9. vero; 10. vero; 11. falso; 12. vero.

16 1-d; 2-f; 3-e; 4-a; 5-b; 6-c; 7-g.

17 1. raramente; 2. frequentemente; 3. dolcemente; 4. volgarmente; 5. sportivamente; 6. elegantemente; 7. semplicemente; 8. diversamente; 9. ugualmente; 10. certamente; 11. affettuosamente; 12. discretamente; 13. attivamente; 14. prepotentemente; 15. personalmente; 16. istintivamente; 17. piacevolmente; 18. allegramente; 19. banalmente.

21 *vedi trascrizione sul Libro dello studente*

23 1. te lo scriviamo noi; 2. te le presentiamo noi; 3. te li insegniamo noi; 4. te lo diciamo noi; 5. te la consegniamo noi; 6. te la organizziamo/prepariamo noi; 7. te lo diciamo/riveliamo/prediciamo noi.

Episodio 7

1 1. falso; 2. falso; 3. falso; 4. vero; 5. falso; 6. vero; 7. falso; 8. falso; 9. vero; 10. vero; 11. vero; 12. falso.

2A 1. ogni anno le cronache parlano dell'esodo dalle città a Ferragosto; 2. Piero ha rifiutato tutti gli inviti ed è rimasto a Roma per evitare il traffico i il movimento di grandi masse di persone; 3. Piero è rimasto nella città dove tutto è chiuso per ferie e si sente triste; 4. sul marciapiede del ponte ci sono venditori ambulanti che vendono borse, dischi copiati illegalmente e oggetti di legno di artigianato africano.

2B 1. spiagge; 2. consigli; 3. giovani; 4. annegamenti; 5. origini; 6. festività; 7. silenzio; 8. decisione; 9. vuoto; 10. capitoli.

3A 1. speranzoso; 2. chiassoso; 3. rumoroso; 4. scruposo; 5. studioso; 6. meraviglioso; 7. favoloso; 8. rabbioso; 9. dubbioso; 10. dispettoso; 11. rispettoso; 12. rissoso; 13. difettoso; 14. orgoglioso; 15. coraggioso; 16. dignitoso; 17. malizioso; 18. delizioso; 19. doloroso; 20. vanitoso.

3B **qualità positive:** speranzoso; scrupoloso; studioso; meraviglioso; favoloso; rispettoso; orgoglioso; coraggioso; dignitoso; delizioso.
qualità negative: chiassoso; rumoroso; rabbioso; dubbioso; dispettoso; rissoso; difettoso; malizioso; doloroso; vanitoso.

5 1. pensabile / impensabile; 2. attaccabile / inattaccabile; 3. modificabile / immodificabile; 4. rimborsabile / −; 5. leggibile / illeggibile; 6. estraibile / −; 7. vivibile / invivibile; 8. comparabile / incomparabile; 9. ricostruibile / −; 10. colmabile / incolmabile; 11. risolvibile / irrisolvibile; 12. reperibile / irreperibile; 13. realizzabile / irrealizzabile; 14. amabile / −; 15. prevedibile / imprevedibile; 16. sopportabile / insopportabile; 17. accettabile / inaccettabile; 18. trattabile / intrattabile; 19. preferibile / −.

6 1. risolvibile; 2. modificabile; 3. rimborsabile; 4. illeggibile; 5. incolmabile; 6. comparabile; 7. invivibile; 8. irreperibile; 9. incomparabile; 10. realizzabile; 11. incomparabile; 12. insopportabile; 13. inaccettabili.

10 fila di macchine parcheggiate; ingorgo ai crocevia; flusso di folla sulla porta del grande magazzino; isolotto di gente ferma in attesa del tram.

12 La popolazione per undici mesi all'anno amava la città che guai toccargliela: i grattacieli, i distributori di sigarette, i cinema a schermo panoramico, tutti motivi indiscutibili di continua attrattiva. L'unico abitante cui non si poteva attribuire questo sentimento con certezza era Marcovaldo; ma quel che pensava lui - primo - era difficile saperlo data la scarsa sua comunicativa, e - secondo - contava così poco che comunque era lo stesso.
A un certo punto dell'anno, cominciava il mese d'agosto. Ed ecco s'assisteva ad un cambiamento di sentimenti generale. Alla città non voleva bene più nessuno: gli stessi grattacieli e sottopassaggi pedonali e autoparcheggi fino a ieri tanto amati erano diventati antipatici e irritanti.
La popolazione non desiderava altro che andarsene al più presto: e così a furia di riempire treni e ingorgare autostrade, al 15 del mese se ne erano andati proprio tutti. Tranne uno. Marcovaldo era l'unico abitante a non lasciare la città.
Uscì a camminare per il centro, la mattina. S'aprivano larghe e interminabili le vie, vuote di macchine e deserte; le facciate delle case, dalla siepe grigia delle saracinesche ab-

bassate alle infinite stecche delle persiane, erano chiuse come spalti.

16 1. di una passeggiata; 2. di un'abbronzatura; 3. di una cena; 4. di una bevanda ghiacciata; 5. di una chiacchierata; 6. della lettura; 7. dell'attesa dell'alba.

18 atto; lettera; amata; baci; carezze; sogno; vita; esecuzione; soldati; corpo; vittima; cadavere; gendarmi; vuoto; confronto.

Episodio 8

1A 1. vero; 2. falso; 3. vero; 4. vero; 5. vero; 6. peste, fame, rivolte popolari; 7. falso; 8. vero; 9. vero; 10. falso; 11. falso; 12. vero; 13. falso; 14. vero; 15. vero.

2 mentre; qualche secolo fa; al tempo della; un tempo; oggi; eternamente secenteschi; intanto; quando; sempre; alla fine; sempre; oggi; era il 1827 quando; molti anni dopo; bel 1840; era il 1862; da un anno; agli inizi; molti secoli prima; proprio quando; spesso.

3 Ci sono angeli e angeli, ma anche ci sono scrittori e scrittori. Non che uno voglia paragonare l'autore di un'opera a quella del romanzo storico più famoso d'Italia ma è questione di tenacia, di ottimismo, pensava Piero mentre passava per associazione da un castello all'altro. Alessandro Manzoni e "I Promessi Sposi", non siamo a Roma, siamo a nord, qualche secolo fa, al tempo della dominazione spagnola, non più sopra un fiume ma su un lago, anzi "quel ramo del lago di Como che volge a mezzogiorno fra due catene non interrotte di monti..." Non c'è lago letterario più famoso in Italia dove un tempo vivevano umili tessitori ed oggi spiccano favolose ville e belle case di piccoli industriali e stranieri facoltosi. Ebbene su quel lago inizia una storia che sarebbe potuta andare a finire in modo più tragico della Tosca. Si tratta di due sposi, Renzo e Lucia, promessi, appunto, ma eternamente ostacolati nel loro progetto matrimoniale da un signorotto, un certo Don Rodrigo, dominatore spagnolo che vive nel suo castello con la sua corte di bravi, bulli mafiosi secenteschi che rapiscono la sposa e minacciano Don Abbondio, il prete che doveva sposarli, con la famosa frase: "Questo matrimonio non s'ha da fare!"
Intanto scoppia la peste, c'è la carestia, ci sono rivolte popolari per la farina. Renzo, lo sposo disgraziato, si becca tutto: malattia, fame, botte.
Ma quando tutto sembra precipitare arriva sempre una "man dal cielo" e se non è di un angelo è di qualcuno al di sopra, la Provvidenza, che si presenta sotto forma di frate, di cardinale, di mascalzone convertito, l'Innominato, tanto che alla fine i buoni, Renzo e Lucia, se la cavano, nessuno si suicida ed i cattivi hanno la peggio, dal primo all'ultimo.
Tutto questo sempre intorno a quel lago di Como oggi affollato di ville e di surfisti, e di turisti che comprano bottiglie di vino con nomi di dittatori italiani e stranieri come souvenir e non sanno neppure chi fosse Alessandro Manzoni e quante pene avessero patito quei due poveri ingenui di Renzo e Lucia e quante Manzoni, che dovette tradurre tutto il romanzo dal lombardo all'italiano con dizionario a fronte. Era il 1823 quando usciva la prima versione del romanzo con il titolo "Fermo e Lucia".
Molti anni dopo, nel 1840, fu pubblicata la nuova versione col titolo "I Promessi Sposi". Manzoni infatti oltre ad essere scrittore aveva incarichi politici, tra cui quello di presidente della Commissione per l'Unificazione della Lingua. Era il 1862, da un anno l'Italia era stata unificata, per quanto riguarda la lingua si era ancora agli inizi.
Lì, su quello stesso lago, molti secoli prima dimorava Plinio il Giovane in una splendida villa con porticato affacciata sul lago.

4 1. anzi; 2. dunque; 3. intanto; 4. tanto che/infatti; 5. infatti; 6. appunto; 7. ebbene; 8. anzi; 9. intanto; 10. tanto che; 11. dunque.

5 Si tratta di due sposi, Renzo e Lucia, promessi, appunto, ma eternamente ostacolati nel loro progetto matrimoniale da un signorotto, un certo Don Rodrigo, dominatore spagnolo che viveva nel suo castello con la sua corte di "bravi", bulli mafiosi secenteschi che rapirono la sposa e minacciarono Don Abbondio, il prete che doveva sposarli, con la famosa frase: "Questo matrimonio non s'ha da fare!"
Intanto scoppiò la peste, ci fu la carestia, ci furono rivolte popolari per la farina. Renzo, lo sposo disgraziato, si beccò tutto: malattia, fame, botte. Ma quando tutto sembrava precipitare arrivava sempre una "man dal cielo" e se non era di un angelo, era di qualcuno al di sopra, la Provvidenza che si presentava sotto forma di frate, di cardinale, di mascalzone convertito, "l'Innominato", tanto che alla fine i buoni, Renzo e Lucia, se la cavarono, nessuno si suicidò ed i cattivi ebbero la peggio, dal primo all'ultimo.

11 Credo di essere l'unico giornalista che ha parlato col primo uomo che ha ascoltato e trasmesso via radio: era un contadino, padre di un sagrestano, che chiama ancora l'inventore "il signorino". Io ero un cronista che stava imparando, e andai a trovare quel vecchietto che suonava le campane per dare una mano al figlio in una parrocchia di campagna. Mi raccontò: "Il signorino mi disse: 'Prendi la doppietta, va' oltre il poggio, e se nell'apparecchio senti un segnale, spara'". Sparò.
Certo il vecchio si rendeva conto che quel giorno era accaduto un fatto importante, ma non pensava di avere una piccola parte, il testimone, nella storia. Guglielmo Marconi poi era andato via, tutti parlavano di lui, era diventato anche marchese, e dalle parti di Pontecchio, frazione di Sasso, non si vide che raramente.

13 scappato; ordine; visita; immagine; parole; camera; nemici; letto.

16 cacciare (in camera) - rinchiudere; in fretta e furia - velocemente; trincerarsi - nascondersi per proteggersi; parve - sembrò; che diavolo m'è venuto addosso? - cosa mi è successo?; rivoltare - ribellare; belar - piangere, lamentarsi; preghi e lamenti - preghiere e lamenti; non l'avevano punto smosso - non l'avevano allontanato; dal compire le sue risoluzioni - dal portare a termine le sue decisioni, dal fare quello che aveva deciso; la rimembranza - il ricordo; la fermezza - la determinazione; molesta pietà - fastidioso sentimento di compassione; (gli) destava - risvegliava; di maniera che - in modo che; rinfrancare - rinforzare, rinvigorire; a che cosa son ridotto - come sono diventato.

18 come se avesse avuto a trincerarsi contro una squadra di nemici; io? io non son più uomo, io? Cos'è stato? che diavolo m'è venuto addosso?; non l'avevano punto smosso; la fermezza; non che spegnesse nell'animo quella molesta pietà; una specie di terrore; (una non so qual) rabbia di pentimento; gli parve un sollievo; rinfrancare il suo coraggio; rallegratevi; far bene, levarmi d'addosso un po' di questa diavoleria; a che cosa son ridotto; arrabbiatamente.

19 1. vero; 2. falso; 3. falso; 4. vero; 5. falso; 6. falso; 7. vero; 8. vero; 9. vero; 10. falso; 11. vero; 12. falso.

20A nuove parole - nuovi vocaboli; che riguarda il lessico, le parole - lessicale; parole fondamentali inserite in un dizionario - lemmi base; settore della linguistica che si occupa della redazione di dizionari - lessicografia; settore dela linguistica che si occupa dello studio del lessico - lessicologia; nuovi significati - nuove accezioni; spiegazioni di un termine - definizioni; parole inglesi entrate nella lingua italiana - anglicismi; amanti della lingua italiana - italofili; parole derivanti da altre lingue, adattate all'italiano - italianizzate; nuove parole - neologismi; parole o espressioni un po' antiche - parole d'un tempo / forma arcaica; modi di dire - detti; insieme delle parole più usate di una lingua - vocabolario fondamentale; altre lingue - altri idiomi; lingua usata nella comunicazione corrente - lingua viva.

20B anglicismi: reality-show; work in progress; web; on.line; e-mail; welfare; question time. parole già usate in italiano ma che hanno assunto un nuovo significato nel mondo informatico: chiocciola; sito; portale; scaricare; scannare; processare. neologismi passati di moda: paninaro; tangentaro; matusa. modi di dire legati alla vecchia civiltà agraria: darsi la zappa sui piedi; menare il can per l'aia; chiudere la stalla quando i buoi sono scappati.

20C 1. matusa; 2. tangentaro; 3. paninaro.

21 1. le dipendenze tecnologiche; 2. vero; 3. giocare, scaricare materiale di ogni tipo, cercare amici, cercare l'amore della propria vita; 4. vero; 5. falso; 6. falso; 7. vero; 8. vero; 9. falso; 10. falso; 11. vero; 12. falso; 13. vero.

Episodio 9

1A 1. falso; 2. vero; 3. falso; 4. vero; 5. falso; 6. vero; 7. falso; 8. vero; 9. falso; 10. falso; 11. vero.

2 sia; sia; siano; contengano; sia; sia arrivato; debba; prenda; porti; colpiscano; riesca; decida; siano passati; si debba; si mantenga; diventino.
il congiuntivo è retto da un verbo che esprime opinione: pensa che ... sia; credono che ... sia; chi sostiene che ... siano; **il congiuntivo è retto da una congiunzione che ne richiede l'uso obbligatorio:** benché siano passati...; purché si mantenga; **il congiuntivo è retto da un verbo che esprime dubbio:** non è più sicuro se debba; **il congiuntivo è retto da un verbo che esprime volontà o speranza:** volgio che le sue parole colpiscano; spero che lei riesca; **il congiuntivo è retto da una verbo che esprime una domanda in modo indiretto:** mi chiedo perché... si debba...; non ricorda neppure perché... sia arrivato; nonsi capisce come mai... contengano; **il congiuntivo è retto da un verbo alla forma impersonale:** basta che io decida; **il congiuntivo è retto da una frase relativa che esprime le qualità che la cosa di cui si parla dovrebbe avere:** voglio una scrittura... che prenda... .

3 1. dobbiate; 2. possa; 3. abbia; 4. sia; 5. ti rimetta... possa; 6. riesca; 7. le chieda; 8. si possa; 9. basti... debbano; 10. sia; 11. siano.

4 1. abbia mantenuto; 2. abbia raccontato; 3. siano partiti; 4. abbia studiato; 5. abbiate letto.

9 1. conosca/abbia conosciuto; 2. abbiano capito; 3. abbia letto; 4. abbia; 5. abbia sentito; 6. abbiate fatto; 7. abbiano ricevuto; 8. abbia fatto; 9. abbia appeso; 10. abbia cercato... abbia cercato; 11. sia mai stato; 12. abbia mai portato.

10 sia cambiato; abbia fatto; abbia sconvolto; costringano; sia; siano; ci siano.

13 Si tratta di una frase relativa "per costruire un mondo più giusto in cui" che regge il congiuntivo poiché si evidenziano le qualità che la cosa, o le varie cose di cui si parla, dovrebbero avere. Es.: "in cui l'informazione sia libera e indipendente" significa che ci auguriamo che nel mondo più giusto, che l'associazione vorrebbe costruire, l'informazione sia libera. Non si parla infatti di una realtà esistente ma di qualcosa che vorremmo che esistesse.

16 1. il coordinatore degli scambi internazionali di un'asso-

ciazione di volontariato; 2. falso; 3. falso; 4. vero; 5. falso; 6. vero; 7. vero; 8. ambientale; sociale; culturale; 9. vero; 10. falso; 11. vero; 12. vero.

17 *vedi trascrizione sul Libro dello studente*

19 "vogliamo che sia": il congiuntivo è usato in dipendenza da una frase che esprime desiderio; "opere che rispondano... ne rispettino... ne valorizzino... contribuiscano...""": il congiuntivo è introdotto da una frase relativa in cui si richiede che la cosa abbia una certa qualità che non è data per certa.

20B la persona innamorata: la persona colpita dal dardo di Cupido; l'innamoramento: una perdita totale del proprio io / una inebriante sbornia; il dire parole d'amore: offrire edulcorate frasi; una festa che si ripete ogni anno: ricorrenza; facciamo e diciamo cose banali: ci gettiamo nel deliquio dei convenevoli, dello scontato e del "dejà-vu"; (i regali) più richiesti: più gettonati; i due innamorati: i due piccioncini.

21 1. siano; 2. facciate; 3. arrivi; 4. conosca; 5. collabori... si occupi; 6. possa; 7. possano; 8. abbia; 9. sappia; 10. studi; 11. decida.

22 1. prima che; 2. prima che; 3. purché; 4. affinché; 5. affinché; 6. senza che; 7. benché; 8. purché; 9. purché; 10. benché.

24 ...mi è stato chiesto se le persone fragili nella vita siano...: si tratta di una frase interrogativa indiretta; ...di conoscere persone che riescano in qualche modo...: si tratta di una frase relativa che esprime una qualità che non viene data per certa; ...sembra facciano presa...: il congiuntivo dipende da un verbo impersonale "sembra che"; ...pare sia diventata...: il congiuntivo dipende da un verbo impersonale "pare"; ...per chiunque osi rischiare...: si tratta di una frase relativa "per ogni persona che (chiunque)"; è altresì centrale il fatto che ... abbiano assunto il ruolo...: il congiuntivo dipende da un verbo impersonale "è centrale".

25 Ti dirò tutto purché non ne parli con nessuno; Benché l'abbia letto di recente non ricordo quasi nulla di questo libro; Bisogna partecipare di più alla vita politica perché le cose cambino veramente; Ho già capito tutto senza che mi diciate nulla; Ragazzi, potete uscire stasera a patto che finiate prima di studiare; Cerca di affrontare il problema prima che sia troppo tardi.

26 1. è; 2. arriva; 3. sia; 4. è; 5. siano; 6. parta; 7. sia; 8. sappiate; 9. è; 10. sia; 11. dici; 12. dica; 13. possano; 14. capiscono; 15. tratti; 16. tratta.

27 1. è entrato; 2. sia entrato; 3. aver visto; 4. ho messo; 5. aver messo; 6. abbia messo; 7. ha autorizzati; 8. abbia autorizzati; 9. aver autorizzato; 10. ha chiuso; 11. aver chiuso; 12. abbia chiuso.

Episodio 10

1 1. vero; 2. il Festival del Cinema; il Carnevale; 3. falso; 4. vero; 5. falso; 6. falso; 7. vero; 8. falso; 9. falso; 10. falso.

2 1. un periodo dell'anno difficile; 2.parti della città senza traffico e non affollati; 3.incontrò casualmente; 4.un gesto che significa "no"; 5. andò via piano piano; 6. non ho il coraggio, la forza; 7. la persona adatta.

3A non pensava che giugno fosse un mese critico: il congiuntivo imperfetto è introdotto da un verbo di opinione al passato; Piero non capiva cosa stesse succedendo: il congiuntivo imperfetto è retto da un verbo che esprime una interrogazione indiretta; non riusciva a immaginare quale fosse la richiesta: il congiuntivo imperfetto è retto da un verbo che esprime una interrogazione indiretta; è perché alcuni <u>reagissero</u> con un no: il congiuntivo imperfetto è retto da un verbo che esprime una interrogazione indiretta; ...e altri addirittura <u>se ne andassero</u>: il congiuntivo imperfetto è retto da un verbo che esprime una interrogazione indiretta; l'artista vorrebbe che lei <u>si spogliasse</u> e <u>si lasciasse</u> esaminare attentamente: il congiuntivo imperfetto è introdotto da un verbo che esprime volontà al condizionale presente; pensavo che lei <u>fosse</u> l'elemento giusto: il congiuntivo imperfetto è introdotto da un verbo di opinione al passato; forse quella era l'opera d'arte più assurda che <u>avesse mai visto</u>: il congiuntivo trapassato è introdotto da un superlativo relativo in una frase principale al passato.

Sono tutti congiuntivi imperfetti ed un trapassato.

3B Periodo ipotetico: se lei <u>volesse</u> entrare a far parte... noi <u>la inviteremmo</u>.

Nella condizione il verbo è al congiuntivo imperfetto, nella conseguenza il verbo è al condizionale semplice. Si tratta di un'ipotesi presentata come possibile (periodo ipotetico del secondo tipo e della possibilità).

4 1. voleva che tu la invitassi; 2. sperava che tu la capissi; 3. credevano che voi li prendeste in giro; 4. immaginavo che tu capissi; 5. riteneva che non ci fosse tempo da perdere; 6. temeva che tu non sapessi tenere un segreto; 7. dubitavo che voi trovaste quel tipo di formaggio; 8. benché dormisse molto si sentiva sempre stanca; 9. sebbene non fosse il suo tipo ideale, usciva spesso con lui; 10. faceva di tutto purché lei non si lamentasse; 11. lavorava da anni senza che la mettessero in regola; 12. voleva tornare a casa prima che cominciasse a piovere; 13. mi pareva che non fossero molto soddisfatti.

5 1. non avesse telefonato; 2. si fossero trasferiti; 3. andassero in ferie ad agosto; 4. avesse scritto quel romanzo; 5. venissero quelle persone; 6. avesse scritto "Cime tempestose"; 7. risalisse il manoscritto; 8. avessimo da ridere tanto; 9. fossero Giulietta e Romeo.

6 *Proprio perché c'è stato un salto di generazione, la decisione di lasciare l'università e seguire le orme di sua nonna come è stata accolta in famiglia?*
"Credo che loro lo (sapere) **sapessero** da molto prima che lo (scoprire) **scoprissi** io. Era chiaro che la mia sensibilità (essere) **era** quella. Al liceo ero bravissima in latino e greco, scrivevo bene. Mio padre era disperato a vedermi seguire, senza che (capirci) **ci capissi** niente, le lezioni di analisi e geometria descrittiva. E lui è architetto...".
Latino, greco, i film del neorealismo. Cos'altro l'ha nutrita nell'infanzia, nell'adolescenza?
"Prima di tutto, in casa non si parlava solo di cinema. Mio fratello non è attore, è scrittore ed è laureato in letteratura. Io ho avuto un'infanzia normale, avevo le amiche con cui facevo danza, giocavo a tennis, andavamo alle feste in maschera. Un po' come tutti".
Una rivendicazione di normalità con una punta di rabbia.
"Mia nonna è morta prima che io (nascere) **nascessi**, la sua non è mai stata una figura incombente per me. In casa nessuno mi ha mai fatto il lavaggio del cervello sulla grande Nannarella. C'erano le sue foto in giro e, per molto tempo, semplicemente guardando i suoi film, sapevo che (trattarsi) **si trattava** di mia nonna. Ce l'ho dentro di me, ma in modo assolutamente naturale".
Cos'altro la fa arrabbiare oltre ai paragoni indebiti, al nepotismo e alla difficoltà di fare cinema in Italia?
"Mi fa arrabbiare vedere tante cose, attori che sarebbe meglio non (lavorare) **lavorassero**, che non sono nemmeno attori, ma sono considerati buoni richiami per il pubblico. Non lo so che cos'è, forse la televisione che rimbecillisce, vai da Costanzo e ti arrivano proposte anche se non sai mettere due parole in fila".

7A 1. fosse; 2. vivesse; 3. aveste; 4. si fosse; 5. partecipassi; 6. capissero; 7. abitassimo; 8. l'avessi visto.

8 In quei giorni mia madre era scontenta e le tracce del suo umor nero si spandevano come una polvere su tutte le cose. Quando lei era così sembrava che non (riuscire) **riuscisse** a fare nulla, e anche le incombenze più semplici, quelle che svolgeva con la scioltezza dell'abitudine, svelavano il loro carattere di pesantezza. Io mi aggiravo per la casa con l'animo impacciato, attenta a non fare niente che (potere) **potesse** aggiungerle fatica. Ogni tanto, nelle mie peregrinazioni intorno a lei, incontravo il suo sguardo assorto e ricevevo un sorriso distratto.
Allora giocavo un poco con la bambola e speravo che (arrivare) **arrivasse** presto Francesco. Ma ormai, lo sapevo, non arrivava prima del pomeriggio, perché la mattina lavorava al consorzio agrario e non era più libero come una volta.
Sospiravo, pettinando la bambola e la sgridavo perché perdeva i capelli a causa del fatto che non voleva più mangiare.
Non avevo il coraggio di fare nessuna domanda perché, fin da piccola, ho sentito che Anita, qualunque cosa (accadere) **fosse accaduta** nella nostra vita, non avrebbe mai accettato di discutere il suo ruolo primigenio. Lei era la madre, io la figlia. Perciò il compito di asciugarmi le lacrime spettava a lei sola; così pure quello di consolarmi, di nutrirmi, di guarirmi dalle malattie, di darmi ogni cosa le (sembrare) **sembrasse** necessaria alla mia vita e alla mia felicità. Aspettai, come un animaletto vigile, che la pena che la occupava (dissolversi) **si dissolvesse**, e ai primi segnali di sollievo pretesi le sue carezze e ogni genere di dolcezze.
Allora mi domandò se ero contenta che Francesco (diventare) **diventasse** mio padre e che mi sarei chiamata come lui: Chiara D'Auria.
Forse, disse, avremmo potuto fare una festa e invitare tutti i nostri amici.
Certamente fu a causa della mia ingenuità, madre cieca di ogni conformismo, se non chiesi mai, né ad altri né a me stessa, perché (apparire) **fosse apparso** improvvisamente nella mia vita qualcuno che diceva di essermi padre e perché, se questo era vero, io non ne (sentire) **avessi** mai **sentito** parlare prima di allora.

10 farsi la mano: fare esperienza lavorando; fisionomia: insieme di tratti somatici caratteristici del volto di una persona; ritrattista: chi dipinge figure umane; committenti: coloro che commissionano un prodotto o una prestazione; bottega: luogo dove lavorano artisti; sommo (artista): grandissimo, molto bravo; raffigurazioni profane: rappresentazioni senza immagini sacre; raffigurazioni sacre: rappresentazioni con immagini sacre; maestria: bravura, talento; malia (del corpo/dello sguardo): incantesimo, fascino.

12 1. pensavo che fosse un quadro di Tiziano; 2. credevo che tutti lo conoscessero; 3. dicevano che valesse molto; 4. temevo che non riuscissero a restaurarlo; 5. mi auguravo che lo esponessero in un museo della mia città; 6. alcuni critici ritenevano che si trattasse di un falso.

14 brillassero, fossero luminose: luccicassero; l'essere ricchi, benestanti: l'agiatezza; facessero in fretta, che si affrettassero: si spicciassero; molto amati: prediletti; che invitano, che richiamano l'attenzione: civettuole; sarebbe bello, opportuno: non guasterebbe; andare via in fretta, fuggire da un luogo: scapparne; che fanno bene all'anima, allo spirito: scaldacuore.

16 1. il rapporto di Caterina con la sua generazione; 2. vero; 3. vero; 4. vero; 5. vero; 6. vero; 7. l'abuso di droghe, la violenza e la lotta armata, l'estremismo; 8. falso; 9. vero; 10. vero; 11. falso; 12. falso.

17 D.: Ma quando tu parli, parli sempre in prima persona, **quindi** mi sembra che tu ti riferisca a delle cose che riguardano te come persona. Io pensavo **piuttosto** te come... appunto persone che avranno di fronte anche la storia, **nel senso che** potranno determinare dei cambiamenti. Tu aspiri a dei cambiamenti, partecipi ad azioni che potrebbero modificare lo stato di cose? Ti immagini un futuro diverso e in che senso? **Cioè** dove vorresti... cosa vorresti che cambiasse rispetto a quello che tu hai trovato, che ti è stato dato?
R.: **Mah**, io in molti altri miei coetanei vedo che c'è un po' un senso di impotenza, **cioè** mentre i nostri genitori pensavano veramente di poter cambiare le cose, noi - **forse anche** per questa disillusione che c'è stata - pensiamo che, **invece**, più di tanto non possiamo fare e sentiamo che ci sono delle forze politiche molto più grandi di noi e che non ascoltano più di tanto l'opinione pubblica.
Questo è un forte sconforto per la mia generazione, è un forte senso di impotenza che da giovani non bisognerebbe provare, secondo me. Io personalmente, come membro appunto di una generazione, penso che, spero - **anzi** - che ci siano dei cambiamenti grandi soprattutto riguardo i valori portanti della politica. **Però**, più che... cioè rimane **più che altro** una speranza.

20 non so se oggi sarei qui... se non avessi incontrato un certo numero di persone: *si tratta di un periodo ipotetico di tipo misto (trapassato congiuntivo nella protasi / condizionale presente nella apodosi);*
nella speranza che potessi dire qualcosa di nuovo: *il congiuntivo imperfetto è retto da una frase principale al passato in cui si esprime speranza;*
ci auguriamo che arrivi il giorno: *il congiuntivo presente è retto da un verbo principale al presente che esprime auspicio, augurio;*
il giorno in cui ognuno possa chiudere il computer...: *il congiuntivo presente è retto da una frase relativa al presente.*

22 mosaico - mosaicista; quadro - pittore; restauro - restauratore; scultura - scultore; ritratto - ritrattista; design - designer; poesia - poeta; romanzo - romanziere; saggio - saggista; novella - novelliere.

23 astrologo: studia gli astri; geologo: studia il pianeta Terra; archeologo: studia antichi reperti; cardiologo: cura le malattie del cuore; biologo: studia i meccanismi della vita; teologo: studia concetti religiosi; antropologo: studia i diversi popoli e le etnie; psicologo: studia la mente e il comportamento umano; sociologo: studia la società; grafologo: studia la scrittura.

24

professioni	ambiti di studio
astrologo	astrologia
geologo	geologia
archeologo	archeologia
cardiologo	cardiologia
biologo	biologia
teologo	teologia
antropologo	antropologia
psicologo	psicologia
sociologo	sociologia
grafologo	grafologia

25 1. Non gli rispondeva come se non capisse le sue domande; 2. Il cielo era diventato grigio come se stesse per piovere; 3. Il bambino aveva gli occhi rossi come se volesse piangere; 4. Guardava intensamente l'orizzonte come se volesse raggiungerlo; 5. Pensava a quella donna come se per lui fosse l'unica al mondo; 6. Mi fece un cenno come se volesse dirmi di spostarmi; 7. Mi accolse con una strana espressione come se avesse paura di vedermi.

26 1. Mi ripeti sempre le stesse cose, come se io fossi stupi-

da; 2. La casa è immersa nel silenzio, come se non ci abitasse nessuno; 3. I nostri amici indugiavano sulla porta, come se non volessero andare via; 4. Il bambino guardava la minestra con disgusto, come se avesse davanti a sé un intruglio schifoso; 5. Non guardarmi come se questo guaio lo avessi combinato io; 6. Lavorava con incredibile maestria, come se facesse da sempre quel mestiere; 7. Mentre lui gli diceva ti amo, lei lo guardò come se non avesse sentito mai prima d'allora quelle parole.

Episodio 11

1 1. falso; 2. falso; 3. vero; 4. vero; 5. falso; 6. vero; 7. vero; 8. vero; 9. falso; 10. falso; 11. vero; 12. vero; 13. falso; 14. vero.

2 1. Cogliere l'occasione: Approfittare dell'occasione; 2. Acquirenti: Persone che acquistano; 3. D'oltralpe: Nordeuropei; 4. Lo impedirò: Farò in modo che non accada; 5. L'anticipo: Somma di denaro pagata prima; 6. Mettere a fuoco: Focalizzare; 7. Motivo dominante: Il tema più importante; 8. Sovrasta: Sta al di sopra.

3 era stato interrotto: trapassato indicativo; erano stati contattati: trapassato indicativo; fu convinto: passato remoto indicativo; fu colpito: passato remoto indicativo; erano raggruppati: imperfetto indicativo; fossero stato costruiti: congiuntivo trapassato; fossero abitate: congiuntivo imperfetto; erano stati venduti: trapassato indicativo; era stata ribattezzata: trapassato indicativo; fosse stato attratto: trapassato congiuntivo; mi è stato proposto: passato prossimo indicativo; sarai buttato via: futuro indicativo.

4 1. Altri editori avevano contattato tutti e tre i grafici; 2. Augusto convinse Piero a partire per la Puglia; 3. Il modo in cui i trulli erano raggruppati tra loro colpì Piero; 4. Alcune agenzie immobiliari avevano venduto i trulli; 5. Un tipo che lui conosceva aveva proposto ad Augusto di comprare un trullo.

5 1. È stata abbandonata una valigia da qualcuno su un treno; 2. Il programma alla tv è stato seguito da molti; 3. È stato contattato per un'intervista alla radio; 4. Si dice che uno dei giocatori sia stato insultato di continuo dai tifosi; 5. Pare che sia stato riconosciuto da alcuni testimoni; 6. Non è certo che sia staato affrescato da Giotto.

6 1. Si pensava che quei tesori fossero stati trafugati durante la guerra; 2. Le canzoni di Mina furono tradotte in molte lingue; 3. Sono state vendute 20.000 copie di quel libro; 4. Era molto amato da tutti i suoi nipoti; 5. La vincita gli fu comunicata per telefono; 6. La sindrome che affliggeva Mozart fu descritta da Gilles De Tourette nel 1885; 7. Il libro "Mio figlio non sa leggere" fu scritto da Ugo Pirro negli anni '80.

7 1. Fu assolto dal giudice; 2. Fu travolto dalla corrente; 3. Fu accolto dal pubblico; 4. Fu colto da un dubbio; 5. Fu assalito da un rimorso; 6. Fu tradito da un amico; 7. Fu colpito da un fulmine; 8. Fu inseguito dalla polizia; 9. Fu scolpito da Michelagelo; 10. Fu tradotto da un poeta; 11. Fu distrutta da un terremoto; 12. Fu prodotta da una ditta.

9B 1. Le serrande ed i lucchetti del capannone sono stati forzati; 2. Una maxi discoteca è stata organizzata dal nulla; 3. Per far funzionare gli impianti di amplificazione e le strumentazioni sono stati allestiti allacci abusivi; 4. Le forze dell'ordine sono state avvertite dagli abitanti del luogo; 5. Decine di autovetture sono state fermate al casello Valle del Salto e sono stati fatti molti verbali per guida in stato di ubriachezza o sotto l'effetto di stupefacenti; 6. Un recipiente di gas propano è stato fatto esplodere nelle vicinanze della vecchia fabbrica; 7. Le vetrine del Mercatone Uno sono state danneggiate .

10

festa	legge
festa rave	polizia
capodanno	abusivi
rave party	insospettiti
festa	forze dell'ordine
maxidiscoteca	la polizia stradale
impianti di amplificazione	ha fermato
strumentazioni	verbali
musica sparata a volumi	guida in stato
impossibili	di ubriachezza, o sotto
viavai di gente	l'effetto di stupefacenti
	la questura
	agenti

15 **Forme passive:**
vengono svolte: presente indicativo passivo di svolgere;
viene dato: presente indicativo passivo di dare;
è costituito: presente indicativo di costituire;
vengono realizzate: presente indicativo di realizzare;
vengono costruiti: presente indicativo di costruire;
viene circondata: presente indicativo di circondare;
è delimitata: presente indicativo di delimitare;
(può) essere circondata: infinito passivo di circondare;
sono disposte: presente indicativo di disporre;
è indicato: presente indicativo di indicare;
viene usato: presente indicativo di usare;
è legato: presente indicativo passivo di legare;
viene teso e lasciato cadere: presente indicativo di tendere e lasciar cadere.

17 1. Il film sarà trasmesso alle 22.30; 2. Sarete rimborsati se non sarete soddisfatti; 3. Ben presto la notizia sarà diffusa; 4. Il centro sarà trasformato in zona pedonale; 5. Il centro storico è stato chiuso al traffico; 6. Giulio Cesare fu ucciso dai congiurati; 7. Un discorso funebre per la morte di Giulio Cesare fu tenuto da Marco Aurelio; 8. La parete è stata dipinta di azzurro; 9. Siete stati imbrogliati, questo quadro è una crosta; 10. Credo che sia apprezzato da tutti come artista; 11. Penso che sia considerato il più celebre musicista del secolo; 12. Dicono che sia pagato più di ogni altro attore; 13. Sebbene fosse apprezzato da tutti non si dava delle arie; 14. La colazione non è compresa nel prezzo; 15. Il calcio è seguito in tv dalla maggior parte degli italiani; 16. Il nuoto è praticato da molti bambini; 17. La pasta al sugo è il pasto più amato dagli italiani; 18. Se fosse più severa sarebbe rispettata di più.

19 va consegnato; deve essere leggibile; vanno raccolte; vanno sempre indicati; va redatto; una volta adottato; lo si segua; si indicano; si usano; va usato; va evitato; possono scriversi; va evitato; si scriverà; si scriveranno.

20 1. La vita va presa con filosofia; 2. Questo tipo di latte non va fato bollire altrimenti perde le migliori proprietà nutritive; 3. I legumi secchi vanno lasciati in ammollo per qualche ora prima di cuocerli; 4. La pizza va informata ad una temperatura molto alta. La mozzarella va aggiunta successivamente, quando la base è già ben cotta; 5. I sintomi dell'influenza, come stanchezza, mal di testa, raffreddore, non vanno trascurati. È meglio riposare qualche giorno in più per guarire completamente; 6. Lo yogurt va mangiato a digiuno per trarne maggiori benefici; 7. La verdura va consumata preferibilmente cruda; 8. Questo esercizio va fatto con molta attenzione perché è piuttosto difficile; 9. Le medicine vanno prese solo quando è strettamente necessario e sotto il controllo del medico; 10. Questa traduzione va rivista interamente perché non è stata fatta bene.

21 1. Durante una lezione di lingua si fanno molte attività comunicative; 2. Alle manifestazioni si portano cartelli e striscioni e si gridano slogan; 3. Dalla mia finestra si vede un bel paesaggio; 4. In Italia si fabbricano scarpe di ottima qualità; 5. Viaggiando si imparano tante cose e si conosce gente nuova e diversa; 6. In quel negozio si vendono prodotti alimentari provenienti da tutto il mondo; 7. In Puglia si produce molto grano; 8. In Italia si parlano molti dialetti; 9. Al liceo classico si studia il greco; 10. In quella pasticceria si vendono dolci squisiti!

23 1. La stazione che è scritta sul biglietto: la stazione per la quale è stato rilasciato il biglietto; 2. Treno, vagone: vettura; 3. L'aria condizionata, il riscaldamento: l'impianto di climatizzazione; 4. Costo, somma di denaro: importo; 5. Si tiene conto di, si fa riferimento a: fa fede; 6. Fatta, eseguita: effettuata; 7. Persone che lavorano sul treno: personale di bordo; 8. Una nota scritta: annotazione; 9. Dal giorno in cui si fa: dalla data di effettuazione; 10. Del giorno prima: del giorno antecedente; 11. Che viene dopo: successivo; 12. Alla data in cui è stato fatto: alla data di emissione; 13. Biglietto: titolo di viaggio; 14. Non si può ricevere denaro indietro: non sono rimborsabili; 15. La somma di denaro: la quota; 16. Aggiunti a, insieme a: cumulati a; 17. Fatto, avvenimento: evento; 18. Cause imprevedibili: cause di forza maggiore; 19. Avvenimento causato da altre persone: fatto determinato da terzi; 20. Disastri dovuti al cattivo tempo, alla natura: calamità naturali.

30 1. falso; 2. vero; 3. vero; 4. vero; 5. falso; 6. falso; 7. vero; 8. vero; 9. falso; 10. falso; 11. vero.

Episodio 12

1A 1. falso; 2. falso; 3. vero; 4. vero; 5. falso; 6. vero; 7. vero; 8. vero; 9. vero; 10. falso.

1B l'Amaro Lucano; il regista Gabriele Salvatores; lo scrittore Carlo Levi; un collega di Piero che lavorava nelle ferrovie.

2 1. Terra mai varcata: dove nessuno osava andare; 2. Partì alla volta di: partì in direzione di; 3. Strada facendo: durante il cammino; 4. Un gran fermento: molta agitazione; 5. Uno dei consueti scioperi: uno sciopero come se ne fanno di solito; 6. Faceva di tutto: faceva tutto quello che poteva; 7. Addentrandosi: entrando verso l'interno; 8. Il fluire del tempo: Il tempo che passa.

3 2. Dopo aver visto...; 3. Dopo essere usciti...; 4. Dopo aver capito...; 5. Dopo aver scoperto...; 6. Dopo aver fatto...; 7. Dopo essere arrivato...; 8. Dopo aver risolto...; 9. Dopo aver venduto...; 10. Dopo aver letto...

4 1. Dopo aver parlato con lui capii che non c'era niente da fare; 2. Dopo aver scritto la lettera pensò di strapparla; 3. Dopo aver avuto un colloquio col direttore ricevette un aumento di stipendio; 4. Dopo aver raccolto mille punti poté scegliere uno dei tanti regali del catalogo; 5. Dopo aver aspettato l'autobus per mezz'ora si incamminò verso casa; 6. Dopo aver lavato i piatti si sedette a guardare un film; 7. Dopo aver litigato fecero pace; 8. Dopo aver mandato decine di domande di lavoro finalmente ottenni una risposta positiva da una società di telecomunicazioni; 9. Dopo aver pulito tutta la casa uscì con i suoi amici; 10. Dopo aver pranzato bevvero un caffè e andarono a dormire.

5 1. falso; 2. vero; 3. vero; 4. vero; 5. falso; 6. falso; 7. falso; 8. falso; 9. vero; 10. vero; 11. vero; 12. falso; 13. vero.

7 si torna a trattare; contratto da riaprire; assemblea di CGIL, CISL, UIL; aderito allo sciopero; indetto dai sindacati autonomi; le fasce di garanzia (sono state rispettate); precettazione; hanno osservato le fasce di rispetto; non precettare; gli scioperanti hanno rispettato i patti; dati della protesta; adesione pari al; secondo i sindacati autonomi; il governo dorà riaprire le trattative; sciopero; proclamarne altri; proteste al di fuori delle regole; i sindacati confederali; percentuali di adesioni allo sciopero; l'esasperazione delle categorie; rilanciano la vertenza del trasporto locale; confronto serrato; assemblee (nei depositi); il contratto firmato; dopo la prima intesa... si tratterà; l'apertura dell'azienda; ("strutturalizzazione") del salario; l'accordo raggiunto.

1. I sindacati hanno proclamato uno sciopero dei trasporti di 48 ore; 2. Domani tutti i tram, autobus e metro si fermeranno per quattro ore, rispettando le fasce di garanzia della mattina e del tardo pomeriggio; 3. Quasi tutti i macchinisti ed autisti aderiranno (hanno aderito) allo sciopero indetto dai sindacati autonomi; 4. Il governo non è dovuto ricorrere alla precettazione perché gli scioperanti hanno rispettato i patti, garantendo il servizio nelle prime ore della mattina e della sera; 5. Dopo il successo dello sciopero il governo dovrà riaprire la trattativa con i sindacati; 6. Sono state indette delle assemblee nei depositi per discutere il contratto; 7. L'obiettivo della vertenza era di raggiungere la firma del contratto per la categoria degli autoferrotranvieri.

9B   1. più l'arte di Leonia eccelle... più la spazzatura migliora; 2. più Leonia espelle roba, più ne accumula; 3. più ne cresce l'altezza, più incombe il pericolo della frana.

10   Le città continue
Sui marciapiedi, avviluppati in tersi sacchi di plastica, i resti della Leonia d'ieri aspettano il carro dello spazzaturaio. **Non solo** tubi di dentifricio schiacciati, lampadine fulminate, giornali, contenitori, materiali d'imballaggio, **ma anche** scaldabagni, enciclopedie, pianoforti, servizi di porcellana: **più che** dalle cose che ogni giorno vengono fabbricate vendute comprate, l'opulenza di Leonia si misura dalle cose che ogni giorno vengono buttate via per far posto alle nuove. **Tanto che** ci si chiede se la vera passione di Leonia sia **davvero** come dicono il godere delle cose nuove e diverse, **o non piuttosto** l'espellere, l'allontanare da sé, il mondarsi d'una ricorrente impurità. **Aggiungi che** gli spazzaturai sono accolti come angeli, e il loro compito di rimuovere i resti dell'esistenza di ieri è circondato d'un rispetto silenzioso, come un rito che ispira devozione, o **forse solo perché** una volta buttata via la roba nessuno vuole più averci da pensare.
Dove portino ogni giorno il loro carico gli spazzaturai nessuno se lo chiede: fuori dalla città, certo; ma ogni anno la città s'espande, e gli immondezzai devono arretrare più lontano; l'imponenza del gettito aumenta e le cataste s'innalzano, si stratificano, si dispiegano su un perimetro più vasto. **Certo è che** più l'arte di Leonia eccelle nel fabbricare nuovi materiali, più la spazzatura migliora la sua sostanza, resiste al tempo, alle intemperie, a fermentazioni e combustioni.
È una fortezza di rimasugli indistruttibili che circonda Leonia, la sovrasta da ogni lato come un acrocoro di montagne. **Il risultato è questo:** che più Leonia espelle roba più ne accumula; le squame del suo passato si saldano in una corazza che non si può togliere; rinnovandosi ogni giorno la città conserva tutta se stessa nella sola forma definitiva: **quella** delle spazzature d'ieri che s'ammucchiano sulle spazzature dell'altroieri e di tutti i suoi giorni e anni e lustri.

13   Il testo B è quello giusto.

Episodio 13

1A   1. falso; 2. falso; 3. falso; 4. vero; 5. falso; 6. vero; 7. falso; 8. vero; 9. vero; 10. vero; 11. falso.

2   1. Magari ce l'avessi un lavoro così! 2. Magari lo superassi un esame così difficile! 3. Magari la sapessi una lingua così difficile! 4. Magari le trovassi delle scarpe così belle! 5. Magari le sapessi tutte queste cose! 6. Magari la potessi avere una casa così! / Magari potessi averla una casa così!

3   1. Quanti anni avrà quel signore, secondo te? A giudicare dall'aspetto ne avrà almeno settanta; 2. Sei proprio sicuro di non voler uscire con noi stasera per continuare a studiare? Beh, a pensarci bene, forse posso studiare anche domani, a che ora ci vediamo?; 3. Mi stupisce che tu trovi Carlo poco simpatico. Io mi trovo così bene con lui! Beh, a dire la verità, io non solo lo trovo poco simpatico, ma penso anche che sia una persona disonesta; 4. Sei sempre convinta che quell'appartamento sia troppo caro? Ti dirò! Dopo averne visti tanti altri in questi giorni, a ripensarci, il prezzo non sembra così eccessivo; 5. Allora, come va con la tua ragazza? A essere sinceri va molto male: stiamo per lasciarci!

4   Muto come un pesce; Scaltro come una volpe; Lento come una lumaca; Forte come un leone; Bagnato come un pulcino; Testardo come un mulo; Ignorante come una capra.

5   1. pecora: è una persona sottomessa, che si lascia influenzare dagli altri; 2. orso: è una persona poco socievole; 3. somaro: è una persona ignorante; 4. volpe: è una persona furba, scaltra; 5. oca: è una persona superficiale e vanesia (si dice, generalmente, di una donna); 6. maiale: è una persona volgare o sporca; 7. serpe: è una persona cattiva, velenosa; 8. pappagallo: è una persona che ripete cose dette da altri (non ha pensieri propri, originali).

6   1. Una memoria da elefante; 2. Una vista da aquila; 3. Una febbre da cavallo; 4. Una fame da lupo; 5. Una forza da leone; 6. Un cervello da gallina.

7   1-e Tanto va la gatta al lardo che ci lascia lo zampino: quando si insiste troppo nel fare qualcosa di illecito si rischia di essere scoperti e di pagarne le conseguenze.
2-f A caval donato non si guarda in bocca: non si esprimono giudizi sulle cose ricevute in regalo.
3-b Meglio un uovo oggi che una gallina domani: è meglio accontentarsi di poco subito che aspettare qualcosa di meglio ma incerto per il futuro.
4-c Can che abbaia non morde: talvolta le persone sembrano aggressive ma in realtà non lo sono.
5-a Chi dorme non piglia pesci: Le persone inattive e pigre non concludono nulla.
6-d Il lupo perde il pelo ma non il vizio: I difetti peggiori di una persona restano anche se all'apparenza questa persona sembra cambiata.

8   Fare piedino: toccare lievemente il piede a qualcuno per richiamare l'attenzione; Fare orecchie da mercante: fingere di non aver sentito; Fare capolino: sporgersi con la testa per osservare qualcosa; Fare spallucce: tirare su le spalle per dire che non si sa rispondere, per segnalare che non si sa qualcosa; Fare l'occhiolino: strizzare l'occhio in segno di intesa.

9A   1. Turarsi il naso: non tener conto del proprio disgusto nel fare qualcosa; 2. Allargare le braccia: esprimere sconforto, rassegnazione; 3. Piegare la testa: cedere alla volontà, alle pressioni di altri, ubbidire, essere sottomesso; 4. Andarci con i piedi di piombo: fare qualcosa con molta cautela e prudenza; 5. Aprire gli occhi: capire finalmente qualcosa (generalmente di negativo) che fino a quel momento si era vista in modo diverso; 6. Incrociare le dita: augurare/augurarsi buona fortuna, la buona riuscita di un'iniziativa, un'impresa; 7. Incrociare le braccia: sospendere un'attività, un lavoro; 8. Puntare i piedi: insistere nel voler fare od ottenere qualcosa senza tener conto delle opinioni diverse di qualcun altro; 9. Puntare il dito: accusare qualcuno.

9B   1. Ma come fai a non capire che quell'uomo non fa per te? **Apri gli occhi**! È solo un egoista superficiale!; 2. È una situazione delicata, bisognerà davvero **andarci con i piedi di piombo** se non vogliamo ferire la sensibilità di qualcuno; 3. Marco dovrà affrontare un'operazione chirurgica molto delicata: **incrociamo le dita** e speriamo che tutto vada bene; 4. Ora basta! Sono stufo di **piegare la testa**! Domani parlerò con il direttore e se non accetta le mie richieste, mi licenzio!; 5. Quelle scarpe a me non piacevano proprio ma mia figlia **ha puntato i piedi** e ho dovuto comprargliele; 6. Fra i due candidati a sindaco non so proprio chi scegliere, non mi convince nessuno dei due. Credo proprio che **mi turerò il naso** e voterò per il meno peggio!; 7. Troppo facile **puntare il dito** contro di me! Perché non cerchi piuttosto di capire chi è il vero responsabile di questa situazione?; 8. Lui la guardava con l'aria di chi non capisce. All'ennesima domanda di lei con aria sconsolata **allargò le braccia** e disse: "Non so proprio cosa dirti"; 9. Fu uno sciopero memorabile: quel giorno la maggioranza dei lavoratori **incrociò le braccia** in segno di protesta.

10 1. Nel prato i bambini giocavano e **sgambettavano** liberi e felici; 2. Ho intravisto un amico in lontananza e nonostante **mi sia sbracciato** per salutarlo, non sono riuscito ad attirare la sua attenzione; 3. Dopo averla offesa ripetutamente **si inginocchiò** ai suoi piedi e le chiese perdono; 4. Allo stadio i tifosi **si sgolano** urlando slogan per sostenere la loro squadra del cuore; 5. Alle sfilate di moda, le modelle **ancheggiano** sfilando in passerella; 6. Tutti quelli che fino a quel momento lo **avevano spalleggiato**, in quell'occasione lo tradirono; 7. Marco ha dovuto **sgomitare** molto per raggiungere la sua posizione.

11 1. Alle prime luci dell'alba; 2. Di buon mattino; 3. A mezza mattinata; 4. In tarda mattinata; 5. Nel primo pomeriggio; 6. Nel tardo pomeriggio; 7. Al tramonto - Al calar del sole - All'imbrunire; 8. A tarda sera; 9. A notte fonda; 10. Nottetempo.

14 1. falso; 2. falso; 3. vero; 4. falso; 5. falso; 6. vero; 7. vero; 8. falso; 9. falso; 10. vero.

17 Mentre commetteva l'azione: in flagranza di reato; Azioni illecite punibili dalla legge: reati; Denunciato ma non arrestato: denunciato a piede libero; (Nome) falso: (nome) fittizio; Portare a termine, realizzare: mettere a segno; Negozianti, commercianti: esercenti; Pagando una somma: versando un contributo; Con denaro liquido: in contanti; Documento, ricevuta di pagamento: fattura; Il proprietario di un negozio: titolare.

18A Ladro: persona che ruba; Truffatore: persona che estorce denaro servendosi dell'inganno; Borseggiatore: persona che sottrae portafogli e denaro dalle tasche o dalle borse delle sue vittime; Scippatore: persona che ruba borse sottraendole con violenza alle vittime per la strada; Rapinatore: persona che ruba servendosi di armi; Sequestratore: persona che fa prigioniero qualcuno per chiedere denaro in cambio della liberazione della vittima.

18B

persona	verbo	azione commessa
rapinatore	rapinare	rapina
sequestratore	sequestrare	sequestro
scippatore	scippare	scippo
truffatore	truffare	truffa
ladro	rubare	furto

19 1. vero; 2. vero; 3. vero; 4. Puglia: Sacra Corona Unita; Calabria: 'ndrangheta; Campania: Camorra; 5. falso; 6. falso; 7. vero; 8. la concorrenza; gli strumenti politici di mediazione; 9. falso.

20 *vedi trascrizione sul Libro dello studente*

21 ROMA - "Sì sono stato io a appiccare il rogo in pineta. L'ho già fatto. Mi piace giocare con il fuoco, vedere la gente che corre a spegnere le fiamme..." Antonio Di Martino, 63 anni, il piromane di Castelfusano, ha confessato ai carabinieri di Ostia di aver distrutto sabato pomeriggio venti ettari di macchia mediterranea. Neanche una parola, però, sulla presenza di un probabile complice o di eventuali mandanti. "Ho fatto tutto da solo, senza che nessuno mi aiutasse", ha aggiunto manifestando anche un certo orgoglio.
[...]
L'arrestato che oggi verrà processato per direttissima a Roma con l'accusa di incendio doloso, è stato sorpreso sabato pomeriggio in via del Lido, strada che costeggia la pineta. Lo avevano notato alcuni carabinieri in borghese che su una jeep sorvegliavano/stavano sorvegliando il polmone verde della capitale per evitare il ripetersi del disastro di 3 anni fa, quando sono stati inceneriti dalle fiamme, sempre nella pineta di Castelfusano, 300 ettari di vegetazione. Un terzo del parco. Le sue parole non hanno convinto gli investigatori che nutrono sospetti sul fatto che Di Martino abbia agito secondo modalità programmate da una sapiente regia. La procura e la Direzione distrettuale antimafia stanno esaminando l'ipotesi che, dietro l'atto vandalico, possa nascondersi un racket che voglia mettere le mani sul rimboschimento delle aree incendiate. Un giro di milioni di euro.

Episodio 14

1 1. falso; 2. falso; 3. vero; 4. falso; 5. vero; 6. vero; 7. falso; 8. vero; 9. vero; 10. falso; 11. vero.

2 ...***sentiva*** *una strana repulsione... che* ***proponevano***...: la principale è al passato, quindi nella dipendente, che esprime contemporaneità, il verbo è all'imperfetto indicativo.

...***doveva*** *rimettersi in viaggio perché il suo libro* ***parlava*** *di luoghi*...: la principale è al passato, quindi nella dipendente, che esprime contemporaneità, il verbo è all'imperfetto indicativo.

...*e* ***c'era*** *un luogo dove non* ***era stato*** *da anni*...: la principale è al passato, quindi nella dipendente, che esprime anteriorità, il verbo è al trapassato prossimo.

...*Recanati, il luogo dove* ***era stata composta*** *la poesia "L'infinito"*...: di nuovo la dipendente esprime anteriorità e il verbo è al trapassato prossimo passivo.

Mentre ***passeggiava*** *per le antiche vie del borgo dove Leopardi* ***aveva speso*** *parte della sua breve ed infelice vita, gli* ***tornarono*** *in mente*...: la frase principale è al passato remoto, dunque nella 1ª dipendente il verbo è all'imperfetto indicativo perché esprime contemporaneità e nella 2ª dipendente al trapassato prossimo perché esprime anteriorità.

...*benché* ***fosse passato*** *molto più di un secolo,* ***sembrava*** *che sulla torre* ***cinguettasse*** *ancora il passero... e che il colle oltre la vallata verde* ***evocasse***...: nella principale, il verbo "sembrare" è al passato e inoltre richiede l'uso del congiuntivo, quindi nella dipendente introdotta da "benché" che esprime anteriorità, il verbo è al trapassato congiuntivo. Nelle altre due frasi dipendenti che esprimono contemporaneità rispetto alla principale, il verbo è all'imperfetto congiuntivo.

...*e Piero non* ***poté*** *che ripercorrere con la mente quei versi... sui quali anni fa a scuola* ***avevano discusso***...: la principale è al passato e quindi il verbo della dipendente, che esprime anteriorità, è al trapassato prossimo.

...***era*** *felice... di ricordare, felice di poterli rivivere sui luoghi che li* ***avevano ispirati***...: la principale è al passato e quindi il verbo nella dipendente, che esprime anteriorità e al trapassato prossimo.

*…**non poteva immaginare** allora… che **avrebbe ripercorso***…: la principale è al passato e quindi nella dipendente, che esprime posteriorità nel passato, il verbo è al condizionale composto.

*…pensò a quanto **fosse stato** importante che qualcuno gli **avesse fatto memorizzare** quelle parole che come ali **staccavano** l'anima da terra quando **ce n'era** bisogno…*: la fase principale è al passato e nelle due prime dipendenti, che esprimono anteriorità, i verbi sono enrambi al trapassato congiuntivo. L'uso del congiuntivo è dato dalla natura della principale che contiene il pronome "quanto" (*pensò a quanto*). Nelle successive due frasi dipendenti, che esprimono contemporaneità rispetto alla principale, i verbi sono entrambi al congiuntivo imperfetto.

*…**c'erano** le Marche, dove sebbene **si produca** molto, **si mangia** anche molto…*: la principale è al passato, coerentemente con il piano narrativo del testo, tuttavia nelle due dipendenti i verbi sono rispettivamente al congiuntivo presente e all'indicativo presente che rendono più attuale e "presente" la descrizione della regione Marche. L'uso del congiuntivo nella 1ª dipendente è dato dalla presenza della congiunzione "benché".

3   1. sarebbero andati/andassero; 2. siano; 3. abbia mantenuto; 4. abbia progettato; 5. verrà; 6. avrebbe preparato; 7. ascoltassi; 8. fosse andato; gironzolava; 9. sareste venuti; 10. ricevano; perdano; 11. è; fosse; 12. avesse; erano.

4   Si dice che quella scuola sia di ottimo livello; Tutti pensavamo che Marco avesse già dato l'esame di fisica, invece lo sta ancora preparando; È ovvio che quel maglione costi così poco, è di qualità pessima!; Non mi sembra proprio che tutto stia andando per il meglio, al contrario: la situazione va a rotoli!; Mia madre è convinta che io abbia sbagliato ad iscrivermi a questa facoltà.; Mi farebbe piacere che venissi più spesso a trovarmi; Trovo veramente ingiusto che la ricchezza nel mondo sia distribuita in modo così squilibrato!; Mi avevi promesso che saresti arrivato in orario e invece ti ho aspettato per mezz'ora!; Dubito che tu riesca a vivere con uno stipendio così basso; La situazione era degenerata e tutti pensavano che fosse necessario un profondo cambiamento politico.

5   Carla non poté accorgersi né della mia gelosia né del mio disprezzo. Soppressi le manifestazioni di gelosia ricordando come non **avessi** alcun diritto ad essere geloso visto che **passavo** buona parte delle mie giornate augurandomi che qualcuno mi **portasse** via la mia amante. Non v'era neppure alcuno scopo di far vedere il mio disprezzo alla povera giovinetta ormai che già mi baloccavo di nuovo col desiderio di abbandonarla definitivamente, e quantunque il mio sdegno **fosse** ora **ingrandito** anche dalle ragioni che poco prima avevano provocato la mia gelosia. Quello che occorreva era di allontanarsi al più presto da quella piccola stanzuccia non contenente di più di un metro cubo di aria, per soprappiù caldissima.

Non ricordo neppure bene il pretesto che addussi per allontanarmi subito.

Affannosamente mi misi a vestirmi. Parlai di una chiave che **avevo dimenticato** di consegnare a mia moglie per cui essa, se le **fosse occorso**, non **avrebbe potuto** entrare in casa. Feci vedere la chiave che non era altra che quella che io **tenevo** sempre in tasca, ma che fu presentata come la prova tangibile della verità delle mie asserzioni. Carla non tentò neppure di fermarmi; si vestì e m'accompagnò fin giù a farmi luce. Nell'oscurità delle scale, mi parve ch'essa mi **squadrasse** con un'occhiata inquisitrice che mi turbò: cominciava essa a intendermi? Non era tanto facile, visto ch'io sapevo simulare troppo bene. Per ringraziarla perché mi lasciava andare, continuavo di tempo

in tempo ad applicare le mie labbra sulle sue guancie e simulavo di essere pervaso tuttavia dallo stesso entusiasmo che m'**aveva condotto** da lei. Non ebbi poi ad avere alcun dubbio della buona riuscita della mia simulazione. Poco prima, con un'ispirazione d'amore, Carla m'**aveva detto** che il brutto nome di Zeno, che m'era stato appioppato dai miei genitori, non era certamente quello che **spettava** alla mia persona. Essa avrebbe voluto ch'io **mi chiamassi** Dario e lì, nell'oscurità, si congedò da me appellandomi così. Poi s'accorse che il tempo **era** minaccioso e m'offerse d'andar a prendere per me un ombrello. Ma io assolutamente non potevo sopportarla più oltre, e corsi via tenendo sempre quella chiave in mano nella cui autenticità cominciavo a credere anch'io.

6   1. fosse triste; 2. abbia perso tempo e non abbia finito affatto; 3. fosse un pazzo; 4. si sia comportato da ipocrita; 5. non fosse molto simpatica; 6. fosse terribilmente noioso; 7. sia stato molto faticoso; 8. si sia annoiato un po'; 9. sia stato proprio lui a farlo.

8A   naufragare - mare; stormire - vento; interminati - spazi; silenzio - voce; orizzonte - sguardo; eterno - morte.

8B   ermo colle; profondissima quiete; sovrumani silenzi; interminati spazi; infinito silenzio; morte stagioni.

11   **ambito informatico:** rete; web; biblioteche digitali; ragnatela elettronica; motore; siti; viaggiare nei siti; internet; libro elettronico; in formato digitale; visitare virtualmente; portare in formato elettronico tutto il sapere cartaceo; http://www.classici-stranieri.com/; http://www.crs4.it/HTML/literature.html

ambito letterario e culturale: letteratura; capolavori della scrittura; libri cartacei; circolazione dei saperi; l'immagine leopardiana; l'ultimo verso; l'inifito leopardiano; il testo del piccolo idillio; l'indice delle opere; autori; libri tradizionali; poesie di porta o belli; testi di Giordano Bruno; la storia d'Italia di Guicciardini; testi fondamentali della letteratura; l'ispirazione; bellezza narrativa o poetica; parchi letterari; leopardiano colle di Recanati; fondazione Ippolito Nievo; biblioteca; elenco per autore; opere; argomento; Progetto Manuzio; grande umanista stampatore; il sapere cartaceo; la cultura; capolavori della letteratura; manuali; tesi di laurea; riviste; documenti; classici stranieri; antologia frammentaria della letteratura italiana.

13   1. chattare; 2. sito; 3. navigare; 4. tastiera; 5. motori di ricerca; 6. cliccare / schermo; 7. stampante; 8. digitare; 9. schermo; 10. salvare.

16   Giorgio Kam era un uomo molto **ricco**, proprietario di **miniere**. Un giorno salvò un ragazzo che **stava affogando**. Si trattava in verità del **figlio** di Dio.
Dio per **ringraziare** Kam, gli chiese che cosa volesse. Kam per darsi arie da **intellettuale** , disse che voleva in dono una **poesia**.
Dio cercò di convincere Kam che quello non era il **premio** adatto a lui e che avrebbe fatto meglio a chiedere qualcos'altro.
Ma Kam insistette e spiegò che voleva che Dio gli concedesse il dono di **apprezzare** la poesia come succedeva ad alcuni suoi amici. Disse che lui ci aveva provato tante volte senza **riuscirci**.
E così Dio gli diede un **pacchettino** con dentro una **poesia**. Kam prese il **pacchettino** e se ne tornò alle sue abituali occupazioni. Era un uomo ricchissimo e pieno di impegni e così **dimenticò** il pacchettino nella sua scrivania per tanti lunghi anni. **Dimenticò** anche la storia della poesia.
Un giorno, Kam - ormai vecchio e affaticato - cercando una **pillola energetica americana** nella sua **scrivania**, ritrovò il **pacchetto** che conteneva la **poesia** ricevuta in dono da Dio. Purtroppo non ricordava nulla di quella sto-

ria e **gettò** via il pacchetto chiedendosi chi avesse potuto **mettere** lì quella sciocchezza.

17 A bordo del suo yacht, Giorgio Kam, proprietario di miniere, ebbe occasione di salvare un ragazzo che **si dibatteva** tra le onde. **Era** un giovanotto di bellezza straordinaria e **risultò** essere figlio di Dio.
Il quale, sentendosi obbligato, **mandò** a chiamare il Kam e gli chiese quale **volesse**.
"Ti sono grato dell'offerta" **rispose** il minerario "ma perché me la fai con quel tono risentito?"
"La vista dei riccioni del tuo stampo ha l'effetto di mettermi un poco fuori squadra. Ma non farci caso, ciascuno ha le sue fisime. Esprimi piuttosto un desiderio. Per arduo che **sia**, farò del mio meglio."
Il Kam, che **si piccava** di intellettuale e **invitava** spesso alle sue serate filosofi, scrittori, pittori, musicisti, volle fare bella figura:
"Mi piacerebbe che tu mi **facessi** un dono di poesia".
"Quale genere di poesia?"
"La poesia di Walter Tribolanti." (Negli ultimi tempi **aveva sentito** parlare molto di questo giovane poeta e ne **aveva letto** qualche cosa, senza però capirci niente.)
"È troppo poco" **disse** Dio. "Le poesie di Tribolanti si vendono in ogni libreria, al prezzo, se ben ricordo, di millecinquecento lire."
Non intendevo questo. Mi piacerebbe che tu mi **concedessi** il godimento che certi amici miei giurano di ricavare da quei versi e che io **ho tentato** invano di ottenere."

18 Pubblicità 1: assicurazioni; Zuritel; risparmio.

Pubblicità 2: sport invernale; Biatlon; emozioni.

Pubblicità 3: acqua minerale; Santa Croce; giusto residuo fisso, basso contenuto di sodio, leggera, pura, economica.

19 *vedi trascrizione sul Libro dello studente*

Episodio 15

1 1. falso; 2. vero; 3. vero; 4. falso; 5. vero; 6. vero; 7. falso; 8. falso; 9. vero; 10. vero; 11. vero; 12. vero; 13. falso; 14. vero; 15. falso; 16. vero; 17. falso.

2 Si fa il punto: si fa un bilancio, un'analisi della situazione; Alle spalle: dietro di sé, nel passato; Si riversano: vanno tutti insieme, in massa; Il verdetto: il giudizio di una corte di giustizia; Imputati: persone in attesa di giudizio; Ha riaperto i battenti: ha riaperto l'attività; È stato inscatolato: è stato chiuso dentro; S'imbatte: incontra per caso.

4 1. additivo contro le macchie (Omino bianco); 2. elimina tutte le macchie; 3. Ma lo fai per dispetto? Macchie di ketchup sulla tovaglia, cioccolato sui jeans e la maglietta tutta impataccata di ragù! Tanto poi tocca sempre a me lavare; 4. una madre con suo figlio; 5. la madre chiede al figlio se lo fa per dispetto a macchiare la tovaglia, i jeans e la maglietta, visto che poi toccherà sempre a lei lavare tutto.

6 **scuola:** studente, professore di inglese, valutazioni di fine quadrimestre, classe, registro, calcolava le medie, sufficienza piena, insufficienza sicura, tre e quattro, un alunno, mezzo voto, giudizio, il cinque e il sei;

calcio: un fischietto, calcio di rigore, la partita, i tempi supplementari.

7 Se capitava: se succedeva; Rovello: problema che non dà pace; Poveracci: sfortunati, non felici; Mettiamoci nei loro panni: immaginiamo di essere al posto loro; Non è mica da poco: non è affatto poco importante; (Per uscire) dalle ambasce: da una situazione imbarazzante, difficile; Estraeva: tirava fuori; Decretava: emetteva, dava un giudizio;

(Se) l'azzeccavi: rispondevi esattamente; (Se) facevi cilecca: sbagliavi; Ti toccava: dovevi; Ci tengono: per loro è molto importante.

10 1. Se la memoria non mi tradisce: se ricordo bene; 2. Strafalcioni: errori piuttosto gravi; 3. L'aneddotica: racconto di fatti particolari della vita privata di qualcuno; 4. Il cattedratico: il professore; 5. Stupefacente ignoranza: grande, sorprendente ignoranza; 6. Una manciata di fieno: un po' di quell'erba secca che si usa come cibo per alcuni animali; 7. Giovanotto: ragazzo.

13 1. L'insegnante gli chiese se fosse (era) da molto tempo che studiava l'italiano; 2. Marina disse che preferiva prendere il sole sulla spiaggia piuttosto che abbronzarsi con la lampada solare; 3. Il cliente disse che se fosse stato possibile, avrebbe voluto una stanza tranquilla, con bagno e aria condizionata; 4. Il commissario disse che il fatto che non fosse rientrato in casa quella sera lo insospettiva; 5. Mi chiese come avremmo fatto a portare tutte quelle valigie pesanti fino a casa; 6. Suo marito le disse di evitare (che evitasse) di portare tutti quei vestiti perché, in fondo, sarebbero stati via solo due giorni; 7. Ci chiese se fossimo andato (se eravamo andati) a trovare Laura e Patrizio nella loro nuova casa; 8. Risposero che non c'era nessuno, che erano andati tuttti via e ci dissero di tornare il mattino seguente dopo le nove; 9. Al ritorno da Venezia gli domandarono se avesse fatto (aveva fatto) almeno un giro in gondola; 10. Le chiesero se si ricordasse (si ricordava) chi era seduto nello socmpartimento oltre a lei.

14 *vedi pagina seguente.*

16 1. Biancone si mostrò sorpreso che l'altro non lo riconoscesse. Disse che era andato lì la settimana prima, che era lì con un amico e chiese se potevano salire; 2. Federica propose di andare a fare il bagno; 3. Rispose che, in verità, aveva già pensato di telefonargli, ma poi si era trattenuta pensando che dopotutto era lui che si era comportato peggio e quindi non si meritava nessuna telefonata; 4. Alla sua proposta obiettò che gli sembrava ingrato da prate loro costringerlo a licenziarsi dopo anni di lavoro in cui si era fatto in quattro per soddisfare le esigenze della ditta; 5. Tornando sull'argomento aggiunse che se lui non fosse stato così flessibile sull'orario e sulle mansioni da svolgere, loro si sarebbero trovati in seria difficoltà e soprattutto chiese se gli sembrava onesto dirgli che non gli serviva più, dopo che per anni lo avevano pagato in nero, senza garantirgli né ferie, né malattia; 6. Fausto esclamò stizzito che a quel punto non sapeva che fare, pensava che il vino lo portasero loro e lì intorno non c'era neanche un negozio aperto; 7. Le rispose che se fosse toccato a lei, sicuramente non sarebbe stata così contenta di alzarsi alle 5 del mattino per andare a prenderli all'aeroporto; 8. Monica gli passò accanto e gli chiese se ce l'avesse con lei, se lei gli avesse fatto qualcosa. Aggiunse che lei non c'entrava nente con quello che gli era successo, che poteva chiederlo a Rosa (se avesse voluto, avrebbe potuto chiederlo a Rosa) perché lei era testimone; 9. Gli disse di smettere di bere, di uscire, di muoversi (che smettesse di bere, che uscisse, che si muovesse) perché giocarsi la vita con una bottiglia era da stupidi, che aveva tutto il mondo da scoprire e gli consigliò di prenotare un viaggio perché non poteva rovinarsi per una donna che se era comportata in quel modo; 10. Marta esclamò spazientita di smetterla (che la smettesse) di parlare di politica, perché tanto lo sapevano tutti che la pensavano in modo diverso, che non era il caso di azzuffarsi proprio quella sera lì davanti agli ospiti, perché non le sembrava rispettoso nei confronti di chi li aveva invitati.

17A 1. vero; 2. falso; 3. vero; 4. falso; 5. falso; 6. vero; 7. vero; 8. popolare; 9. coinvolgente; 10. vero; 11. falso; 12. vero.

14

20 A. Baricco, *Novecento*: Ci vollero degli anni, ma alla fine, un giorno, prese il coraggio a quattro mani e chiese a Novecento perché non scendesse (scendeva) una volta anche solo una volta, perché non lo andasse (andava) a vedere il mondo, con gli occhi suoi, proprio i suoi. Perché se ne stesse (stava) su quella galera viaggiante, lui che avrebbe potuto starsene sul suo Pont Neuf a guardare le chiatte e tutto il resto, lui che avrebbe potuto fare quello che voleva, che suonava il pianoforte da dio e tutti sarebbero impazziti per lui. Si sarebbe fatto un sacco di soldi, e avrebbe potuto scegliersi la casa più bella che c'era, che poteva anche farsela a forma di nave, dato che non doveva render conto a nessuno.

I. Svevo, *La coscienza di Zeno*: Lo colse un'inquietudine enorme. Pensò che giacché gli faceva male, non avrebbe fumato mai più, ma prima voleva farlo per l'ultima volta. G. Deledda, *La madre*: Ella disse umile e addolorata che loro se ne sarebbero andati. E quello era il suo desiderio. Uomo vivo o fantasma che fosse, gli disse di aver pazienza per qualche giorno: se ne sarebbero andati. L'altro le chiese dove volesse (voleva) andare, quel posto o un altro era lo stesso. Le consigliò di dar retta a uno che se ne intendeva e di lasciare che a quel punto il suo Paulo seguisse il suo destino. Di lasciargli conoscere la donna, altrimenti gli sarebbe accaduto come era accaduto a lui. Finché era stato giovane non aveva voluto né donne né altri piaceri. Voleva anche lui guadagnarsi il paradiso, e non si accorgeva che il paradiso era in terra. Quando se ne accorse era tardi; il suo braccio non arrivava più a cogliere i frutti dall'albero e le sue ginocchia non si piegavano perché potesse dissetarsi alla fontana. Allora aveva cominciato a bere vino, a fumare la pipa, a giocare alle carte coi giovinastri del paese. Giovinastri li chiamavano loro; bravi ragazzi che si godevano la vita come potevano. La loro compagnia faceva bene; dava un po' di calore e di allegria, come quella dei ragazzi in vacanza. Solo che essi erano sempre in vacanza, e per questo erano anche più allegri e spensierati dei ragazzi, i quali avevano il pensiero di dover tornare a scuola.

A. Tabucchi, *La testa perduta di Damasceno Monteiro*: Firmino disse che si chiamava Damasceno Monteiro, aveva 28 anni, lavorava come garzone alla Stones of Portugal di Vila Nova da Gaia, aggiunse che la famiglia la andava ad avvisare lui, che era nella Ribeira, e che poi sarebbe andato all'obitorio.

Il direttore rispose con flemma che erano le quattro e che se ce l'avesse fatta a mandargli il servizio entro le nove, il giorno dopo sarebbero usciti con un'altra edizione straordinaria, quella di quel giorno era andata esaurita in un'ora anche se era domenica e molti chioschi erano chiusi. Firmino disse senza convinzione che avrebbe tentato. Il direttore specificò che era necessario e gli raccomandò di inserire molti dettagli pittoreschi, di calcare sul patetico e sul drammatico, come in un bel fotoromanzo.

Episodio 16

1 1. falso; 2. vero; 3. falso; 4. falso; 5. vero; 6. vero; 7. falso; 8. vero; 9. falso; 10. falso; 11. vero; 12. falso; 13. falso; 14. vero; 15. vero; 16. falso.

2 dirigersi: andare in una certa direzione; moltitudini frettolose: molte persone che vanno in fretta; scorgere: vedere da lontano; intonati: dello stesso tono, colore, che stanno bene insieme; attendenti: persone che aiutano, servono qualcuno; potenzialità: occasioni, possibilità; sconforto: tristezza, delusione, mancanza di speranza.

2B 1. Non te le prendere: non offenderti, non star male per qualcosa; 2. Mettergli in mano: dargli, affidargli; 3. Come l'ha ridotto: l'ha fatto diventare brutto, vecchio, sporco; 4. A chi l'avete affidato: chi si prende cura di questa cosa; 5.

Non ne vale la pena: non serve fare questa cosa; non è utile; 6. (La paghi) una bella cifra: la paghi molto cara; 7. Non ho nessuna intenzione: non voglio, non intendo; 8. La fa rigare dritta: le dà regole da seguire e lei le segue; 9. Ci sa fare: è brava, sa come ottenere ciò che vuole.

3 1. hanno ridotto; 2. ha intascato; 3. te la prendere; 4. ne vale la pena; 5. hanno messo in mano (hanno affidato); 6. farà rigare dritto; 7. ha intenzione; 8. ci sa fare.

4 congedandosi: mentre si congedava; dandogli: e gli avrebbe dato; essendo indeciso: poiché era indeciso; pur amando: anche se amava; vivendoci: poiché ci viveva; arrivando: quando arrivò; tamburreggiando: con il tamburreggiare (il verbo ha valore nominale).

5 1. Uscire - uscendo - essendo uscito; 2. Studiare - studiando - avendo studiato; 3. Aspettare - aspettando - avendo studiato; 4. Telefonare - telefonando - avendo telefonato; 5. Arrivare - arrivando - essendo arrivato; 6. Bere - bevendo - avendo bevuto; 7. Addormentarsi: addormentandosi - essendosi addormentato; 8. Fare - facendo - avendo fatto; 9. Dare - dando - avendo dato; 10. Dovere - dovendo - avendo dovuto; 11. Leggere - leggendo - avendo letto; 12. Scrivere - scrivendo - avendo scritto; 13. Dormire - dormendo - avendo dormito; 14. Finire - finendo - avendo finito; 15. Guidare - guidando - avendo guidato; 16. Parcheggiare - parcheggiando - avendo parcheggiato.

6 1. essendo caduto; 2. avendo corso / essendo corso; 3. avendo creduto; 4. avendo aperto; 5. essendo rimasto; 6. avendo riempito; 7. avendo incontrato; 8. essendosi avvicinato; 9. essendosi messo; 10. essendosi seduto; 11. essendosi ricordato; 12. avendo detto.

7 1. uscendo; 2. camminando; 3. leggendo; 4. avendo dormito; 5. ascoltando; 6. ripensando; 7. correndo; 8. avendo finito; 9. essendo arrivato; 10. telefonando; 11. svegliandosi; 12. bevendo/facendo; 13. avendo viaggiato; 14. avendo cambiato; 15. avendo capito.

8 L'appetito vien mangiando; Sbagliando s'impara.

9 1. leggendo: alcuni pensano che se si legge si impara anche a scrivere meglio; 2. facendo: se si fa ginnastica 15 minuti al giorno ci si mantiene in forma; 3. vendendo: se vendessero il loro appartamento al mare, potrebbero ricavare la somma di cui hanno bisogno; 4. partendo / facendo: se partiamo alle sei e se facciamo anche due soste per prendere un caffè, potremmo arrivare a Milano per le undici senza problemi; 5. finendo: se finissimo presto, potremmo fare un salto al centro commerciale per comprare i regali stasera, così domani siamo liberi; 6. affittando: se affittasse il suo appartamento a studenti, potrebbe guadagnarci di più; 7. guidando / passando: se si guida senza cintura, si perdono tre punti sulla patente, se si passa con il rosso, se ne perdono cinque.

10 1. facendo; 2. vivendo / lavorando; 3. eliminando; 4. giocando; 5. tirando; 6. piangendo; 7. riscuotendo; 8. scusandosi; 9. volando; 10. mescolando; 11. scrivendo.

11 1. vero; 2. falso; 3. falso; 4. vero; 5. per studiare architettura; 6. falso; 7. Altare della Patria; 8. vero; 9. vero.

12 *vedi trascrizione sul Libro dello studente*

18A ha subìto <u>molti cambiamenti</u>: ha subìto <u>molte metamorfosi</u>; <u>Le luci della notte</u>: <u>il brillìo notturno</u>; faceva <u>luccicare</u> l'acqua della fontana: faceva <u>scintillare</u> l'acqua della fontana; <u>Parlavo con il mio amico</u>: <u>discorrevo con il mio amico</u>; girando lo sguardo: <u>volgendo l'occhio</u>; (stradine) <u>non dritte, piene di curve</u>: (stradine) <u>tortuose e con cento rivolgimenti e pieghe</u>; <u>a fatica si tenevano</u>: <u>a malapena si reggevano</u>; <u>grandi mangiatori</u> dei panini: <u>feroci divoratori</u> dei panini; <u>che rendono agitati</u> i sogni di...: <u>che inquietano</u> i sogni di...; le piccole strade <u>non luminose e ricche di storia</u>: le piccole strade <u>piene d'ombra gremite di tempo</u>; <u>cercarono</u> a lungo nella memoria: <u>frugarono</u> a lungo nella memoria; <u>una misteriosa</u> parola d'ordine: <u>un'enigmatica</u> parole d'ordine.

18B   Tortiglioni fiammeggianti; Robuste architetture; Colonne votive; Picchi montani; Gole rocciose; Chiese barocche.

19   Erano i **giovani** borgatari. I **terribili** borgatari, i **sinistri** abitanti delle periferie, i **feroci** divoratori dei panini e degli hamburger di McDonald - che inquietano i sogni degli avvocati, deputati, commercianti e scrittori che abitano il centro di Roma. In apparenza non sembravano così **tremendi**. Non erano quei rappresentanti di un' **"altra"** umanità, **infima** e **violenta**, quei "vermi appena **visibili**" sotto la pietra", che trent'anni fa popolavano i romanzi di Pasolini. Erano vestiti come mio figlio: o come i giovani della piazza Rossa o di piazza Venceslao o dei **piccoli** bar sul castello di Praga. Amavano le fragole e i lamponi. E, nei loro gesti non c'era nessuna idea di rivendicare o di occupare la città **ricca** e **nemica**. Dopo tanti anni di esclusione, Roma era finalmente diventata la loro città. Sebbene fosse solo mercoledì e non sabato, avevano preso due ore prima la metropolitana, scendendo a piazza di Spagna; e ora godevano quei piaceri - i gelati, i **bei** palazzi, le **belle** vetrine, i fiori **rosa** e **celesti** le piccole strade **piene** d'ombra **gremite** di tempo - che forse i borghesi di Roma coltivavano con meno passione.

20   1. ...ci inviavano sorrisi e gesti di simpatia attraverso il tavolo, <u>mentre mangiavamo</u> gli asparagi, l'orata e le fave col formaggio; 2. discorrevo con il mio amico <u>e davo (mentre davo)</u> le spalle ai due giovani attori; 3. ad un tratto, per due volte, <u>gridando di meraviglia</u>, essi richiamarono la nostra attenzione; 4. vidi due ragazzi e una ragazza camminare lentamente verso di noi, <u>mentre mangiavano (che mangiavano)</u> un gelato ad occhi chiusi...; 5. ed ecco che, <u>mentre volgevo</u> l'occhio, mi accorsi che tutta la piazza del Pentheon...; 6. <u>pur essendo</u> un vecchio frequentatore di gelaterie e sorbetterie, non avevo mai visto gelati così enormi; 7. avevano preso due ore prima la metropolitana <u>ed erano scesi</u> a piazza di Spagna; 8. dietro il banco, con scrupolo e velocità, altri giovani preparavano quegli obelischi e quelle chiese barocche <u>e impastavano</u> quei pittori l'acuto verde...; 9. in silenzio <u>mentre chiacchieravano</u> fra loro di piccolissime cose, i borgatari attendevano; 10. sapevano che, fra poco, il flusso dei sapori, dei colori e dei profumi della natura si sarebbe fuso in fondo alle loro gole, <u>"e li avrebbe dissetati"</u> meglio di un oasi".

21   - *Prenoterebbe una camera al piano women-only di un hotel?* Cosa vuol dire un piano riservato alle donne? Cos'è questa paura di condividere lo spazio...
- *E se fosse soltanto una trovata di marketing?*
Certo, possiamo anche interpretarla come una tendenza passeggera...
- *Perché?*
Per comodità, per facilità. Perché si accetta questa idea...
- *Così ritorniamo all'idea della donna fragile, che ha bisogno di essere protetta.*
Infatti. Anche qui assistiamo a una fortissima contraddizione...
- *Ma è un discorso moderno dire che la donna si afferma in quanto donna?*
È un discorso falsamente nuovo. Dire che il vero progresso...
- *Come mai?*
Anzitutto, le nuove generazioni femminili sono deluse dal modello ...
- *Oggi una donna di 30 anni non sa più lottare?*
Sono stupita di vedere tante giovani brillanti, pluridiplo-

mate...
- *È un desiderio legittimo...*
Certo. Ma bisognerebbe capire da cosa è indotto. Negli anni Novanta abbiamo...
- *E adesso?*
Visto che dobbiamo vivere insieme, maschi e femmine, è meglio cominciare presto...

Episodio 17

1   1. falso; 2. vero; 3. falso; 4. vero; 5. vero; 6. falso; 7. vero; 8. falso; 9. vero; 10. vero; 11. falso.

2A   Le foglie cadute <u>tappezzano</u> i marciapiedi e <u>attutiscono</u> i passi...: ricoprono; rendendo più leggeri, meno rumorosi i passi; Le foglie ingiallite che gia <u>ostruivano</u> i tombini...: chiudevano, tappavano; Piero lo (il cielo) <u>scrutava</u> affascinato...: osservava (il cielo).

2B   1. tappezzano; 2. scrutavano; 3. ostruiva; 4. attutire.

2C   Tinte: colori; Incomprese: non capite; Ripescate: riprese da una situazione del passato;

Trite: vecchie, usate, ripetute; Raduno: riunione all'aperto di molte persone o animali; Selciato: pavimentazione stradale; Controcorrente: in senso opposto alla maggioranza; Frastuono: rumore caotico, chiasso.

5   Pareva un destino. Certe volte **mi chiedevo** perché, di tanta gente viva, non **restassimo** adesso che io e Nuto, proprio noi. La voglia che un tempo **avevo avuto** in corpo (un mattino, in un bar di S. Diego, c'ero quasi ammattito) di sbucare per quello stradone, girare il cancello tra il pino e la volta dei tigli, ascoltare le voci, le risate, le galline, e dire "Eccomi qui, **sono tornato**" davanti alle facce sbalordite di tutti - dei servitori, delle donne, del cane, del vecchio - e gli occhi biondi e gli occhi neri delle figlie mi **avrebbero riconosciuto** dal terrazzo - questa voglia non me la sarei cavata più. **ero tornato**, **ero sbucato**, **avevo fatto fortuna** - dormivo all'Angelo e discorrevo col Cavaliere - ma le facce, le voci e le mani che **dovevano** toccarmi e riconoscermi, non **c'erano** più.
Da un pezzo non **c'erano** più, quel che **restava** era come una piazza l'indomani della fiera, una vigna dopo la vendemmia, il tornar solo in trattoria quando qualcuno ti **ha piantato**. Nuto, l'unico che restava, **era cambiato**, **era** un uomo come me. Per dire tutto in una volta, **ero** un uomo anch'io, **ero** un altro - se anche **avessi ritrovato** la Mora come l'**avevo conosciuta** il primo inverno, e poi l'estate, e poi di nuovo estate e inverno, giorno e notte, per tutti quegli anni, magari non **avrei saputo** che farmene. Venivo da troppo lontano - non **ero** più di quella casa, non **ero** più come Cinto, il mondo mi **aveva cambiato**.

7   Boccheggiavano: respiravano a fatica per il gran caldo; Incrociando le dita: augurandosi buona fortuna; Danza della pioggia: rito per invocare la pioggia; Propensione: attitudine, tendenza; Si riunisce in branco: si incontra in gruppo; Da coccolare: da trattare bene, di cui preoccuparsi; Capitola: si arrende, cede, modifica un comportamento precedente; Apre i battenti: apre le porte.

9A   1. Asti - Piemonte; 2. Asti spumante - Piemonte; 3. Moscato d'Asti - Piemonte; 4. Brachetto d'Acqui - Piemonte; 5. Picolit - Friuli Venezia-Giulia; 6. Sciacchetrà - Liguria (Cinque Terre); 7. Vin santo - Toscana; 8. Moscato di Trani - Puglia; 9. Moscato di Noto - Sicilia; 10. Malvasia delle Lipari - Sicilia; 11. Moscato di Sorso-Sennori - Sardegna.

9C   1. Panforte di Siena - Vin santo; 2. Cantucci di Siena - Vin santo; 3. Dolce ripieno con creme - Piccolit; 4. Millefoglie - Passito; 5. Dolci a base di frutta fresca - Vini bianchi dolci e morbidi; 6. Dolci con marmellate - Sagrantino passito; 7. Crepe e soufflé - Sauternes; 8. Crème caramel - Schiacchetrà.

10 Nel nostro paese esiste una varietà incredibile di vini dolci. **Ad esempio** in Piemonte, precisamente tra le province di Asti, Alessandria e Cuneo, nascono sia la denominazione di origine controllata e garantita Asti o Asti Spumante che il Moscato d'Asti. **Questi** due vini sono ottenuti dall'uva moscato e si differenziano per la presenza o meno delle caratteristiche "bollicine". L'Asti Spumante è un vino in cui troviamo la caratteristica effervescenza data dall'anidride carbonica, unita a quella freschezza che lo rende unico ed inimitabile. Il Moscato d'Asti, **invece**, identifica un vino "fermo" dal gusto moderatamente dolce. **Continuiamo** il nostro excursus tra i vini dolci d'Italia. **Sempre** in Piemonte troviamo un'altra Docg: Il Brachetto d'Acqui. **Passando al** Veneto, non si può non ricordare il Recioto di Soave, recente Docg, ottenuto principalmente con uve Garganega lasciate ad appassire sui graticci. Nel Friuli Venezia Giulia troviamo **invece** il Picolit. **Ci sono poi** esempi di vini dolci sempre più rari che vengono prodotti in quantità sempre minori, come lo Sciacchetrà delle Cinque Terre, in Liguria. In Toscana troviamo uno dei vini dolci più popolari d'Italia, il Vin Santo, prodotto mediante l'appassimento su graticci di uve Trebbiano toscano e Malvasia.
La maggior parte delle aziende vinicole ha il proprio Vin Santo, **ma attenzione** a non confonderlo con il "vino liquoroso", versione più economica ma decisamente "lontana" dal vero Vin Santo. La produzione di vini da dessert dal sud Italia, **infine**, riguarda per buona parte l'uva moscato. La troviamo **fra l'altro** in Puglia, con il Moscato di Trani, sull'isola di Pantelleria col celebre Passito, in Sicilia con il moscato di Noto e la Malvasia delle Lipari, ed in Sardegna con il Moscato di Sorso-Sennori.
Insomma, non c'è che l'imbarazzo della scelta per finire il pasto in dolcezza.

12 Fellini: Yucatan; Moravia: Africa; Pasolini: Palestina; G. Faletti: Montecarlo; T. Terzani: Cina; F. Marciano: Africa; S. Veronesi: America; E. Affinati: Auschwitz.

13 incitati (trapassato prossimo passivo) erano stati incitati; stimolati (trapassato prossimo passivo) erano stati stimolati; scritto (passato prossimo passivo) è stato scritto; ambientato (passatoprossimo passivo) è stato ambientato; annoiato (gerundio passato) essendo annoiato; tornato (a casa) (trapassato prossimo: quando è tornato; pubblicato (passato prossimo) ha pubblicato.

14 1. considerata l'età; 2. detto tra noi; 3. considerata la stagione; 4. visto l'andazzo; 5. tutto sommato; 6. vista l'ora; 7. capita l'antifona; 8. considerato il prezzo; 9. detto fatto.

15 1. riattaccato; 2. messi; 3. fatti; 4. finita; 5. lasciato; 6. spedite; 7. passata; 8. sceso; 9. arrivato; 10. tornati.

16 uscendo in strada: dopo che fu uscito; mettendosi a correre: e si mise a correre; tornato indietro di un centinaio di metri: dopo che fu tornato indietro di un centinaio di metri; chinandosi con un certo sforzo: mentre si chinava con un certo sforzo; portata fuori l'auto: dopo che ebbe portato fuori l'auto; richiusa la saracinesca: dopo che ebbe richiuso la saracinesca.

18A Lo scopo è quello di attirare viaggiatori e turisti in tutte le stagioni dell'anno e non solo durante l'alta stagione estiva, periodo in cui la Sardegna è meta in modo massiccio di turismo italiano e straniero.

20 1. di sensibilizzare l'opinione pubblica su un problema; 2. primaverile; 3. bosco, cielo, alberi; 4. verdeggiante bosco italiano, cielo azzurro, alberi rigogliosi; 5. sta passeggian-

do; 6. trotterella festoso; 7. la caccia; 8. un crimine organizzato; 9. aiutaci a fermarla; 10. vero.

22A Un albero rigoglioso: pieno di foglie, con una folta chioma; Un albero spoglio: senza foglie; Un albero in fiore: pieno di fiori; Un cane abbaia: emette il suo verso; Un cane scodinzola: agita la coda; Un cane trotterella: avanza in un modo che ricorda il trotto di un cavallo, con un'andatura non veloce, ma sostenuta.

22B terso - limpido - azzurro - grigiastro - grigio - coperto - nuvoloso - plumbeo.

23 *La canzone che fischia più spesso sotto la doccia?*
In questi giorni *Dimbke* dal mio ultimo disco.
Film cult?
Otto e mezzo di Fellini.
Se dovesse cambiare qualcosa nel suo fisico che cosa cambierebbe?
Se proprio fossi costretto, tutto.
Personaggio storico più ammirato?
Nestor Makno.
E il più detestato?
Heinrich Himmler.
Se potesse parlare a quattr'occhi con l'uomo più potente del mondo, che cosa gli direbbe?
A Bush di tornarsene nel suo ranch, risolvere una volta per tutte i problemi con suo padre, e magari leggersi qualche libro. Al Papa di smetterla con la propaganda anticoncezionale in paesi sovrappopolati e devastati dall'AIDS.
Il dono di natura che vorrebbe avere?
Parlare tutte le lingue del mondo.
Come vorrebbe morire?
Disintegrato.
Stato d'animo attuale?
In movimento.
Le colpe che le ispirano maggiore indulgenza?
Gli eccessi in legittima difesa.
Il suo motto?
C'è sempre un nuovo angolo da cui guardare le cose.

Episodio 18

1A 1. falso; 2. vero; 3. vero; 4. falso; 5. falso; 6. falso; 7. vero; 8. vero; 9. falso; 10. vero.

2 Ridacchiava esprimendo disprezzo e derisione: sghignazzava; Prezzi aumentati: prezzi in salita; Valore reale delle retribuzioni: potere d'acquisto; Andavano in massa, con irruenza: si fiondavano; Pagamenti riportati nel tempo: pagamenti dilazionati; Si riempivano eccessivamente: si intasavano; Vendevano oggetti di poca utilità: smerciavano l'inutile; Passanti che cercano di farsi largo tra la folla: passanti sgomitanti; Autori di film commerciali, di scarso valore artistico: registi di cassetta; Voci che si diffondono fra la gente: le solite dicerie; Si ripescavano dalla memoria passata, si ritiravano fuori: si riesumavano; Allontanare le proprie paure: esorcizzare le proprie paure; Resteranno stabilmente, lasceranno un segno nell'anima: sedimentavano nell'anima; Riportare alla memoria: rievocare; Il ricordo che diventa patrimonio collettivo di generazioni: memoria collettiva; Alle forme iniziali dell'architettura: agli embrioni dell'architettura; Che fanno passare la luce: trasparenti; Che brillano: luccicanti; Che provocano una sensazione di ebbrezza: inebrianti.

3

sostantivi in -*ione*	verbi
insoddisfazioni	soddisfare
decorazioni	decorare
rivelazione	rivelare
rappresentazioni	rappresentare
generazioni	generare

4 Amministrare: amministrazione; Apparire: apparizione;

Assicurare: assicurazione; Autorizzare: autorizzazione; Benedire: benedizione; Convincere: convinzione; Definire: definizione; Distrarre: distrazione; Donare: donazione; Emozionarsi: emozione; Giustificare: giustificazione; Improvvisare: improvvisazione; Limitare: limitazione; Negare: negazione; Operare: operazione; Punire: punizione; Rimuovere: rimozione; Sottrarre: sottrazione; Tentare: tentazione; Valutare: valutazione.

5 1. amministrazione; 2. apparizione; 3. assicurazione; 4. giustificazione; 5. rimozione; 6. punizione; 7. improvvisazione; 8. definizione; 9. distrazione; 10. tentazione; 11. operazione; 12. valutazione; 13. benedizione; 14. autorizzazione.

6 Si pentiva - pentirsi: riflessivo; s'irrigidì - irrigidirsi: riflessivo; s'imbiancava - imbiancarsi: riflessivo; si preparava - prepararsi: riflessivo; si fiondavano - fiondarsi: riflessivo; si intasavano - intasarsi: riflessivo; si preparavano - prepararsi: riflessivo; si riesumavano - riesumare: passivante; si serviva - servirsi: riflessivo; si erano intrecciate - intrecciarsi: riflessivo; si erano riconosciute - riconoscersi: riflessivante.

7 1. A Natale la gente mangia di più e sta molto tempo in casa; 2. I biglietti della metro vengono venduti (sono in vendita) presso tutti i tabaccai o le edicole; 3. non cambia; 4. non cambia; 5. In questa città le macchine vengono parcheggiate in doppia fila e così si intasa il traffico; 6. Il torrone è un dolce che viene mangiato quasi esclusivamente durante le feste natalizie; 7. non cambia; 8. Alla fine di quest'anno verrà eletto un nuovo sindaco; 9. Pare che questo videogioco venga venduto moltissimo, piace a tutti i ragazzi; 10. Mi hanno detto che il guasto non può essere riparato, devo comprare una nuova lavatrice.

9A

veri alterati	falsi alterati	non alterati
Lettone	Pallone	Buffone
Palazzone	Figurone	Plotone
Schiaffone	Cenone	Campione
Piattone	Portone	Stallone
Stanzone	Piumone	Barone
Bacione	Cartone	Montone
Pentolone	Barbone	Bastone
Cartellone	Provolone	Cotone
Salone	Pedone	
Moscone	Tifone	
Ombrellone	Ciclone	
Minestrone		

9B 1. Tirchione: che è molto tirchio, non ama pagare, offrire, spendere; 2. Riccone: molto ricco, benestante; 3. Spendaccione: che ama spendere, comprare, non bada a spese; 4. Pasticcione: che è disordinato, caotico, combina guai, scarabocchia; 5. Chiacchierone: che parla molto e ama parlare, anche degli altri, non tiene segreti; 6. Brontolone: che si lamenta continuamente e fa commenti su tutto; 7. Pigrone: molto pigro, non ama muoversi, non è dinamico; 8. Imbroglione: che imbroglia, è disonesto; 9. Fannullone: che non ama lavorare, se può cerca di non fare, si tira indietro; 10. Musone: non allegro, chiuso in sé, poco comunicativo; 11. Scroccone: che approfitta degli altri per farsi offrire delle cose, evitando di pagare o di comprare; 12. Nasone: che ha un grosso naso; 13. Testone: difficile da convincere o poco intelligente; 14. Cervellone: molto intelligente e colto, che sa molto.

11 Si chiama; si chiamano; ci si poteva incontrare; ci si poteva vedere; ci s'incontrava; si coltivavano; si parlava; ci s'incontrava; capitava; si usava; si sia compiuto e consumato.

Il pronome che accompagna la forma impersonale è di solito *si*. Se il verbo è riflessivo o reciproco invece l'impersonale si forma con il pronome *ci* che sostituisce il pronome *si* per evitare la presenza di due pronomi uguali: ad esempio: "si si incontra" diventa "**ci** si incontra".

12 1. Per cerimonie importanti ci si veste di scuro; 2. Ci si abitua a tutto; 3. Ci si fa il bagno; 4. Ci si incontra per strada; 5. Ci si cura con medicine omeopatiche; 6. Ci si conosce attraverso Internet; 7. Non ci si scandalizza più di niente; 8. Ci si allena in palestra per ore; 9. Ci si stanca facilmente; 10. Lavorando al computer ci si rovina la vista.

16 Però la cucina è ferma, di pietanze non **si vede** nemmeno l'ombra e i commensali **si scambiano** sorrisi imbarazzanti. Non sanno che **dirsi**. Ma finalmente **si sente** suonare alla porta. È un ragazzo orientale: che ci fa? È venuto a portare un *take away* cinese. Tutti **si stupiscono** tranne il padre che, visibilmente soddisfatto, comincia a distribuire porzioni di cibo esotico.
[...]
Il claim è malinconico. Ma di questi tempi, e soprattutto in questo periodo, la nostalgia **si vende** molto bene nei supermercati.

22 In questi giorni nelle strade del centro ancora scintillano i negozi e le vetrine e un **flusso** di gente continua a muoversi in cerca di qualcosa da comprare. Ma, anche se questo è il pretesto, la gente sembra muoversi ancor più per un'ansia, l' **ansia** di spendere, spendere come se un **ordine** superiore lo imponesse dall'alto. Sono anch'io mescolato in questa **folla** e ho l'aria ansiosa e disincantata e a volte sgomenta di chi è in **attesa** di una festa che sia una vera festa, e anche se ne vede i segni e gli **addobbi**, non ci crede più.
Tra i fenomeni più curiosi legati alle feste di fine anno metto anche l' **afflusso** nelle due grandi librerie del centro storico, la Feltrinelli di piazza Argentina e quella di Galleria Colonna, recentemente inaugurate. È davvero incredibile, se non lo si è visto con i propri occhi, la **frenesia** di acquisto librario che si è impossessata della gente. Si fa la **coda** per pagare alla cassa, e le povere **cassiere** stanno lì a battere tasti e a incassare **soldi** dalla mattina alle otto, alla sera alle otto, senza un momento di sosta.
La gente afferra i libri e ne compra non uno o due alla volta, ma sette, otto, dieci, tutt'insieme, e con una **furia**, una fretta, un'agitazione incredibile.
Mi fanno pensare a un amico della mia lontana adolescenza che s'era talmente infervorato di letteratura che entrava in **libreria** e chiedeva: datemi tre "Moby Dick", due "Billy Budd" e qualche "Lord Jim"! Senza arrivare a tanto ho visto però gli **scaffali** e i banchi coi libri assaliti letteralmente, e i libri piluccati come il grano dai **piccioni** in piazza san Marco a Venezia. Come si spiega tutta questa furia? Con un'improvvisa **folata** di amore per la lettura?

23 1. falso; 2. falso; 3. falso; 4. vero; 5. falso; 6. vero; 7. falso; 8. falso; 9. falso.

24 Vuoi **l'avventura**?
L'avrai e in tutta **sicurezza**!

Una **religione**?
Eccola e per farne parte non è necessario **crederci**!

Un **quintale di panettone**?
Mangialo e **dimagrirai**!

un giorno in italia · 2

test di verifica
chiavi dei test di verifica

1 *Completa le frasi con le preposizioni mancanti.*

Es.: *Ci piace andare in barca a vela e fare il bagno lontano dalla riva.*

1. L'ufficio si trova .... quinto piano .... un palazzo d'epoca.
2. Marta assomiglia di più .... sua cugina che .... sue sorelle.
3. I prezzi .... benzina aumentano .... giorno .... giorno.
4. Marco, ... tanto .... tanto potresti mettere .... ordine la tua stanza.
5. I suoi vestiti sono sparsi .... tutta la casa.
6. Non si trova un bar aperto, sono tutti chiusi .... ferie.
7. La maggior parte .... scuole riaprono .... settembre.
8. Ho guidato .... chilometri .... città .... città senza incontrare un benzinaio.
9. .... città d'arte quest'anno i turisti sono .... aumento rispetto .... anni passati.
10. Questa volta ho preparato una cena .... molti piatti diversi .... solito.

2 *Trasforma le frasi usando il condizionale composto come nell'esempio.*

Es.: Studierebbe volentieri il cinese — *Avrebbe studiato volentieri il cinese* ....

1. Mangerei volentieri qualcosa di dolce. ....
2. Usciremmo volentieri con te. ....
3. Mi piacerebbe conoscerlo meglio. ....
4. Verresti a Parigi con me? ....
5. Preferirebbero vivere in campagna. ....
6. Dovresti curare di più la tua alimentazione. ....
7. Prenderei volentieri un aperitivo. ....
8. Franco vorrebbe andare a teatro. ....
9. Potresti fare una vita diversa! ....
10. Vorrei vederti più spesso. ....

3 *Trasforma questo breve testo al passato.*

Michele pensa che domani, in caso di pioggia, dormirà più a lungo, rimarrà a casa, rimetterà in ordine la sua stanza, finirà una traduzione, inviterà un po' di amici e preparerà per loro una buona cenetta.

Michele pensava che, il giorno dopo, in caso di pioggia, avrebbe dormito più a lungo, ...
....
....
....
....

4   *Completa le seguenti frasi con un verbo al trapassato prossimo come nell'esempio.*

Es.: *Arianna disse che (leggere)* ....*aveva letto*....... *tutti i libri di Carlo Levi.*

1. Umberto telefonò per dire che (perdere) .... il treno.

2. Maria non ricordava se prima di uscire di casa (spegnere) .... il gas.

3. Il primo ministro disse che durante il suo mandato aveva fatto molte cose: (riformare) .... il sistema pensionistico, (potenziare) .... i servizi pubblici e (incrementare) .... le esportazioni.

4. Stefano era sicuro di passare l'esame perché (studiare) .... tutto l'anno con impegno.

5. Si recò dalla polizia per dire che (perdere) .... il passaporto.

6. Quella era la donna che (incontrare) .... vent'anni prima su un treno.

7. A quella festa noi (divertirsi) .... moltissimo.

8. I suoi nonni (attraversare) .... molti paesi prima di ritornare in patria, (soffrire) .... il freddo e la fame, ma alla fine (riuscire) .... a rifarsi una vita.

9. Prima di partire Elena (riempire) .... la valigia di vestiti e regalini per tutti gli amici.

10. Durante le vacanze lui non (controllare) .... mai la sua posta.

5   *Completa con la parola più adatta scelta tra le seguenti:*

Marca • spaginato • volantini • cassetto • lettere
direttore • gavetta • testate • l'involucro • scalpore

1. Chi ha .... tutto il giornale?

2. Per strada dei ragazzi distribuiscono dei .... pubblicitari.

3. Dopo aver mangiato la pizza è bene gettare .... in un cestino e non per terra.

4. Questa notizia ha fatto molto .... , i giornali ne parlano ancora.

5. Prima faceva il capo redattore, ora lo hanno nominato .... del giornale.

6. Il Corriere della Sera è una delle .... più lette in Italia.

7. Non conosco questa .... di patatine, deve essere nuova.

8. Il giornale non ha lo spazio per pubblicare tutte le .... che arrivano in redazione.

9. Ha fatto molta .... prima di diventare un famoso giornalista.

10. Finalmente aveva realizzato il suo sogno nel ....: aprire un ristorante in centro.

6   *Scegli la definizione giusta tra quelle proposte.*

1. giornale che esce tutti i giorni   ⊙ quotidiano   ⊙ diario

2. giornale che esce ogni mese   ⊙ mesata   ⊙ mensile

3. parte del giornale che da spazio
   ai lettori   ⊙ rubrica delle lettere   ⊙ notizie dall'interno

4. serie di pubblicazioni che condividono
   lo stesso genere   ⊙ collana   ⊙ bracciale

5. persone che lavorano per una persona
   o una ditta   ⊙ cospiratori   ⊙ collaboratori

7 *Combina le frasi della colonna A con quelle della colonna B abbinando numeri e lettere:*

A   **B**

1. Se costasse meno   a. avresti meno problemi respiratori
2. Se avesse tempo   b. non avrei problemi di parcheggio
3. Se non avessi fretta   c. lavorerebbero con più passione
4. Se ricordassi il suo numero   d. troverebbe lavoro più facilmente
5. Se avessi la moto   e. forse lo capirebbero
6. Se li pagassero meglio   f. lo comprerei
7. Se mi chiedesse scusa   g. ti aspetterei
8. Se parlasse più lentamente   h. lo chiamerei
9. Se fumassi un po' meno   i. la perdonerei
10. Se conoscesse meglio l'inglese   l. farebbe un po' di sport ogni giorno

………… ………… ………… ………… …………

………… ………… ………… ………… …………

8 *Completa le frasi al tempo e modo opportuni come nell'esempio:*

Es.: *Se noi (incontrarsi)* …………*ci incontrassimo*………… *a Piazza del Popolo,*
   (potere) …………*potremmo*………… *fare due passi prima di cena.*

1. Se tu (prendere) …………………………………… le ferie a luglio, noi (potere)
   …………………………………… affittare una casa insieme in Sardegna.

2. Se tu (alzarti) …………………………………… un po' prima, (potere)
   …………………………………… fare colazione con calma a casa.

3. Se noi (scegliere) …………………………………… una località meno turistica, (evitare)
   …………………………………… l'affollamento sulla spiaggia e (pagare) …………………………
   anche meno per sdraio e ombrellone.

4. Se voi (fare) …………………………………… una pausa, forse (sentirsi) …………………………………
   meglio e (potere) …………………………………… ricominciare a studiare con maggiore concentrazione.

5. Se tutti (impegnarsi) …………………………………… a fare qualcosa per tenere pulita la città,
   il comune (avere) …………………………………… meno spese e l'aspetto delle strade
   e dei quartieri (migliorare) …………………………………… .

6. Se tu (riuscire) .... a prenderti una pausa, io (potere)

    .... raggiungerti al bar per un caffè.

7. Se io (potere) ...., (ricominciare) .... tutto da capo.

8. Se tu (decidere) .... di cambiare programma, (dovere)

    .... farmelo sapere in tempo.

9. Se il Comune (mettere) .... a disposizione più mezzi pubblici, la gente

    forse non (riversarsi) .... nelle strade con macchine e motorini.

10. Se io (trovare) .... una pensione economica, (prenotare)

    .... sin da ora.

9 *Costruite ipotesi che siano collegate in modo logico alle seguenti situazioni secondo il modello.*

    Es.: *Fa troppo caldo / non riesco a dormire*
         Se non facesse tanto caldo, riuscirei a dormire
         ....

1. C'è tanto rumore / non riesco a lavorare

    ....

2. Ha lasciato il cellulare a casa / non può telefonare

    ....

3. Legge poco i giornali / non è aggiornato

    ....

4. È timida / non riesce a fare amicizia

    ....

5. Sono andati a dormire molto tardi / non riescono a seguire la lezione

    ....

10 *Trasforma le seguenti ipotesi da possibili in impossibili come nell'esempio.*

    Es.: *Se voi prendeste un ombrello, non vi bagnereste.*
         Se voi aveste preso un ombrello, non vi sareste bagnati.

1. Se ci fosse il sole, potremmo mangiare in giardino

    ....

2. Se arrivassi un po' prima, potresti organizzare meglio la lezione

    ....

3. Se tu comprassi il biglietto via internet, lo pagheresti molto meno

    ....

4. Se potessi, cambierei classe.

    ....

5. Se lo sapessi fare, non chiederei il tuo aiuto.

    ....

11   *Completa le frasi come nell'esempio.*

Es.: *Se lui (ascoltare)* .... *avesse ascoltato* .... *il notiziario, (sapere)* .... *avrebbe saputo* ....
che quel giorno c'era uno sciopero dei trasporti.

1. Se lui (rimanere) .... a vivere nella sua città, non (avere)
.... tanta fortuna e tanto successo.

2. Se loro (capire) .... l'importanza della ricerca scientifica,
(stanziare) .... più fondi.

3. Se ieri sera, alla festa, voi (vedere) .... Lorenzo ballare,
non (credere) .... ai vostri occhi, sembrava un altro!

4. Se lei (arrivare) .... mezz'ora fa, (trovare) ....
.... parcheggio facilmente, da quest'ora in poi invece è impossibile.

5. Se Marco (prendere) .... un mutuo più alto per comprare
la casa, ora che ha perso il lavoro (trovarsi) .... in difficoltà.

12   *Trasforma le frasi sostituendo alle espressioni sottolineate i rispettivi pronomi.*

Es.: *Chi ha regalato <u>quel gioco al ragazzo</u>?*   *Chi **glielo** ha regalato?*

1. Perché hai spento <u>a me il computer</u>? ....
2. Chi ha riportato <u>a Luigi la bicicletta</u>? ....
3. Chi ha prestato <u>a te i soldi</u>? ....
4. Dove hai nascosto <u>a noi i dolci</u>? ....
5. Perché non hai dato <u>a loro il tuo indirizzo</u>? ....
6. Quando devo riportare <u>a voi questo libro</u>? ....
7. Chi ha lasciato <u>a me questo messaggio</u>? ....
8. Perché non avete detto <u>a lui questo</u>? ....
9. Chi ha comprato <u>a lei questo giocattolo</u>? ....
10. Chi ha tagliato <u>i capelli a Lea</u>? ....

13   *Trasforma le seguenti frasi usando l'imperativo e i pronomi come nell'esempio.*

Es.: *Hai dato il latte al gatto? (no, tu)*   *No, daglielo tu!*

1. Hai chiesto il permesso alla mamma? (no, tu) ....
2. Hai dato l'acqua alle piante? (no, tu) ....
3. Avete corretto il test ai nuovi studenti? (no, voi) ....
4. Avete lasciato ai ragazzi le chiavi di casa? (no, voi) ....
5. Hai spiegato a lui come arrivare qui? (no, tu) ....
6. Avete detto a lui che la festa è stata rimandata? (no, voi) ....
7. Hai comprato un regalo per Sabrina? (no, tu) ....
8. Hai raccontato a loro cosa ci è successo? (no, tu) ....

9. Hai già comunicato a lei la data del nostro arrivo? (no, tu)   ....

10. Hai servito il caffè agli ospiti? (no, tu)   ....

14   *Completa le seguenti frasi con i rispettivi verbi e pronomi indicati come nell'esempio.*

    Es.: (dire /a me) ......*Dimmi*........ la verità, tu lo sapevi già!

1. (fare/ a me) .... un favore, portami le ciabatte!

2. (dare /a me) .... il tuo indirizzo e-mail!

3. (dire/a noi) .... come hai fatto a scoprirlo!

4. (dare/a me) .... una mano, questa valigia è pesante!

5. (fare/a noi) .... sapere quando puoi venire a trovarci!

6. (dire /a lei) .... che non deve preoccuparsi!

7. (dare/ a me) .... il telecomando, voglio cambiare canale!

8. (fare/ a lei) .... conoscere il tuo amico francese!

9. (dire/ a noi) .... come è andato l'esame!

10. (dare/ a lei) .... l'indirizzo dell'albergo!

15   *Sostituisci le parti sottolineate con un avverbio in -mente come nell'esempio.*

    Es.:   Si muove *in modo lento*.   *Si muove lentamente*

1. Il tempo è cambiato all'improvviso.   ....

2. I bulli agiscono in modo prepotente.   ....

3. Leonardo la ama con sincerità.   ....

4. La temperatura è scesa in modo rapido.   ....

5. Mi piace la pizza, in modo speciale
   quella napoletana.   ....

6. Frequenta le lezioni in modo regolare.   ....

7. Dobbiamo fare le valigie con rapidità,
   per non perdere il treno.   ....

8. Affrontate l'esame con tranquillità, non sarà difficile
   per voi.   ....

9. Marco e Giulia la pensano in modo diverso
   sull'educazione dei figli.   ....

10. Di sicuro tutti conoscete un po' la musica italiana.   ....

1   *Inserisci opportunamente questi aggettivi nelle seguenti frasi:*

incomparabile • estraibile • inaccettabile • modificabile • trattabile

incolmabile • irreperibile • risolvibile • irrealizzabile • rimborsabile

1. Poiché lo spettacolo è stato annullato per disguidi tecnici, il biglietto è ....

2. La radio nella mia macchina è fissa, purtroppo non è ....

3. Non sono d'accordo con te. La tua posizione su questo argomento è veramente
.... !

4. L'agente immobiliare mi ha detto che il prezzo dell'appartamento che vogliamo acquistare è
....

5. La situazione tra noi si trascina da molto tempo e mi sembra che non sia più ....

6. Non preoccuparti, anche se a te sembra molto grave, io credo che questo problema sia ancora
....

7. È un modello piuttosto vecchio e attualmente è .... sul mercato.

8. Sei veramente un illuso! Secondo me, il tuo progetto è assolutamente ....

9. L'abbandono di sua moglie ha lasciato in lui un vuoto ....

10. I musei italiani sono ricchi di capolavori di .... bellezza.

2   *Inserisci nel testo i seguenti connettivi:*

mentre • dunque • intanto • infatti • anzi

Quel giorno era triste ed uggioso, pioveva di una pioggia lenta, ma ossessiva e ....
Giovanni usciva di casa , pensò che avrebbe voluto cambiare il corso di quella giornata. ....
avrebbe voluto annullarla quella giornata, cancellarla di colpo! Ma questo era davvero impossibile e
.... non gli restava altro da fare che rimboccarsi le maniche e farsi venire delle
idee. .... che rifletteva sul da farsi, poteva pur sempre concedersi una colazione in
quel grazioso bar che aveva scoperto qualche giorno prima nel suo quartiere.
Si sentiva, però, stanco e spossato. .... decise di prendere la macchina anche se
il tragitto era proprio breve.

3   *Inserisci i verbi al congiuntivo presente nelle seguenti frasi :*

Es.: *Spero che (smettere) ....smetta........ di piovere, perché non ho un ombrello.*

1. Credo che questa guida di Roma non (essere) .... molto aggiornata.

2. Non penso che mio figlio (finire) .... di fare i compiti entro questa sera.

3. Al tuo posto cambierei idea perché temo che la tua decisione (potere) ....
provocare delle conseguenze irreparabili per la tua vita futura.

4. Come vuoi che io (sapere) .... la verità sui problemi di coppia di Carlo
e Marta se non li vedo da un anno!

5. Ho la sensazione che le mie parole non ti (sembrare) .... molto convincenti.

6. È logico che tu (sentirti) .... sempre stanco a scuola: vai a letto tardissimo ogni sera!

7. Sebbene (avere) .... solo 16 anni, Piero mi sembra un ragazzo già molto maturo.

8. Bambini, potete venire con me purché (restare) ...., buoni e tranquilli!

9. Mi domando se Luca (comportarsi) .... così per fare dispetto agli altri o solo perché sta vivendo un periodo difficile.

10. È necessario che Luisa (ascoltare) .... di più i consigli degli altri, piuttosto che fare sempre di testa sua!

4   *Seleziona la forma corretta.*

1. Non so chi **ha organizzato / abbia organizzato** la festa.

2. Anche se il tempo **è / sia** incerto andremo fuori ugualmente domani.

3. Sebbene **abbia studiato / ha studiato** tanto, Maurizio non è riuscito a superare quel concorso su cui contava tanto.

4. Sono sicuro che Luigi **è / sia** arrabbiato con me.

5. Ho spiegato ancora una volta la lezione perché i miei studenti **capissero / capivano** meglio

6. Sono contento che voi **siate riusciti / siete riusciti** a trovare un buon lavoro.

7. Pasquale dice che **abbia trovato / ha trovato** uno spazio espositivo per la sua mostra.

8. Dicono che la globalizzazione **distrugge / distrugga** le culture locali.

9. Sono sicura che loro **hanno capito / abbiano capito** che domani non ci sarà lezione.

10. Preferisco che voi **vi organizzate / vi organizziate** autonomamente, senza di me.

5   *Combina gli elementi della colonna a sinistra con quelli della colonna a destra associando numeri e lettere.*

1. Ho l'impressione che ieri sera	a. purché non pretendiate di tornare a casa troppo presto.
2. Sembra che la politica di questo governo	b. Luigi si sia comportato molto male.
3. Benché controlli molto la sua alimentazione	c. non piaccia ai cittadini più poveri.
4. È assurdo	d. mia sorella non riesce a dimagrire.
5. Venite pure con noi in discoteca	e. che tu pretenda di avere sempre ragione!

....

6   *Completa le frasi con i verbi al congiuntivo passato:*

1. Credo che Marco (conoscere) .... Giulia l'anno scorso durante una vacanza

2. È logico che tu (rimanere) .... deluso quando Laura ti ha lasciato. Eri innamorato cotto.

3. Pensi che io (fare) .... bene a rifiutare quel lavoro che mi avevano proposto l'anno scorso?

4. Mi sembra che Luca e Giovanna (partire) .... già da qualche giorno, ma non ne sono sicuro.

5. Dubito che voi mi (raccontare) .... la verità, ieri sera.

6. I cittadini ritengono che la politica del governo non (essere) .... incisiva fino a questo momento.

7. Temo che voi (sbagliare) .... a non accettare l'invito di Luca.

8. Sono contenta che i nostri amici di Firenze (venire) .... a stare da noi in questo periodo. Avevo proprio bisogno di compagnia!

9. Mi dispiace che Massimo (offendersi) .... per le cose che gli ho detto. Io stavo veramente scherzando!

10. Questa volta, caro Michele, credo che la nostra storia (finire) .... per sempre.

7   *Trasforma le frasi attive in passive.*

   Es.: Molte università lo hanno invitato per tenere conferenze.

   È stato invitato da molte università per tenere conferenze.
   ....

1. L'insegnante rimprovera duramente gli studenti.

   ....

2. Una grande attrice interpreterà questo film.

   ....

3. Marco ha ricevuto un premio importante.

   ....

4. Giulio aveva invitato molte persone per la sua festa di compleanno.

   ....

5. Un architetto famoso ha progettato questa casa.

   ....

6. I suoi amici lo stimavano molto.

   ....

7. Sembra che tutti conoscano questa storia

   ....

8. Sono certo che il direttore apprezzerà il tuo lavoro

   ....

9. I tifosi non accettarono volentieri quella scelta dell'arbitro.

   ....

10. I miei genitori non accettavano volentieri il mio bisogno di indipendenza

   ....

8   *Inserisci la preposizione adeguata:*

1. La banca è stata scassinata .... una banda di rapinatori.

2. Questo partito politico è stato votato in maggioranza .... elettori del nord.

3. La situazione è stata peggiorata .... tuo intervento inadeguato.

4. A Roma le strade sono invase .... macchine.

5. La lavatrice è stata riparata .... un tecnico specializzato.

9   *Trasforma le frasi come nel modello:*

Es.:   I compiti si devono fare con attenzione.

I compiti vanno fatti con attenzione
....

1. Gli alcolici si devono bere con moderazione.

....

2. I bambini si devono educare al rispetto degli altri.

....

3. Questo arrosto si deve cuocere per circa un'ora.

....

4. Queste indicazioni si devono seguire scrupolosamente.

....

5. Questa lavatrice si deve riparare al più presto.

....

10   *Trasforma al passato le seguenti frasi:*

Es.:   È meglio che tu prenda un taxi.

Era meglio che tu prendessi un taxi.
....

1. Credo che tu sia pronto per affrontare un lavoro tanto impegnativo.

Credevo ....

2. Mi sembra che la gente si diverta veramente.

Mi sembrava ....

3. È logico che siano stanchi dopo tanto lavoro.

Era logico ....

4. Voglio che tu parta con me.

Volevo ....

5. Mi domando se tu sappia veramente cosa fare.

Mi domandavo ....

6. È opportuno che dicano finalmente tutta la verità.

Era opportuno ....

7. Spero che mia sorella venga presto.

   Speravo ....

8. Non è giusto che tu mi parli così

   Non era iusto...

9. Ho paura che lui non creda alle mie parole

   Avevo paura ....

10. Mi auguro che le tue difficoltà finiscano presto

    Mi auguravo ....

11 *Coniuga i verbi al congiuntivo imperfetto o trapassato.*

   Es.:   In paese, la gente credeva che nel castello (esserci) ...*ci fossero*..... dei fantasmi,

   perciò nessuno, tranne i turisti, osava avventurarsi al suo interno.

1. Non sapevo che tua sorella (partire) .... per l'America l'anno scorso.

2. È molto bello questo vestito e non è neppure troppo caro, pensavo che tu (pagarlo)
   .... di più.

3. Pensavamo che non (esserci) .... altre soluzioni per salvare il nostro rapporto.

4. Aprendo la porta di casa mi domandavo se mia moglie (essere) ....
   ancora a casa o (uscire) .... prima del mio arrivo con le sue amiche.

5. La cena non era ancora pronta e temevo che gli amici (arrivare) ....
   prima che io (potere) .... sistemare ogni cosa.

6. Gli dissi tutto con grande sincerità perché lui (capire) .... veramente che aveva sbagliato.

7. L'insegnante voleva che loro (parlare) .... solo in italiano
   durante le sue lezioni.

8. Ma come, hai studiato giurisprudenza all'università? Io credevo che tu (studiare)
   .... filosofia!

9. Non sapevo che tu (ricevere) .... già un regalo simile a
   questo, altrimenti avrei scelto un oggetto diverso.

10. Sono molto delusa, credevo che almeno tu mi (potere) .... capire!

12 *Inserisci le parole seguenti concordando in genere e numero se necessario.*

   associazione • romanzo • innovazioni • ambientata • ecologista • aggiornati

   immigrati • volontariato • ottocentesca • contemporanea • l'ambiente • multietnica

   diritti • scontro generazionale • scenario • navigare • neologismi • attività

1. Castel S. Angelo è lo .... in cui è stata ....
   l'opera lirica "La Tosca."

2. In Italia vi sono ormai .... provenienti da tutto il mondo e si sta
   sviluppando nel Paese una cultura ....

3. I "Promessi Sposi" sono il più famoso .... della letteratura

   .... italiana.

4. La lingua italiana è in continua evoluzione e si arricchisce sempre più di ....,

   cioè di nuove parole che vengono registrate nei dizionari più ....

5. Molti giovani per sentirsi utili alla società di dedicano ad .... di

   .... sociale.

6. Appartengo ad una .... che si occupa dei ....

   delle donne.

7. Molti trascorrono ore intere a .... in Internet.

8. Tra genitori e figli è inevitabile che vi sia uno ....

9. Chi ha una coscienza .... rispetta

   .... in cui vive.

10. Molti non apprezzano certe .... dell'arte ....

1 *Completa le frasi con i verbi adeguati all'infinito passato.*

leggere • scoprire • dire • raggiungere • ottenere • lavorare

Es.: Dopo ......*aver letto*...... per tre ore, aveva gli occhi stanchi.

1. Dopo .... tanto, decise di prendersi una meritata vacanza.

2. Dopo .... un risultato così positivo, si sentì molto gratificato.

3. Dopo .... finalmente la verità, si liberò dei suoi sensi di colpa.

4. Dopo .... quella triste verità, provò molta delusione.

5. Dopo .... l'accordo, i sindacati revocarono lo sciopero.

2 *Collega i significati espressi ai modi di dire in modo adeguato associando lettere e numeri.*

1. andarci con i piedi di piombo
2. puntare il dito
3. incrociare le dita
4. piegare la testa
5. puntare i piedi

a. intestardirsi in una decisione
b. affrontare una situazione con molta cautela e attenzione
c. sottomettersi alla volontà di altri
d. accusare qualcuno
e. augurarsi che qualcosa vada per il meglio

....

3 *Inserisci le seguenti parole in modo adeguato:*

mulo • leone • orso • pesce • pulcino

1. Quel tipo non parla mai con nessuno, è veramente un ....

2. All'uscita da scuola pioveva a dirotto e mio figlio è tornato a casa bagnato come un

....

3. Non vuole mai ascoltare i consigli degli altri, è testardo come un ....

4. Fa tantissimo sport ed è forte come un ....

5. Non mi disse una parola, restò muto come un ....

4 *Completa il testo con le seguenti parole:*

vittime • derubata • furti • scippatori • borseggiatori

Nelle grandi città i .... sono all'ordine del giorno. Sulla metropolitana spesso

ci sono .... abilissimi che riescono a sfilare il portafogli da

una tasca o da una borsa senza che la persona .... se ne accorga.

Gli .... invece agiscono con violenza, strappano le borse da motorini in velocità.

Spesso le loro .... sono persone anziane che non sono in grado di difendersi.

5   *Completa le frasi con i verbi coniugati al tempo e modo opportuni.*

1. Penso che la soluzione a questo problema (essere) .... abbastanza facile da trovare.

2. Dubitavo che noi (potere) .... convincerlo a cambiare idea.

3. Sono sicuro che stasera Marta (arrivare) .... in orario.

4. Vorrei che tu (fare) .... questo lavoro con più attenzione.

5. È il complimento più bello che io (ricevere) .... in tutta la mia vita!

6. Ci domandavamo chi (avere) .... quella splendida idea!

7. Sapevo che Luisa (tornare) .... poco dopo da me scusandosi.

8. Guardai con nostalgia quella foto che (scattare) .... molti anni prima.

9. È la città più interessante che io (conoscere) .... !

10. Non so dove (abitare) .... Enrico attualmente.

6   *Seleziona la forma verbale corretta.*

1. Vorrei che tu **venga / venissi** subito da me.

2. Credevamo che tu **sia partito / fossi partito** in macchina.

3. So che **sei venuto / sia venuto** volentieri alla mia festa.

4. Mi domandavo se **credessi / credevi** davvero a quello che stavi dicendo.

5. Anche se **hanno sbagliato / abbiano sbagliato**, li perdono.

6. Credo che non **sia / sia stato** giusto comportarsi così con i tuoi amici, ieri sera.

7. Credevo che **sarebbe tornato / tornerebbe** il giorno dopo.

8. Sebbene **faccia / facesse** tanti sforzi, non riesce a migliorare la qualità della sua vita.

9. Per l'occasione misi una bella collana che mi **aveva regalato / ha regalato** mia madre

10. Come vuoi che io **sappia / sapessi** cosa devo fare in una simile situazione?

7   *Collega gli elementi della colonna di sinistra con quelli della colonna di destra associando numeri e lettere:*

1. Mi avevi giurato		a. che Marco fosse già partito, nessuno me l'ha detto!
2. Dubitavamo		b. che i libri costino così tanto!
3. Mi domando		c. che questi provvedimenti economici siano ingiusti.
4. I cittadini pensano		d. che stesse dicendo la verità.
5. È veramente assurdo		e. che il governo intervenga sui grandi problemi sociali.
6. Sapevamo		f. che le lezioni si svolgessero in un clima più tranquillo.
7. Si dice		g. che prendere troppo sole faccia male alla pelle.
8. Gli insegnanti vorrebbero		h. come si possa vivere con uno stipendio così basso!
9. L'opposizione auspica		i. che non avresti rivelato a nessuno il nostro segreto.
10. Non sapevo		l. che era uno stupido, ma non fino a quel punto!

....

8   *Trasforma le frasi al discorso indiretto.*

Es.: *Al telefono suo marito le disse: "Stasera tornerò più tardi perché ho molto lavoro da sbrigare"*

Al telefono suo marito le disse che quella sera sarebbe tornato più tardi perché aveva molto lavoro da sbrigare.

1. Il suo insegnante gli disse: "Avrai certamente un futuro brillante perché sei un ragazzo molto intelligente e hai sempre studiato con passione."

   ....

   ....

2. Mio padre mi diceva sempre: "Se seguirai i miei consigli, ti troverai bene".

   ....

   ....

3. Quando gli chiesero se era contento di aver cambiato lavoro, Marco rispose: "Sarei contento se mi pagassero di più".

   ....

   ....

4. Gianni mi disse: "Vieni da me perché ho bisogno del tuo aiuto".

   ....

   ....

5. Marcello mi telefonò e mi disse: "Domani partirò per la Spagna e mi piacerebbe incontrarti prima di partire".

   ....

   ....

6. La maestra gridò ai bambini: "Venite subito vicino a me e smettetela di fare chiasso!"

   ....

   ....

7. Maria mi disse: "Sono proprio felice della bella giornata che abbiamo passato insieme ieri".

   ....

   ....

8. Luca disse: "È meglio che rientriamo a casa perché mi sembra che tu sia stanca".

   ....

   ....

9. Mi chiese sgarbatamente: "Cosa vuoi da me?"

   ....

   ....

10. Il direttore lo richiamò dicendogli: "Questo lavoro è stato fatto veramente male!"

   ....

   ....

9   *Trasforma le frasi usando il gerundio presente o passato:*

     Es.: *Mentre uscivo, mi ricordai che non avevo preso l'ombrello.*

        Uscendo mi ricordai che non avevo preso l'ombrello.

   1.   Mentre lo guardavo, provai un certo imbarazzo.

   2.   Poiché aveva finito il lavoro in anticipo, uscì dal suo ufficio prima del solito.

   3.   Se fai tutto con più attenzione, otterrai un risultato migliore.

   4.   Dato che non aveva molto tempo, si affrettò a finire.

   5.   Dato che non aveva capito proprio niente di quella situazione, chiese spiegazioni
      a chi ne sapeva di più.

10   *Trasforma le frasi secondo il modello usando il gerundio:*

     Es.:   Aveva mangiato troppo e si era sentito male.

        Avendo mangiato *troppo, si era sentito male.*

   1.   Erano arrivate tardi e non avevano più trovato biglietti per lo spettacolo.

   2.   La situazione era rimasta immutata e non c'erano più speranze di cambiamento.

   3.   Erano partiti con largo anticipo e arrivarono troppo presto.

   4.   Avevano saputo delle sue difficoltà e decisero di aiutarlo.

   5.   Si era sentita in imbarazzo e aveva smesso di fare domande.

   6.   Si era addormentato di colpo e non si era accorto di aver lasciato la luce accesa.

   7.   Si erano conosciuti sui banchi di scuola e si capivano perfettamente.

   8.   Aveva riflettuto molto e alla fine decise di parlarle chiaramente.

   9.   Avevo dormito poco e non riuscivo a concentrarmi.

  10.   Li aveva visti insieme abbracciati e capì che si amavano.

11 *Seleziona la forma corretta.*

1. **Finendo / finita** la lezione, tutti i ragazzi si precipitarono fuori.

2. **Tornando / tornato** a casa, incontrò per strada un vecchio amico.

3. **Ascoltando / ascoltate** quelle ingiuste accuse, si arrabbiava sempre di più.

4. **Spegnendo / spenta** la TV, andammo a letto immediatamente.

5. **Finendo / finita** l'estate, le giornate cominciarono ad accorciarsi.

12 *Trasforma le seguenti frasi alla forma impersonale.*

Es.: *All'ora di punta tutti si ritrovano intrappolati nel traffico.*

All'ora di punta ci si ritrova intrappolati nel traffico.
....

1. D'estate in paese, tutti si incontrano in piazza.
....

2. In Italia, la gente si saluta con baci e abbracci.
....

3. Nelle grandi città la gente non si incontra facilmente.
....

4. Spesso il sabato ci vediamo tutti a casa mia.
....

5. A volte la gente si accorge troppo tardi dei propri errori.
....

13 *Inserisci nelle frasi le seguenti parole.*

cartone • fannullone • schiaffone • bacione • pedone

minestrone • musone • tirchione • figurone • spendaccione

1. Non offre un caffé a nessuno, è proprio un .... !

2. Con tutte le verdure che ho in frigo, stasera preparo un bel ....

3. All'esame ha risposto a tutte le domande, ha fatto un gran ....

4. Sei stato un gran maleducato, avresti meritato un sonoro ....

5. Quel ragazzo sta sempre solo in un angolo. È un insopportabile .... !

6. Ricordati di dare un .... da parte mia alla piccola Giulia.

7. Mio marito non bada a spese. È un inguaribile ....

8. Per il trasloco, ho dovuto procurarmi tantissime scatole di ....

9. La macchina aveva investito un .... che attraversava la strada.

10. Non ha mai amato il lavoro. È sempre stato un gran .... !

Chiavi del test di verifica degli episodi 1-6

1 1. al; di; 2. a; alle; 3. della; di; in; 4. di; in; in; 5. per/in; 6. per; 7. delle; a; 8. per; di; in; 9. nelle; in; agli; 10. con; dal.

2 1. Avrei mangiato volentieri…; 2. Saremmo usciti/e volentieri…; 3. Mi sarebbe piaciuto…; 4. Saresti venuto/a…; 5. Avrebbero preferito vivere…; 6. Avresti dovuto curare…; 7. Avrei preso volentieri…; 8. Franco sarebbe voluto andare…; 9. Avresti potuto fare…; 10. Avrei voluto vederti… .

3 … sarebbe rimasto a casa, avrebbe rimesso in ordine la sua stanza, avrebbe finito una traduzione, avrebbe invitato un po' di amici e avrebbe preparato per loro una buona cenetta.

4 1. aveva perso; 2. aveva spento; 3. aveva riformato; aveva potenziato; aveva incrementato; 4. aveva studiato; 5. aveva perso; 6. avevo incontrato; 7. ci eravamo divertiti; 8. avevano attraversato; avevano sofferto; erano riusciti; 9. aveva riempito; 10. aveva controllato

5 1. spaginato; 2. volantini; 3. l'involucro; 4. scalpore; 5. direttore; 6. testate; 7. marca; 8. lettere; 9. gavetta; 10. cassetto.

6 1. quotidiano; 2. mensile; 3. rubrica delle lettere; 4. collana; 5. collaboratori.

7 1.-f; 2.-l; 3.-g; 4.-h; 5.-b; 6.-c; 7.-i; 8.-e; 9.a; 10.-d.

8 1. prendessi; potremmo; 2. ti alzassi; potresti; 3. scegliessimo; eviteremmo; pagheremmo; 4. faceste; vi sentireste; potreste; 5. si impegnassero; avrebbe; migliorerebbe; 6. riuscissi; potrei; 7. potessi; ricomincerei; 8. decidessi; dovresti; 9. mettesse; si riverserebbe; 10. trovassi; prenoterei.

9 1. Se non ci fosse tanto rumore, riuscirei a lavorare; 2. Se non avesse lasciato il cellulare a casa, potrebbe/avrebbe potuto telefonare; 3. Se leggesse di più i giornali, sarebbe aggiornato; 4. Se non fosse timida, riuscirebbe a fare amicizia; 5. Se non fossero andati a dormire molto tardi, riuscirebbero a seguire la lezione.

10 1. Se ci fosse stato il sole, avremmo potuto mangiare in giardino; 2. Se fossi arrivato/a un po' prima, avresti potuto organizzare meglio la lezione; 3. Se avessi comprato il biglietto via internet, lo avresti pagato molto meno; 4. Se avessi potuto, avrei cambiato classe; 5. Se lo avessi saputo fare, non avrei chiesto il tuo aiuto.

11 1. fosse rimasto; avrebbe avuto; 2. avessero capito; avrebbero stanziato; 3. aveste visto; avreste creduto; 4. fosse arrivata; avrebbe trovato; 5. avesse preso; si sarebbe trovato.

12 1. Perché me lo hai spento?; 2. Chi gliel'ha riportata?; 3. Chi te li ha prestati?; 4. Dove ce li ha nascosti?; 5. Perché non glielo hai dato?; 6. Quando ve lo devo riportare?; 7. Chi me lo ha lasciato?; 8. Perché non glielo avete detto?; 9. Chi glielo ha comprato?; 10. Chi glieli ha tagliati?.

13 1. No, chiediglielo tu!; 2. No, dagliela tu!; 3. No, correggeteglielo voi!; 4. No, lasciategliele voi!; 5. No, spiegaglielo tu!; 6. No, diteglielo voi!; 7. No, compraglielo tu!; 8. No, raccontaglielo tu!; 9. No, comunicagliela tu!; 10. No, serviglielo tu!.

14 1. fammi; 2. dammi; 3. dicci; 4. dammi; 5. facci; 6. dille; 7. dammi; 8. falle; 9. dicci; 10. dalle.

15 1. improvvisamente; 2. prepotentemente; 3. sinceramente; 4. rapidamente; 5. specialmente; 6. regolarmente; 7. rapidamente; 8. tranquillamente; 9. diversamente; 10. sicuramente.

Chiavi del test di verifica degli episodi 7-11

1 1. rimborsabile; 2. estraibile; 3. inacettabile; 4. trattabile; 5. modificabile; 6. risolvibile; 7. irreperibile; 8. irrealizzabile; 9. incolmabile; 10. incomparabile.

2 mentre; anzi; dunque; intanto; infatti.

3 1. sia; 2. finisca; 3. possa; 4. sappia; 5. sembrino; 6. ti senta; 7. abbia; 8. restiate; 9. si comporti; 10. ascolti.

4 1. abbia orgnizzato; 2. è; 3. abbia studiato; 4. è; 5. capissero; 6. siate riusciti; 7. ha trovato; 8. distrugga; 9. hanno capito; 10. vi organizziate.

5 1.-b; 2.-c; 3.-d; 4.-e; 5.-a.

6 1. abbia conosciuto; 2. sia rimasto; 3. abbia fatto; 4. siano partiti; 5. abbiate raccontato; 6. sia stata; 7. abbiate sbagliato; 8. siano venuti; 9. si sia offeso; 10. sia finita.

7 1. Gli studenti sono/vengono rimproverati duramente dall'insegnante; 2. Questo film sarà/verrà interpretato da una grande attrice; 3. Un premio importante è stato ricevuto da Marco; 4. Molte persone erano state invitate da Giulio per la sua festa di compleanno; 5. Questa casa è stata progettata da un architetto famoso; 6. Era/Veniva molto stimato dai suoi amici; 7. Sembra che questa storia sia conosciuta da tutti; 8. Sono certo che il tuo lavoro sarà/verrà apprezzato dal direttore; 9. Quella scelta dell'arbitro non fu/venne accettata volentieri dai tifosi; 10. Il mio bisogno di indipendenza non era/veniva accettato volentieri dai miei genitori.

8 1. da; 2. dagli; 3. dal; 4. dalle; 5. da.

9 1. Gli alcolici vanno bevuti con moderazione; 2. I bambini vanno educati al rispetto degli altri; 3. Questo arrosto va cotto per circa un'ora; 4. Queste indicazioni vanno seguite scrupolosamente; 5. Questa lavatrice va riparata al più presto.

10 1. Credevo che tu fossi pronto per affrontare un lavoro tanto impegnativo; 2. Mi sembrava che la gente si divertisse veramente!; 3. Era logico che fossero stanchi dopo tanto lavoro!; 4. Volevo che tu partissi con me; 5. Mi domandavo se tu sapessi veramente cosa fare; 6. Era opportuno che dicessero finalmente tutta la verità; 7. Speravo che mia sorella venisse presto; 8. Non era giusto che tu mi parlassi così!; 9. Avevo paura che lui non credesse alle mie parole; 10. Mi auguravo che le tue difficoltà finissero presto.

11 1. fosse partita; 2. lo avessi pagato; 3. ci fossero; 4. fosse; fosse uscita; 5. arrivassero; potessi; 6. capisse; 7. parlassero; 8. avessi studiato; 9. avessi ricevuto; 10. potessi.

12 1. scenario; ambientata; 2. immigrati; multietnica; 3. romanzo; ottocentesca; 4. neologismi; aggiornati; 5. attività; volontariato; 6. associazione; diritti; 7. navigare; 8. scontro generazionale; 9. ecologista; l'ambiente; 10. innovazioni; contemporanea.

Chiavi del test di verifica degli episodi 12-18

1 1. aver lavorato; 2. aver ottenuto; 3. aver detto; 4. aver scoperto; 5. aver raggiunto.

2 1.-b; 2.-d; 3.-e; 4.-c; 5.-a.

3 1. orso; 2. pulcino; 3. mulo: 4. leone; 5. pesce.

4 furti; borseggiatori; derubata; scippatori; vittime.

5 1. sia; 2. potessimo/avremmo potuto; 3. arriverà; 4. facessi;

5. abbia ricevuto; 6. avesse avuto; 7. sarebbe tornata; 8. avevo scattato; 9. conosca/abbia conosciuto; 10. abiti.

6 1. venissi; 2. fossi partito; 3. sei venuto; 4. credessi; 5. hanno sbagliato; 6. sia stato; 7. sarebbe tornato; 8. faccia; 9. aveva regalato; 10. sappia.

7 1.-i; 2.-d; 3.-h; 4.-c; 5.-b; 6.-l; 7.-g; 8.-f; 9.-e; 10.-a.

8 1. Il suo insegnante gli disse che avrebbe avuto certamente un futuro brillante perché era un ragazzo molto intelligente e aveva sempre studiato con passione; 2. Mio padre mi diceva sempre che se avessi seguito i suoi consigli, mi sarei trovato bene; 3. Quando gli chiesero se era contento di aver cambiato lavoro, Marco rispose che sarebbe stato contento se l'avessero pagato di più; 4. Gianni mi disse di andare da lui perché aveva bisogno del mio aiuto; 5. Marcello mi telefonò e mi disse che il giorno dopo sarebbe partito per la Spagna e gli sarebbe piaciuto incontrarti prima di partire; 6. La maestra gridò ai bambini di andare subito vicino a lei e di smetterla di fare chiasso; 7. Maria mi disse che era proprio felice della bella giornata che avevamo passato insieme il giorno prima; 8. Luca disse che era meglio che rientrassimo a casa perché gli sembrava che io fossi stanca; 9. Mi chiese sgarbatamente cosa volessi da lui; 10. Il direttore lo richiamò dicendogli che quel lavoro era stato fatto veramente male.

9 1. Guardandolo, provai; 2. Avendo finito il lavoro in anticipo, uscì dal suo ufficio prima del solito; 3. Facendo tutto con più attenzione, otterrai un risultato migliore; 4. Non avendo molto tempo, si affrettò a finire; 5. Non avendo capito proprio niente di quella situazione, chiese spiegazioni a chi ne sapeva di più.

10 1. Essendo arrivate tardi, non avevano…; 2. Essendo rimasta immutata la situazione, non c'erano più…; 3. Essendo partiti con largo anticipo, arrivarono…; 4. Avendo saputo delle sue difficoltà, decisero…; 5. Essendosi sentita in imbarazzo, aveva smesso…; 6. Essendosi addormentato di colpo, non si era accorto…; 7. Essendosi conosciuti sui banchi di scuola, si capivano…; 8. Avendo riflettuto molto, alla fine decise…; 9. Avendo dormito poco, non riuscivo…; 10. Avendoli visti insieme abbracciati, capì… .

11 1. finita; 2. tornando; 3. ascoltando; 4. spenta; 5. finita.

12 1. D'estate in paese ci si incontra in piazza; 2. In Italia, ci si saluta con baci e abbracci; 3. Nelle grandi città, non ci si incontra facilmente; 4. Spesso il sabato ci si vede tutti a casa mia; 5. A volte ci si accorge troppo tardi dei propri errori.

13 1. tirchione; 2. minestrone; 3. figurone; 4. schiaffone; 5. musone; 6. bacione; 7. spendaccione; 8. cartone; 9. pedone; 10. fannullone

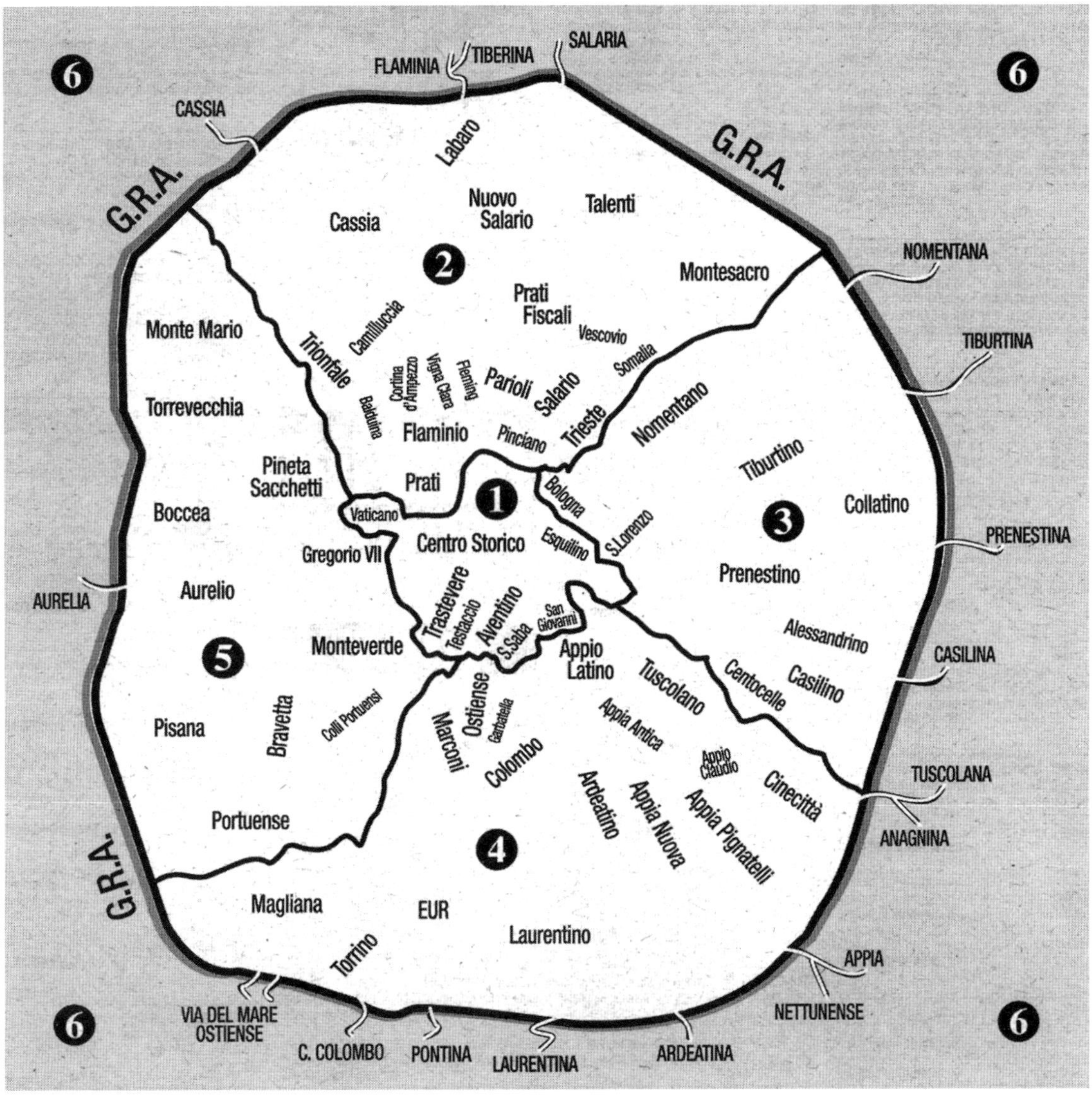

❶ ROMA CENTRO
AVENTINO - CENTRO STORICO - ESQUILINO
SAN GIOVANNI - S. SABA - TESTACCIO - TRASTEVERE
VATICANO

❹ ROMA SUD
APPIA ANTICA - APPIA NUOVA - APPIA PIGNATELLI
APPIO CLAUDIO - APPIO LATINO - ARDEATINO
CINECITTÀ - COLOMBO - EUR - GARBATELLA
LAURENTINO - MAGLIANA - MARCONI - OSTIENSE
TORRINO - TUSCOLANO

❷ ROMA NORD
BALDUINA - CAMILLUCCIA - CASSIA - CORTINA D'AMPEZZO
FLAMINIO - FLEMING - LABARO - MONTESACRO
NUOVO SALARIO - PARIOLI - PINCIANO - PRATI
PRATI FISCALI - SALARIO - SOMALIA - TALENTI
TRIESTE - TRIONFALE - VESCOVIO - VIGNA CLARA

❺ ROMA OVEST
AURELIO - BOCCEA - BRAVETTA - COLLI PORTUENSI
GREGORIO VII - MONTE MARIO - MONTEVERDE
PINETA SACCHETTI - PISANA - PORTUENSE
TORREVECCHIA

❸ ROMA EST
ALESSANDRINO - BOLOGNA - CASILINO - CENTOCELLE
COLLATINO - NOMENTANO - PRENESTINO - SAN LORENZO
TIBURTINO

❻ ROMA FUORI G.R.A.
ANAGNINA - APPIA - ARDEATINA - AURELIA - CASILINA
CASSIA - CASTELLI - CRISTOFORO COLOMBO
FLAMINIA - LAURENTINA - LAGHI - LITORANEA NORD
LITORANEA SUD - NETTUNENSE - NOMENTANA
PONTINA - PRENESTINA - SALARIA - SPINACETO - TIBERINA
TIBURTINA - TUSCOLANA - VIA DEL MARE/OSTIENSE

L'italiano per stranieri

Ambroso e Di Giovanni
L'ABC dei piccoli

Ambroso e Stefancich
Parole
10 percorsi nel lessico italiano
esercizi guidati

Anelli
Tante idee...
per (far) apprendere l'italiano

Avitabile
Italian for the English-speaking

Balboni
GrammaGiochi
per giocare con la grammatica

Barki e Diadori
Pro e contro
conversare e argomentare in italiano
• **1** livello intermedio - libro dello studente
• **2** livello intermedio-avanzato - libro dello studente
• guida per l'insegnante

Barreca, Cogliandro e Murgia
Palestra italiana
esercizi di grammatica
livello elementare / intermedio

Battaglia
Grammatica italiana per stranieri

Battaglia
Gramática italiana
para estudiantes de habla española

Bettoni e Vicentini
Passeggiate italiane
lezioni di italiano
livello avanzato

Blok-Boas, Materassi e Vedder
Letture in corso
corso di lettura di italiano
• **1** livello elementare e intermedio
• **2** livello avanzato e accademico

Buttaroni
Letteratura al naturale
autori italiani contemporanei
con attività di analisi linguistica

Camalich e Temperini
Un mare di parole
letture ed esercizi di lessico italiano

Carresi, Chiarenza e Frollano
L'italiano all'Opera
attività linguistiche
attraverso 15 arie famose

Chiappini e De Filippo
Un giorno in Italia 1
corso di italiano per stranieri
principianti · elementare · intermedio
• libro dello studente con esercizi + cd audio
• libro dello studente con esercizi (senza cd audio)
• guida per l'insegnante + test di verifica
• glossario in 4 lingue + chiavi degli esercizi

Chiappini e De Filippo
Un giorno in Italia 2
corso di italiano per stranieri
intermedio · avanzato
• libro dello studente con esercizi + cd audio
• libro dello studente con esercizi (senza cd audio)
• guida per l'insegnante + test + chiavi

Cini
Strategie di scrittura
quaderno di scrittura
livello intermedio

Deon, Francini e Talamo
Amor di Roma
Roma nella letteratura italiana del Novecento
testi con attività di comprensione
livello intermedio-avanzato

Diadori
Senza parole
100 gesti degli italiani

du Bessé
PerCORSO GUIDAto guida di Roma
con attività ed esercizi di italiano per stranieri

du Bessé
PerCORSO GUIDAto guida di Firenze
con attività ed esercizi di italiano per stranieri

du Bessé
PerCORSO GUIDAto guida di Venezia
con attività ed esercizi di italiano per stranieri

Gruppo CSC
Buon appetito!
tra lingua italiana e cucina regionale

Gruppo CSC
Gramm.it
grammatica italiana per stranieri
con esercizi e testi autentici

Gruppo CSC
Gramm.it for English-speakers
Italian Grammar
complete with exercises and authentic materials

Gruppo META
Uno
corso comunicativo di italiano - primo livello
- libro dello studente
- libro degli esercizi e grammatica
- guida per l'insegnante
- 3 cd audio

Gruppo META
Due
corso comunicativo di italiano - secondo livello
- libro dello studente
- libro degli esercizi e grammatica
- guida per l'insegnante
- 4 cd audio

Gruppo NAVILE
Dire, fare, capire
l'italiano come seconda lingua
- libro dello studente
- guida per l'insegnante
- 1 cd audio

Istruzioni per l'uso
dell'italiano in classe
- **1**: 88 suggerimenti didattici
  per attività comunicative
- **2**: 111 suggerimenti didattici
  per attività comunicative
- **3**: 22 giochi da tavolo

Jones e Marmini
Comunicando s'impara
esperienze comunicative
- libro dello studente

Maffei e Spagnesi
Ascoltami!
22 situazioni comunicative
- manuale di lavoro
- 2 cd audio

Marmini e Vicentini
Passeggiate italiane
lezioni di italiano
livello intermedio

Marmini e Vicentini
Ascoltare dal vivo
manuale di ascolto
livello intermedio
- quaderno dello studente
- libro dell'insegnante
- 3 cd audio

Paganini
ìssimo
quaderno di scrittura
livello avanzato

Pontesilli
Verbi italiani
modelli di coniugazione

Quaderno IT - n. 4
esame per la certificazione
dell'italiano come L2 - livello avanzato
prove del 2000 e del 2001
- volume + audiocassetta

Quaderno IT - n. 5
esame per la certificazione
dell'italiano come L2 - livello avanzato
prove del 2002 e del 2003
- volume + cd audio

Radicchi
Corso di lingua italiana
livello intermedio

Radicchi
In Italia
modi di dire ed espressioni idiomatiche

Stefancich
Cose d'Italia
tra lingua e cultura

Stefancich
Quante storie!
(di autori italiani contemporanei)
con proposte didattiche
livello intermedio e avanzato

Stefancich
Tracce di animali
nella lingua italiana tra lingua e cultura

Svolacchia e Kaunzner
Suoni, accento e intonazione
corso di ascolto e pronuncia
- manuale
- set 5 CD audio

Tamponi
Italiano a modello
dalla letteratura alla scrittura
livello elementare e intermedio

Tettamanti e Talini
Foto parlanti
immagini, lingua e cultura

Totaro e Zanardi
Ulisse
Faccia a faccia
attività comunicative
livello elementare-intermedio

Urbani
Senta, scusi...
programma di comprensione auditiva
con spunti di produzione libera orale
• manuale di lavoro
• 1 cd audio

Urbani
Le forme del verbo italiano

Verri Menzel
La bottega dell'italiano
antologia di scrittori italiani del Novecento

Linguaggi settoriali

Ballarin e Begotti
Destinazione Italia
l'italiano per operatori turistici
• manuale di lavoro
• 1 audiocassetta

Cherubini
L'italiano per gli affari
corso comunicativo di lingua
e cultura aziendale
• manuale di lavoro
• 1 audiocassetta

Dica 33
il linguaggio della medicina
• libro dello studente
• guida per l'insegnante
• 1 cd audio

L'arte del costruire
• libro dello studente
• guida per l'insegnante

Una lingua in pretura
il linguaggio del diritto
• libro dello studente
• guida per l'insegnante
• 1 cd audio

Classici italiani per stranieri
testi con parafrasi a fronte* e note

1. Leopardi • *Poesie**
2. Boccaccio • *Cinque novelle**
3. Machiavelli • *Il principe**
4. Foscolo • *Sepolcri e sonetti**
5. Pirandello • *Così è (se vi pare)*
6. D'Annunzio • *Poesie**
7. D'Annunzio • *Novelle*
8. Verga • *Novelle*

9. Pascoli • *Poesie**
10. Manzoni • *Inni, odi e cori**
11. Petrarca • *Poesie**
12. Dante • *Inferno**
13. Dante • *Purgatorio**
14. Dante • *Paradiso**
15. Goldoni • *La locandiera*
16. Svevo • *Una burla riuscita*

Libretti d'Opera per stranieri
testi con parafrasi a fronte* e note

1. *La Traviata**
2. *Cavalleria rusticana**
3. *Rigoletto**
4. *La Bohème**
5. *Il barbiere di Siviglia**

6. *Tosca**
7. *Le nozze di Figaro*
8. *Don Giovanni*
9. *Così fan tutte*
10. *Otello**

Letture italiane per stranieri

1. Marretta • *Pronto, commissario...? 1*
   16 racconti gialli con soluzione
   ed esercizi per la comprensione del testo

2. Marretta • *Pronto, commissario...? 2*
   16 racconti gialli con soluzione
   ed esercizi per la comprensione del testo

3. Marretta • *Elementare, commissario!*
   8 racconti gialli con soluzione
   ed esercizi per la comprensione del testo

Mosaico italiano

Pubblicazioni di glottodidattica

Pallotti - A.I.P.I. Associazione Interculturale Polo Interetnico
Imparare e insegnare l'italiano come seconda lingua
un percorso di formazione
• DVD + libro

Progetto ITALS

Progetto ITALS
L'italiano nel mondo
a cura di Balboni e Santipolo

Progetto ITALS
CEDILS. Certificazione in didattica dell'italiano a stranieri
a cura di Serragiotto

Progetto ITALS
Il 'lettore' di italiano all'estero
a cura di Pavan

Progetto ITALS
ITALS, dieci anni di formazione
a cura di Balboni, Dolci, Serragiotto

I libri dell'arco

1. Balboni
Didattica dell'italiano a stranieri

2. Diadori
L'italiano televisivo

3. *Test d'ingresso di italiano per stranieri*
a cura di Micheli

4. Benucci
La grammatica nell'insegnamento dell'italiano a stranieri

5. AA.VV.
Curricolo d'italiano per stranieri

6. Coveri, Benucci e Diadori
Le varietà dell'italiano

www.bonacci.it

Bonacci editore

Finito di stampare nel mese di maggio 2010 dalla CDC Arti Grafiche di Città di Castello (PG)